新时代 红土地上 "大思政课"的探索与创新

江西环境工程职业学院
"大思政课"建设成果编撰小组　著

江西高校出版社
JIANGXI UNIVERSITIES AND COLLEGES PRESS

图书在版编目（CIP）数据

新时代红土地上"大思政课"的探索与创新 / 江西环境工程职业学院"大思政课"建设成果编撰小组著 . -- 南昌：江西高校出版社，2022.9
ISBN 978-7-5762-3380-3

Ⅰ.①新… Ⅱ.①江… Ⅲ.①高等职业教育—思想政治教育—研究—中国 Ⅳ.① G711

中国版本图书馆 CIP 数据核字（2022）第 185260 号

出 版 发 行　江西高校出版社
社　　　　址　江西省南昌市洪都北大道 96 号
总编室电话　（0791）88504319
销 售 电 话　（0791）88517295
网　　　　址　www.juacp.com
印　　　　刷　江西千叶彩印有限公司
经　　　　销　全国新华书店
开　　　　本　700 mm×1000 mm　1/16
印　　　　张　26
字　　　　数　375 千字
版　　　　次　2022 年 9 月第 1 版
印　　　　次　2022 年 9 月第 1 次印刷
书　　　　号　ISBN 978-7-5762-3380-3
定　　　　价　42.80 元

赣版权登字 -07-2022-1125

序

　　立德树人是新时代高校改革发展的根本任务，思想政治教育是落实立德树人根本任务的重要媒介，思政课是落实立德树人根本任务的关键课程。习近平总书记在全国高校思想政治工作会议上强调，"要坚持把立德树人作为中心环节，把思想政治工作贯穿教育教学全过程"。切实解决"培养什么样的人、如何培养人以及为谁培养人"这个根本问题，是办好中国特色社会主义职业院校的应有之义。思想政治工作是中国特色社会主义高校的特色，是党的优良传统和政治优势，也是高校党建工作的聚焦点、切入点和着力点。思想政治理论课作为高校立德树人的主阵地，必须紧紧围绕落实立德树人根本任务来组织实施。我们党历来重视思政课的建设。新时代，高职院校必须立足学校实际，发挥政治优势，坚持和依靠党的坚强领导，坚持人才培养的正确方向，切实加强思想政治工作，加强思政课建设，着力形成思政课程和课程思政同心同向同行、融合发展的合力，不断为筑牢立德树人的思想根基，为造就大批德才兼备的高素质人才，培养党和人民事业的可靠接班人夯实基础、创造条件。

　　立德树人成效是检验高校一切工作的根本标准。落实立德树人根本任务，必须将价值塑造、知识传授和能力培养三者融为一体、不可割裂。高校思政课，作为思想政治教育的重要途径，是落实立德树人根本任务的关键课程、灵魂课程，办好思政课，对于培养堪当民族复兴大任的时代新人具有重要意义。高校的立身之本在于立德树人。如何抓住立德树人这个根本，紧扣课程育人的突出特点，推动高校思政课改革创新，促进高校思政课内涵式发展，是新时代高职院校必须高度重视和回答的重大课题。《新时代红土地上"大思政课"的探索与创新》就是中共江西环境工程学院党委立足新时代、扎根红土地，数年来坚持抓思想政治工作，抓思政课建设"两手抓""两手都要硬"的实践探索、经验做法、典型示范等阶段性总结与成果汇集，也是学校围绕"大思政课"教育教学守正创新、改革发展、打造重要平台、培育示范课程、创建特色项目、选树典型榜样、大力推进"大思政课"建设、构建"大思政课"实践育人体系工作过程的"回放"，是学校健全"大机制"、用好"大师资"、调动"大资源"的"产物"，更是学校开展多样化的实践教学、打造特色化的立体课堂、总结协同化的运行模式、凝练一体化的育人成果的展示。

《新时代红土地上"大思政课"的探索与创新》一书，由江西环境工程职业学院党委书记肖忠优教授、校长熊起明教授等人组织撰写。全书包括党建引领、思政课程、课程思政、德技并修、学思践悟等5篇。细读下来，的确感觉到这是一部旨在为"高职院校如何充分利用区域历史文化资源，凸显职业教育属性和行业特色，构建大思政课育人格局"等提供可复制、可借鉴的思政课建设的学思践悟、典型经验及做法的集成之作，是立足红土地，用好红色资源、赓续红色血脉、实施红色教育的学校思想政治工作与"大思政课"建设的探索与创新。特别是书中收录的既是学校推进全员全过程全方位育人的鲜活素材，又是学校思想政治工作者立德树人、教书育人的工作成果，也是引导学生认清时代责任和历史使命、勇担重任、"不辜负党的期望、人民期待、民族重托"的德技并修、技能报国的"汇报"。师生双方同在学校思想政治工作和"大思政课"的"熔炉"里淬炼，其育人育德、育才育心的思想性、针对性、有效性催生出来的"化学反应"与"生理反应"，使显性教育和隐性教育相统一的以德育人的"双向"互动效用显得更加充分，师生身边的榜样示范效应得到更加自然有效的放大与倍增。通过思政课程与课程思政的融合发展、协调发展、创新发展，进一步激发师生参与思政课学习、实践的兴趣，进而提高自身思想水平、政治觉悟、道德品质和综合素质。

习近平总书记指出，我们党历来高度重视思政课建设。在革命、建设、改革各个历史时期，我们党对思政课建设都做出过重要部署。新民主主义革命时期，我们党在红军大学、苏维埃大学、抗日军政大学、陕北公学等高校开设"党的建设""中国革命运动史""马列主义""辩证唯物主义""科学社会主义"等课程，在列宁小学开设"社会工作"课程，在解放区的小学、陕甘宁边区的中学开设"政治常识"课程。新中国成立后，我们党就把"中国革命常识""共同纲领"列入中学教学计划，在高校开设"中国革命史""马列主义基础""政治经济学""辩证唯物论与历史唯物论"等课程，强调中高等学校政治理论课的任务是用马克思列宁主义、毛泽东思想武装青年，培养坚强的革命接班人。改革开放以来，特别是进入中国特色社会主义新时代以来，习近平总书记高度重视思想政治工作及思政课建设，率先垂范抓思想政治工作、思政课建设。党中央先后出台了多个关于学校思想政治工作的文件，对思政课建设提出了明确要求，为不断推动思政课改革创新提供政策引领并保驾护航。

高校思想政治工作是我国高校的特色，也是办好中国特色社会主义高校的优势，集中而鲜明地体现了高校思想政治工作的特殊地位和作用。高校是意识形态教育的重要场所，是意识形态建设的前沿阵地，思想政治理论课是高校意识形态领域的主战场。加强高校思想政治工作，办好思政课，事关党和人民事业后继有人的根本大计。要充分发挥党的政治优势、传统优势，围绕举旗帜、聚民心、育新人、兴文化、展形象深入推进高校思政工作、思政课的守正创新，在理念创新、手段创新、教育教学创新、科研创新等方面充分调动高校思想政治工作者的积极性，激发同向同行共同奋斗的精神动力。《新时代红土地上"大思政课"的探索与创新》一书，导向正确，内容有特色，创作有新意，素材真实，能立足赣南苏区这片红土地，结合林业行业的特色，凸显职业教育属性，凝练了"红色文化铸魂，绿色文化培根，蓝色文化强技"的"红绿蓝"三色文化育人理念，积极挖掘赣南苏区红色文化教育资源。通过加强党建领航、思政课程建设、狠抓课程思政等多项举措，引领师生坚定理想信念，传承红色基因，在"大思政课"的建设上积极探索、勇于创新。

该书基于实践经验总结和典型案例推介，为形成思想政治工作和课程思政协同育人效应，构建思想政治工作与思政课程、课程思政同向同行、协调发力的工作格局，努力实现全员全过程全方位育人，发挥思政课在立德树人中的核心和灵魂作用，提供了可借鉴的教育样式和实践参考。通观全书，在内容取舍上，需要特别提出来并引起高度重视的是：如"党建引领篇"的第一章，要根据党的十九大确立的"5+2"党的建设总体布局，即"全面推进党的政治建设、思想建设、组织建设、作风建设、纪律建设，把制度建设贯穿其中，深入推进反腐败斗争"来谋篇布局。"5+2"的党的建设总体布局的一个重大理论和实践创新，就是将政治建设、纪律建设纳入党的建设总体布局，突出了政治建设的统领地位及纪律建设这一治本之策，反映出我们党对共产党执政规律的深刻认识，体现了新形势下对党的建设科学化制度化的新要求。我们只有深刻领会、准确把握，才能把加强党对高校思政教育工作、思政课建设的全面领导写准、写实、写深。第二章中的"红色铸魂 五位一体"，特别是"推行政治辅导员制度""党建'四进宿舍'"等一些工作实践时间比较长、历史跨度比较大的案例的选取，既要尊重历史，据实收集整理素材，精心加工提炼，又要立足学校党建实际，突出加强党的全面领导的保证作用，如党建带团建、青年马克思主义工程建设取得的实际成果等。

面对世界百年未有之大变局，特别是世界之变、时代之变、历史之变带来的严峻挑战，办好高校思政课：必须坚持以习近平新时代中国特色社会主义思想为指导，聚焦立德树人根本任务，推动用党的创新理论铸魂育人；必须坚持把立德树人作为中心环节，把思想政治工作贯穿教育教学全过程，实现全程育人、全方位育人；必须坚持用马克思主义科学理论武装人，教育、帮助大学生运用马克思主义的立场、观点和方法分析解决问题，坚定马克思主义理想信念，为学生一生的成长奠定科学的思想基础，让学生成为德才兼备、全面发展的人才。当下，要按照教育部等十部门印发的《全面推进"大思政课"建设的工作方案》的要求，科学把握思政课程与课程思政的关系，突出思政课程在进行系统马克思主义理论教育中的主渠道地位和在"课程思政"体系中处于价值引领核心的位置，发挥其他课在"课程思政"体系中的辐射作用，使思政课程与课程思政在目标一致、步调协同、相互支撑、相互促进的守正创新过程中的价值指向的一致性、实现方式的差异性、思想政治教育的协同性的"三性"功能能得到充分的发挥和体现。

全面推进课程思政建设是落实立德树人根本任务的战略举措，是全面提高人才培养质量的重要任务。这一战略举措的实施，影响甚至决定着培养接班人这个根本问题，影响甚至决定着社会长治久安、民族复兴和国家崛起。全面推进课程思政建设，就是要寓价值观引导于知识传授和能力培养之中，帮助师生塑造正确的世界观、人生观、价值观。课程思政建设与学科德育建设联系紧密。要按照教育部发布的《高等学校课程思政建设指导纲要》中明确的思路、内容和具体的要求，帮助专业课教师切实履行教书育人的责任，促进思政课教育和专业课教育的协同进行，打造全面、全员、全流程的育人格局。非思政课教师在专业课教学中，要通过观察与思考，把握教学目标与教学内容之间的内在关联，并根据学生的认知特点，寻找思政教育和专业课教育之间的契合点，引导学生在学习专业知识的过程中，在思想认知层面受到教育，在精神培育层面受到洗礼，进而为觉悟的提高、情操的陶冶、心灵的纯洁、人格的美化提供帮助与指引。

高校坚持育人育才相统一，建设高水平人才培养体系，必须将思想政治工作体系贯通其中，切实抓好课程思政建设，解决好专业教育和思政教育"两张皮"问题。要牢牢抓住办学治校的生命线，切实加强思想政治工作，坚持守正创新，扬优成势，用心、用情、用力全面推进"大思政课"建设，不断增强思政课的针对性、有效性，实现入脑入心入行。相信江西环境工程职业学院一定会按照方案的要求，坚持开门办思政课，立足赣南红土地，充分用好教学资源，在建设"大课堂"、搭建"大平台"、建好"大师资"，推动思政小课堂与社会大课堂相结合，促进各类课程与思政课在立德树人、培根铸魂上同向同行、共同发力，为引导学生赓续红色血脉、传承红色基因，努力把自己锻造成为能担当民族复兴重任的时代新人上有新的作为、新的贡献。

新时代红土地上"大思政课"的探索与创新，永远在路上！

2022 年 9 月 26 日于南昌

（周金堂，博士、教授、研究员、博士生导师，江西省高校思想政治理论课教学指导委员会主任委员，江西教育与经济社会发展智库专家，江西省党的建设研究会特邀研究员，江西省高校思想政治理论课特聘教授。）

目　录

■ **党建引领篇**

■ 思政课程篇

■ 课程思政篇

■ 德技并修篇

■ 学思践悟篇

第一章　赓续红色血脉：培根铸魂，育人育德 / 357

党建引领篇

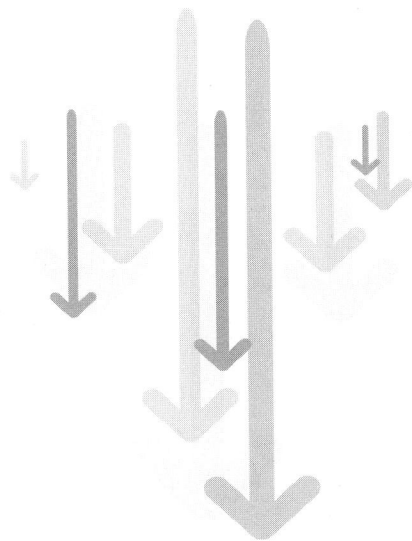

　　高校思想政治工作是中国特色社会主义高校的生命线。加强高校党的建设尤其是基层党建，是坚持社会主义办学方向、落实立德树人根本任务、助推学院高质量发展的根本保证，是全面贯彻党的教育方针、培养社会主义事业建设者和接班人的必然要求。江西环境工程职业学院聚焦立德树人根本任务，坚持以政治建设为统领，立足高职院校办学实际，积极构建大党建、大思政工作格局，以"党建＋思政"一体化育人新模式，着力推动党建、思政与教学、科研深度融合，不断提高办学治校水平和人才培养质量，以高质量党建引领高质量发展。

第一章　加强党对学院思政教育工作的全面领导

一、加强党的政治建设，坚持社会主义办学方向

坚持社会主义办学方向，最重要的就是必须坚持党的领导，牢牢掌握党对高校工作的领导权，把高校打造成坚持党的领导的坚强阵地。学院以习近平新时代中国特色社会主义思想为指导，坚持将政治建设摆在首位，强化党建主体责任意识，贯彻落实高校党建重点任务。学院切实将习近平生态文明思想和习近平总书记关于教育的重要论述融入办学治校全过程，全面统筹办学治校各领域、教育教学各环节、人才培养各方面的育人资源和育人力量，一体化构建"十大育人体系"，形成全员、全过程、全方位"三全育人"的"大思政"工作格局。

一是以党的政治建设为统领，努力构建思想政治工作大格局。学院党委始终坚持把党的领导贯穿办学治校、教书育人全过程，履行管党治党、办学治校的主体责任，不断夯实基层党建，创建"党建+X"新模式，实施党建品牌建设工程，坚持政治辅导员制度和党建进宿舍活动，落实领导干部联系学生工作制度，领导班子带头上思政课，强化校园宣传阵地建设，拓宽主流思想舆论宣传渠道，不断创造大思政良好环境。学院党委不断增强拓宽"大思政"格局的主体力量，制定《江西环境工程职业学院三全育人工作实施方案》，以各二级学院、多部门的项目化建设推动构建课程、科研、实践、文化、网络、心理、管理、服务、资助、组织等十大育人体系，加强思政文化育人一体化平台建设，强化全员、全过程、全方位育人实效。

学院把"大思政"格局的主体拓宽到校内外优秀思想政治教育人力资源上，按标准配备专职思想政治理论课教师，不断完善思想政治教育管理和服务队伍，积极引用校外社会资源，同时，各二级学院以及组织、宣传、学工、团委、教学等各部门通力合作，形成"三全育人"合力，共同自觉承担立德树人的责任。

二是落实立德树人根本任务，坚持社会主义办学方向。学院切实加强党对思想政治理论课建设的领导，巩固马克思主义指导地位，成立党委书记、院长任双组长的思想政治工作领导小组，并制定了《学院领导班子联系支部工作方案》，学院党委书记联系马克思主义学院党支部，着力加强马克思主义学院和马克思主义学院党支部建设。学院着力构建校党委与思政课教师联系机制，在思想政治工作领导小组的指导下，制定了《学院领导班子听思政课工作安排》，全体院领导联系思政课教师，开展经常性的听课、交流等活动，切实关注、关心思政课教师发展。学院还制定了《关于深入推进新时代思想政治理论课改革创新工作方案》，成立了课程思政研究中心，推动课程思政与思政课程同向同行。

三是层层落实管党治党责任，推进全面从严治党。发挥学院党委总揽全局、协调各方的作用，确保党中央决策部署和上级各项要求在学院落地见效。学院成立了党建工作领导小组，对党建重点任务、思想政治工作、意识形态工作等展开经常性研究，明确把履行主体责任和"一岗双责"的情况纳入各级领导班子成员年度述职述责事项。学院坚持党委领导下的校长负责制，修订、完善党委会及行政会议事规则，修订领导班子贯彻落实"三重一大"决策制度的实施办法，健全决策机制，提高决策效率。建立任务清晰、职责明确的基层党建工作格局，完善二级学院党总支会议、党政联席会议议事规则和决策程序，健全层层抓落实的党建工作责任体系。通过全面从严治党，实现严以治校、严以治教、严以致学，以良好党风正学风、树校风，从而确保党的路线方针政策及重大决策部署不折不扣落地见效，确保将党的领导贯彻到办学治校的全过程、各方面，确保学院始终沿着正确方向不断前行。

二、加强党的思想建设，提升思政工作水平

学院要充分认识到思想理论建设是党的建设的灵魂和根本，按要求高质量开展好"不忘初心、牢记使命"主题教育、党史学习教育，组建校内宣传队伍，凝练校园文化，以制度形式固化学习实践活动成果，通过理论武装的形式将党的创新理论灌输到全体师生，尤其是党员干部之中，不断增强师生的理想信念教育，提升思政工作水平。

一是坚持强化思想引领，不断完善党员思想教育体系。学院扎实开展好"不忘初心、牢记使命"主题教育和党史学习教育，自觉用习近平新时代中国特色社会主义思想武装头脑、指导实践、推动工作。学院坚持制度先行，推动理论学习常规化、制度化，制定了《江西环境工程职业学院党委理论学习中心组学习制度》和列席旁听制度，形成"理论学习中心组'带头学'、支部大会'集中学'和普通党员'自主学'"的学习教育模式，不断提高全体党员的思想觉悟。学院党委念好"学"字诀，高度重视师生政治理论学习，着力构建"党委理论宣讲团、政治辅导员宣讲团、'映山红'青年学生宣讲团"三级宣讲体系，围绕全国两会、习近平总书记"七一"重要讲话精神、党的十九大及十九届历次全会精神和党史学习教育各个专题开展理论宣讲，做到学院不同层面师生学习教育全覆盖。学院筑牢思想防线，牢牢把握意识形态工作领导权，制定了学院《意识形态和宣传思想文化统战工作要点》《关于抵御宗教渗透和防范校园传教工作的实施方案》和《新时代进一步培育和践行社会主义核心价值观工作方案》，创新性开展意识形态工作校内巡察，强化了对校内意识形态阵地的监管。

二是加强课程思政建设，推进思政课教学改革创新。学院全面推行课程思政，把思想政治工作贯穿教育教学全过程，制定了《江西环境工程职业学院课程思政建设方案》，启动"课程思政"示范课程建设，开展示范

课堂和"课程思政"授课比赛等系列活动，打造了一批"课程思政"示范课程和优质课程，形成了一批"课程思政"的典型案例。加强马克思主义学院建设，按照"八个统一"要求，加强思想政治理论课专题化、信息化教学改革，创新线上线下混合式教学模式，完善思想政治理论课学研中心的现代化设施，建设红色文化网络资源库，拓展校外红色文化实践基地，打造"立雪大讲坛""苏区红"等系列实践教学及成果会演和"模拟长征路·智勇大冲关"定向越野大赛等实践教学品牌。

三是整合校园文化活动，凝练"红、绿、蓝"三色文化育人理念。学院广泛开展典型人物培育、社会实践、志愿服务等活动，引导师生在实践中"受教育、长才干、作贡献"；依托青年马克思主义学社、青年志愿协会等学生社团，开展红色主题暑期"三下乡"社会实践；推行"第二课堂成绩单"制度，鼓励学生参与校园各类文化活动，拓展学生综合素质，促进学生德智体美劳全面发展，第二课堂活跃度排名居全国前列。落实校园文化"三年行动计划"和文明校园创建质量提升活动，打造校园文化品牌，推进模拟长征路、社团文化节、一院一品、廉政文化等校园文化品牌建设。通过整合校园文化活动，学院逐渐凝练出"三色文化育人、四赛体系育才"的核心文化育人理念，将红色基因、生态意识、工匠精神共同融入人才培养、科学研究、社会服务、文化传承创新、国际交流合作等各项工作中，共同发挥"红色引领、绿色滋养、蓝色浸润"的育人作用，学院思政工作水平得到不断提高。

三、加强党的组织建设，打牢思想政治工作基础

学院深刻认识到加强基层党组织建设对于落实立德树人根本任务、加强大学生思想政治教育工作具有重要意义。学院强化统筹，充分发挥基层党组织在基础管理中担负的领导核心作用，将党的基层组织建设与教学科研、队伍建设紧密结合在一起，使党建工作带动业务工作，提高学院党建

工作的科学化水平，为打牢思想政治工作奠定基础。

一是不断加强组织体系和思政队伍建设，凝聚思政工作合力。学院不断完善各级基层党组织设置。二级学院层面，学院把二级学院党支部建在专业上，以支部推动专业建设，不断提高学生思想政治教育工作水平。2022年，根据《中国共产党支部工作条例》和《中国共产党普通高等学校基层组织工作条例》有关规定，学院对二级学院部分党支部进行了调整，成立了教师、学生党小组，增强了学生思想政治工作的灵活性和实效性。部门层面，学院成立了机关党委，撤销了机关党总支，以部门为单位设立党支部，并统一管理各机关支部，加强了对支部、党员干部的管理，将党的声音传递到每一个部门、每一名党员。学院注重加强思政队伍建设。党委层面，学院将党委宣传部（统战部）部长、组织人事处处长都纳入学院党委班子成员，增强了学院思政工作力量。二级学院层面，学院注重加强四支队伍建设：在思政课教师队伍的建设上，学院要求思政课教师必须是中共党员，积极动员思政课教师加入党组织，要求思政课教师努力提高教学能力，积极鼓励思政课教师参加教学能力竞赛，以不断提高思政教育水平；在辅导员队伍建设上，学院建立了一支以专职为主，专、兼职相结合的辅导员（班主任）队伍，制定了《江西环境工程职业学院辅导员管理办法》，开展了辅导员技能大赛，进一步加强了辅导员队伍管理，提高了辅导员的管理育人能力；在政治辅导员队伍建设上，学院从中层以上干部、优秀党员中选拔了300余人，担任各班级的政治辅导员，并制定了《江西环境工程职业学院政治辅导员工作职责》，编印了《江西环境工程职业学院政治辅导员工作手册》，要求政治辅导员深入学生，加强学生的思想政治教育；在网络思政队伍建设上，学院以江西教育网特约评论员相关评论为引领，在学院相关部门、校媒联盟中选拔了近100人参与到网络舆情的引导工作之中，在网上开展思政工作。

二是积极打造党建品牌，增强思政育人成效。学院实施基层党建质量提升和党建品牌培育工程，制定了《江西环境工程职业学院"三化建设"工作方案》和《基层党组织"对标争先"建设计划实施方案》，推进党支部规范化达标和样板支部两大建设，持续推进"党建进宿舍"品牌活动，开展党务技能大赛，凝练党建工作经验，形成"一院一品"党建特色品牌，夯实基层党建基础。学院继续推行政治辅导员制度和"四维导师制"，制定了《江西环境工程职业学院关于加强和改进领导干部深入基层联系学生工作实施方案》，落实领导干部联系学生工作制度，领导班子带头深入学生群体，拉进与学生的关系，增强思政教育亲和力；学院注重加强学生党建阵地建设，计划在每栋学生宿舍楼建设大学生党员服务中心（目前已建成三个），强化大学生思想政治教育。学院积极创建"党建+X"新模式，以开展"党建+人才建设""党建+教学科研""党建+学生管理"等活动为中心，不断加强学生思想政治教育，提高人才培养质量。

三是发挥党支部功能，推进思政课程和课程思政同步建设。学院注重以党建工作引领教育教学，以教育教学科研成效体现党建工作水平，实现党建工作与教育教学同向发力、互促互进。学院实施教师党支部书记"双带头人"培育工程，将教师党支部书记"双带头人"培育作为基层党支部标准化建设的重点工程，通过建立健全教师党支部书记选拔任用、培养教育、作用发挥、管理监督、激励保障等机制，建设了一支高素质的教师党支部书记队伍，发挥了"双带头人"的独特优势，增强了思想政治工作的亲和力和针对性。学院将支部建在专业上，要求基层党支部积极研究课程思政，充分发挥基层专业党支部的推进作用，专业党支部将支部活动与教育教学密切关联起来，解决部分教师对"课程思政"有想法没思路、有思路难组织的问题，实现两方面的良性互动。学院设立"一支部一项目"，开展党务技能大赛、党员教师教学能力大赛，以"双带头人"教师党支部书记工作室、党建工作"标杆院系""样板支部"的培育创建为依托，推动党员教师置身课程思政第一线，当好排头兵，建设好示范课程、示范课堂。

四、加强党的作风建设，营造积极的党风、校风、教风

作风建设是一项长期的系统工程，学院以廉洁文化建设为重点，多方位、多层次开展廉洁文化建设系列活动，不断拓宽宣传教育覆盖面，增强校园廉洁文化的影响力和渗透力，实现校园廉洁文化理念、形式与内容的创新，让全院党员师生在潜移默化间受到熏陶，营造出崇廉、尚廉、倡廉、守廉的浓厚氛围，涵养积极向上的党风、校风、教风。

一是坚持以学为先，促进廉洁教育入心入脑。学院注重强化经常性学习教育，以多种形式不断增强党员干部廉政自律意识。学院组织各级党组织积极开展党风廉政专题学习系列活动，深入学习习近平总书记有关党风廉政建设和反腐败斗争论述，积极贯彻十九届六中全会精神，围绕百年党风廉政建设和反腐败斗争的经验与启示，把学习成果转化为深化党风廉政建设、推动学院事业发展的强大动力。学院积极开展政治谈话，制定了《关于开展政治谈话加强对"一把手"和领导班子监督的实施方案》和《关于进一步严肃规范开展政治谈话工作的通知》，进一步强化广大党员干部的法纪意识，推进学院各级党组织履行主体责任、监督责任和"一岗双责"责任落实。

二是强化宣传教育，营造良好、廉洁的文化氛围。学院注重发挥廉政教育预防、治本作用，靶向发力，确保党风廉政教育常态化有效性开展。坚持把以案说纪、说法、说德、说责作为警示教育的重要抓手，结合学院办学特色，设计、编发《勤廉江西史鉴》，教育全体党员领导干部以案为鉴，引以为戒，进一步强化警示教育的政治性、针对性、实效性。学院不断创新廉政教育的方式方法，以组织领导干部参观廉政教育基地、邀请校外专家讲专题党课、组织观看警示教育片等活动形式，进一步教育和警示广大党员干部牢记党的宗旨，恪守纪律，做到知敬畏、存戒惧、守底线，切实提高拒腐防变的能力。学院注重加强师德师风建设，制定了《全面加强师德师风建设实施方案》《教师师德师风考核办法》《关于进一步规范课堂

教学行为的通知》和《关于严守课堂政治纪律的若干规定》，并出台了《关于进一步加强师德师风建设的意见》，列出了教师职业行为负面清单及处理办法。学院还开展了"扬师德　正师风——争做学生最喜爱的'四有'好老师"评选活动，举办师德师风系列专题讲座，学院初步形成了学风端正、校风良好、学术行为规范的教学氛围和制度环境。

三是创新教育载体，打造特色反腐倡廉教育新平台。学院充分发挥廉洁教育触及灵魂、育德润心作用，不断探索推进廉洁文化创建活动的阵地创新、形式创新。学院以"画廉·说纪"为主题，面向全院师生征集、评选优秀廉政漫画，并配合"勤廉榜样"微视频征集展播活动，引导广大师生关注全面从严治党、党风廉政建设和反腐败工作，推进廉洁文化进校园。学院注重传递廉政声音，厚植廉政理念，培塑清风正气，学院领导班子以身作则，率先垂范，结合自身实际，带头讲廉政党课，各基层党组织书记积极跟进，受到师生的广泛关注和好评，营造了更加健康、清朗的校园政治生态。学院还向处级以上领导干部的家属发放了《传承廉洁家风　筑牢廉洁防线　家庭助廉倡议书》，注重引导领导干部家属一起参与廉政建设，教育引导广大党员干部牢记初心使命，永葆清正廉洁的政治本色。

五、加强党的纪律建设，打造纪律过硬的干部队伍

纪律建设是高校党建工作的重要组成部分，是党的建设的基础工程，是全面从严治党的必然要求，客观上要求把党的纪律贯穿到高校落实立德树人根本任务、推进教育综合改革的全过程。学院党委始终把纪律建设放在重要位置，通过加强纪委机构改革、干部队伍建设、强化监督执纪等措施，不断推进学院全面从严治党向纵深发展，为学院各项工作高质量发展提供纪律保障。

一是强化责任担当，压紧压实党风廉政建设责任制。学院党委切实担负起管党治党、办学治校的政治责任，重点强化政治纪律和组织纪律，通

过严肃党内政治生活，开展"两学一做"学习教育、"不忘初心、牢记使命"主题教育、党史学习教育等活动，引领全院师生坚定拥护"两个确立"、坚决做到"两个维护"。学院坚持每半年召开一次全面从严治党工作会议，认真梳理、分析在落实全面从严治党方面存在的突出问题，制定学院全面从严治党责任的任务分工方案、主体责任清单、党风廉政建设工作要点，推动学院全面从严治党任务更明确、内容更具体、责任更清晰、追责更严格。学院通过述职述廉、提出廉政建议、专项检查、政治谈话等方式，督促学院各部门、二级学院负责人带头遵守各项工作纪律，切实担负起党风廉政建设的主体责任。

二是加强纪律监督，筑牢防控防线。学院坚持把政治监督摆在首位，围绕党中央、省委省政府重大决策部署，紧扣"三新一高"、疫情防控、"六稳"、"六保"、制止餐饮浪费等"国之大者"开展监督，推动党中央、省委各项决策部署在学院落地见效。学院做实做细日常监督，督促纪委对学院承办的各类考试、人才招聘、职称评定、项目招标、物资采购、基建项目等重点领域和环节进行监督检查，并成立审计中心，对学院各类经济活动及内部控制进行审计监督。同时，学院围绕重大项目建设、意识形态等领域工作，先后制定了《新闻宣传工作管理办法》《关于开展"双高"建设项目专项监督检查的工作方案》等制度规定，并开展专项监督检查，有力地推动了各项工作落实见效。

三是深化纪检机构改革，强化监督执纪问责。学院严格按照上级要求，不断深化纪检监察体制改革，设立了两个纪委内设机构，明确了纪委机构职能，并配齐配强纪检干部，通过落实每周一集中学习制度及外出培训、跟班学习等举措，不断加强纪委自身建设。同时，为充实纪委干部队伍力量，学院明确了基层党组织组织委员兼任纪律委员，负责监督党支部及党员干部开展工作，不断引导党员领导干部依法履职，秉公用权，廉洁从政从教，筑牢拒腐防变思想防线。学院注重提升纪委工作规范化管理水平，全面落实个人重大事项报告等制度，建立和规范纪委相关文书档案工作，建立、更新行政管理人员廉政档案，规范线索处置、谈话函询等环节的工作流程，落实办案安全制度。学院持续加大执纪问责力度，强化线索处理，坚持有责必问、问责必严，准确把握运用和贯彻落实监督执纪"四种形态"。学院对发现问题线索的部门限时整改，并通过发放《纪律检查建议书》《履责提示》《履责提醒函》等方式，强化以案促改、以案促治，实现政治效果、纪法效果和社会效果相统一。

第二章　坚持党建引领思想政治教育工作协同创新

做法一：整合育人队伍，推行政治辅导员制度

"感谢我的班级政治辅导员肖忠优书记，是他指导我进行人生规划和职业规划，我对未来的信心更足了！"说起他们的政治辅导员，2011级园林设计专业学生鲁秀瑶感激不尽。目前，学院有300多名班级政治辅导员，包括党委书记肖忠优、校长熊起明等全体领导。

一直以来，学院将班级政治辅导员制度作为加强大学生思想政治教育的有效载体，班级政治辅导员在增强党员责任使命感、提高大学生思想政治素质、加强和改进党建工作等方面发挥了积极作用。

政治辅导员制度是怎么形成的呢？这要追溯到20世纪80年代。学院前身为江西共产主义劳动大学油山分校（简称"油山共大"），地处赣州市信丰县油山镇，是南方三年游击战争时期的中心区域，一直沿用半工半读的办学形式。1979年至1985年期间，随着高考制度的恢复，学院从油山共大时期的半工半读到江西第一林校的全日制办学，班主任工作内容、方式发生了重大变化。劳动时间减少，学生更多时间在教室、寝室。学生思想动荡的不稳定让班主任产生恐慌和忧虑。对如何做好思想政治工作，及时传达学习党的方针政策，班主任显得手足无措。为此，1985年，时任学院党委书记的钟常汉同志结合自己的抗美援朝经历，提出："在部队，有指挥员和政委，他们的密切配合是我们部队团结并走向胜利的重要法宝；在学校，班主任是'指挥员'，那么我们给班级管理配上政治辅导员这个'政

委',相得益彰。"至此,学院开始给各班级增设了政治辅导员,辅助班主任做好学生思政教育。

1986 年至 1991 年,学院从信丰县油山镇迁到赣州市办学,学生走出落后的小山村,来到信息相对开放的城市学习,加上改革开放的形势和政策给社会带来冲击和影响,给革命老区带来观念的变化,使学生思想、价值取向出现多元化。为稳定学生思想、转变学生观念,学院坚持配备政治辅导员。

1992 年至 2001 年期间,小平同志"南方谈话"为改革开放带来了春天,物品的丰富、市场的繁荣和思想的碰撞给学生思想政治教育带来新问题、新课题。如何让思政工作有成效?学院在坚持政治辅导员配备的基础上,构建了政治辅导员工作与党的建设、思政工作、文化传承"三融合"模式,政治辅导员工作模式逐步制度化、规范化、常态化。

2002 年至 2011 年期间,学院升格为高职院校,政治辅导员工作将文化教育与教学竞赛、劳动教育、文体活动结合起来,由政治辅导员带领并坐镇考核,引导和督促学生参加清扫包干区卫生、校园技能竞赛节、宿舍文化节等活动,逐步建立了党群、教务、学工、后勤等四条线齐抓共管的全方位育人网络。

2012 年以来,学院各项工作全面提升发展,构建起以政治辅导员工作为抓手的育人机制,践行社会主义核心价值观,搭建大思政平台,引导学生树立正确的价值取向,政治辅导员工作回归到"党建引领、安全第一、生态渗入、文明信守、文化传承"五个支点,政治辅导员工作呈现生机勃勃、春意盎然的景象。如:以"安全第一"为支点的平安校园建设,促进了辅导员提升安全稳定意识;以"生态渗入"为支点的校园生态文明建设,推进了辅导员自身修养提升;以"文化传承"为支点的"红绿蓝"三色文化育人,丰富了辅导员工作内涵。

把准时代发展脉搏,建立政治辅导员制度"三融合"工作体系。学院制定了《政治辅导员工作目标管理考核办法》，明确政治辅导员协助班主任做好学生思想教育、组织发展，抓好后进生转化，树立先进典型，突出德育为首，强化养成教育。在学院升格前的中专时期，政治辅导突出以德为先，思想政治教育与纪律教育相结合，违纪学生的思想政治工作基本由政治辅导员来做；升格高职院校后至省级示范建设时期，政治辅导突出环境育人，政治辅导员注重树班风、树新风，优化学习环境；党的十八大以来，政治辅导突出党建引领，运用"红绿蓝"三色文化教育引导学生培根铸魂。学院要求政治辅导员要做好入党积极分子的培养考察，按程序做好发展学生党员，与党员发展工作相融合；要求政治辅导员讲党课、思政课、苏区文化课，全力做好学生的思想工作，引导学生践行社会主义核心价值观，与思政教育相融合；要帮助学生稳固专业思想，提高职业素养，积极传承红色基因，践行绿色发展理念，弘扬工匠精神，与文化传承相融合，把政治辅导员工作与基层党组织工作、思政教育、文化传承等融为一体，逐步形成"三融合"工作体系（见图1）。

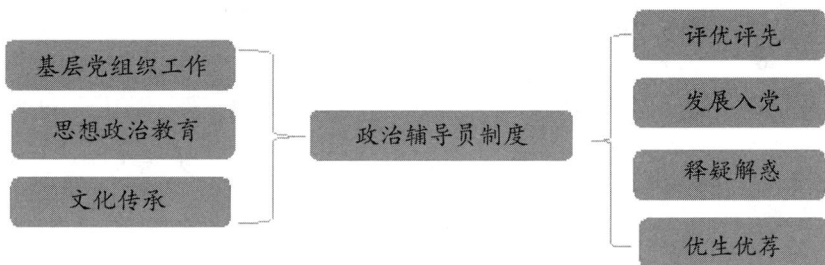

图 1　政治辅导员制度工作体系

完善"目标考核"机制，建立"四贯通"学生思想政治教育渠道。学院政治辅导员工作紧跟时代步伐，为落实"三全育人"，学院不断完善《目标管理考核办法》，细化量化考核标准，并在"学工处—班级—班主任；教务处—教研室—教师；后勤处—食堂（宿舍）—员工"的学工、教学、后勤这三大育人线的基础上，增加了"校党委—党支部—党员"这条党建思政育人线，形成"四贯通"育人网络（见图 2）。

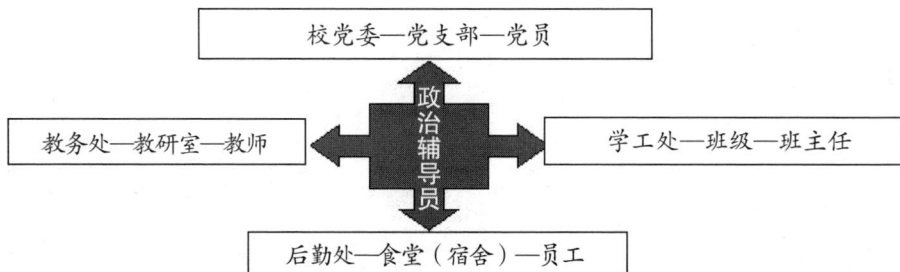

图 2 政治辅导员制度育人网络

学院明确政治辅导员配备标准，严格把控选拔聘用、管理服务、目标考核。一是在选拔聘用上，严格政治辅导员入选条件。要求政治辅导员须为中共党员，中层以上干部或从事党务工作或教学经验丰富的教工党员；具有一定的政治理论水平和较强的政治分辨能力，同时具备大学本科以上学历；具有比较广博的社会科学和自然科学知识，有良好的文化素养，热爱教育事业和学生思想政治工作，具有较强的责任感和奉献精神；热爱学生，品行端正，以身作则，为人师表，具备从事学生思政工作必备的专业知识和技能；有一定的调查研究、组织活动能力，以及较好的语言和文字表达能力。二是在管理服务上，管理过程关口前移，逐步完善制度建设，制定《江西环境工程职业学院政治辅导员工作职责》，编印《江西环境工程职业学院政治辅导员工作手册》，明确政治辅导员进班级、下宿舍、搞活动的内容和方式，把政治辅导工作当成思政实践课、红色教育课、政策宣讲课。把握学生思想脉搏，及时协助处理好突发事件，深入学生谈心谈话，及时为学生排忧解难。规定对政治辅导员采用聘任制，聘期三年，由政治辅导员联系班级所在二级学院党总支提出聘任意见，并报组织人事处审核，报学院党委审批，切实把好政治辅导员的管理服务关。三是在目标考核上，学院对政治辅导员队伍既无比爱护，又严格要求。在实际工作中注重完善考评机制：每月一次政治辅导员会议，会上，学院主要领导与政治辅导员促膝谈心，共话工作的经验教训、成长的酸甜苦辣；明确政治辅导员的任职资格、年限及职责要求等，每学年进行一次工作考评，工作期满对其工作进行鉴定，并作为重要工作经历和成绩记入档案。在考核的基础上开展优秀政治辅导员评比活动，由学院统一表彰，对工作不称职的政治辅导员进行批评教育，仍不改进者免去其工作。

精准聚焦人才培养，构建党建、安全、生态、文明、文化等"五回归"育人平台（见图3）。政治辅导员工作目标管理考核办法规定，政治辅导员每周下班级一次、每月组织主题活动一次、每学期总结评优一次，辅导内容必须涵盖安全稳定、组织发展、生态文明、三色文化等，聚焦人才培养目标，让学生的教育培养回归到以理想信念为核心的"三观"教育，回归到以思想稳定为目标的安全教育，回归到以基本道德规范为基础的公民道德教育，回归到以尊重自然、顺应自然、保护自然为主要内容的生态文明教育，回归到以爱国主义教育为核心的民族精神教育的"五回归"大思政工作，进而助力培养具有健全人格、真才实学、高尚道德的学生。

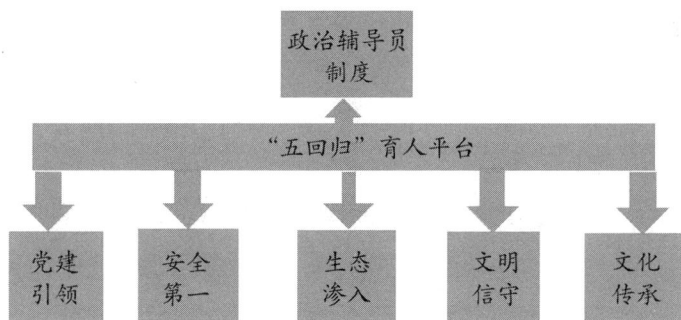

图 3　政治辅导员制度育人平台

30多年的坚守结出丰硕成果，政治辅导员的经验做法先后被中国教育报、新华网、人民网等几十家媒体报道。在政治辅导员制度构建的育人机制的作用下，学院领导和党员干部更加了解学生诉求，出台的政策更接地气,学院师生的向心力持续提升,学院办学治校能力不断增强,人才培养质量也稳步提升,先后获得世界技能大赛金牌 1 枚、中华人民共和国第一届职业技能大赛金奖 1 项、中国国际"互联网 +"大学生创新创业大赛国赛金奖 3 项等。在 2017—2021 年全国普通高校大学生竞赛(高职)榜单中,学院位列全国第 8 名、江西第 1 名。

做法二:打造党建品牌,持续开展党建"四进"宿舍

当代高职学生作为"00 后新生代",他们从各自的"原生家庭"走来,自主意识相对较强,但自理能力又相对较弱,规则意识又相对淡薄,还不同程度地存在理想信念不够坚定、价值取向多元化、责任意识缺乏、奋斗精神弱化等问题,如何规范大学生党员发展、提升大学生党员发展质量已经成为目前高校学生党建工作的一个重要问题。

学院就如何提升学生党员发展质量进行了深入思考和调研,最终把着力点放在了学生宿舍。学生宿舍作为学生日常生活与学习的重要场所,是学生生活时间最长、思想活动交集多、问题发生概率大的场所,学院着力开展党建进宿舍活动,将学生党员的培养和教育工作延伸到学生宿舍,把学生宿舍作为党建工作的重要阵地,把党建工作"搬进"学生宿舍。通过多年的教育实践,学院逐步形成了党建"四进"宿舍,培育"三好一有"学生党员的工作模式。

什么是党建"四进"宿舍呢?

党建阵地进宿舍。学院坚持将党支部建在专业上,每个专业党支部包括党员干部、专业教师党员、专职辅导员和学生党员,在学生宿舍建立党支部工作站,实行党支部委员和专业教师党员值班制度,安排专业教师进宿舍、党员干部下宿舍,定期走访宿舍,进行思想交流,提高学生对党的认识,实现思想素质和职业素养双提升。同时,建立学生党员(包括正式党员和预备党员)和入党积极分子成长积分认证机制,将党员发展的考核

过程量化，支部每月一审核，每学期提出整改意见，二级学院党总支每学年一认定，及时反映学生党员和入党积极分子的思想动态和行为表现。在学生宿舍建立大学生党员服务中心，打造集读书、学习、交流、会议等多功能的宿舍标准化党员活动室，便于学生党员进行学习、思想、生活方面的交流，加强学生党员的教育管理，提高学生党员的党性修养并发挥其先锋示范作用，增强党组织的凝聚力、创造力和战斗力。

思想引领进宿舍。在学生宿舍走廊和每一层中间休息大厅开辟宣传专栏，内容涵盖焦点时事、大政方针、党史知识、传统美德、学院动态等，宿舍宣传专栏做到一周一更新，培育"家事国事天下事事事关心"的主人翁意识，集聚学生宿舍"正能量"。开展榜样示范活动——"身边榜样，前行力量"，在学生宿舍开展系列评比活动，树立学生典型，对学生"身边的优秀党员、身边的好榜样、身边的活雷锋"进行表彰，并把他们的事迹进行公开展示，凸显先锋模范作用的重要力量，增强党员和榜样的荣誉感，强化党员先进模范形象，引导同学们砥砺前行、奋发图强、争先创优。

民主监督进宿舍。将学生党员、预备党员、入党积极分子名单在学生宿舍走廊张榜公布，同时，在每一个学生宿舍门上张贴该宿舍的学生党员、预备党员和入党积极分子姓名，将其置于广大师生的监督之下。为了把工作做到实处，学院在学生宿舍标准化党员活动室门边墙壁上设立"投诉监督箱"，接受广大师生的监督举报。结合"宿舍文化节"活动，组织开展宿舍卫生检查、安全隐患排查、文明宿舍创建、帮扶服务等活动，树立宿舍文化标杆，大力弘扬社会主义核心价值观，传承中华传统美德，讲文明、树新风，重视学生的行为养成教育。对入党积极分子、预备党员的学生寝室进行挂牌，使这批寝室向文明寝室、星级寝室靠拢，使培养、教育和发展党员工作更具可靠性和真实性。

自我管理进宿舍。学院实行"自我教育、自我管理、自我服务"模式，为此，学院在学生宿舍成立学生自律性组织——学生自律委员会。学生自律委员会负责对学生的不良生活习惯、不文明行为、不妥当言行进行自我监督，同时组织开展宿舍卫生检查、安全隐患排查、文明宿舍创建、帮扶服务等活动。并且学院要求学生党员带头践行"自我教育、自我管理、自我服务"，起到模范带头作用。学院在学生党员中开展"四个一"帮扶活动，即"帮扶一名同学、带动一个宿舍、管好一个班级、树立一面旗帜"，要求学生党员和优秀入党积极分子要帮扶一名思想、学习相对落后的同学，与他共同学习、共同进步；要以身作则，敢于同不正确的思想、不妥当言论、不文明行为、不健康习惯作坚决斗争，管好所在宿舍；要团结所在班级学生，形成积极向上班风、学风；要在同学中树立起一面旗帜，在政治思想、专业课程、行为养成等方面起带头作用，充分带动班级其他学生的积极性和主动性，带动身边同学共同进步。

什么是"三好一有"学生党员呢？就是通过开展党建"四进宿舍"活动，不断提高学生党员发展质量，实现学生党员"政治素养好、学习成绩好、行为素养好、至少有一项校级以上荣誉"的目标。

通过党建"四进"宿舍的多年实践，学院学生党员发展工作取得了良好的成效。一是党组织吸引力有效扩大，党员发展质量逐年提升。向党组织递交入党申请书的学生人数比例、入党积极分子确定比例、预备党员发展比例，均逐年递增，表明党组织在学生群体中影响力、吸引力、号召力不断增强，党员发展质量在逐年提升。二是学生学习动力显著增强，实践技能水平稳步提高。近年来学生党员、入党积极分子在各级专业竞赛中获奖人数占比达80%以上，且逐年递增。

做法三：创新育人方式，坚持党建带团建

学院坚持党建带团建，实施党团联席会、党团联合培养党员、学生会主席列席党委会、校领导接待日等党建带团建若干措施，逐步形成"三级带"

党建带团建工作机制，即党委带团委、党总支带团总支、党支部带团支部。

深化改革，不断加强共青团工作顶层规划。2018 年以来，学院制定了《江西环境工程职业学院共青团改革实施方案》（赣环院党发〔2018〕1 号）、《江西环境工程职业学院深化共青团改革的具体举措》（赣环院党发〔2020〕35 号）等深化改革政策，出台学生会组织改革、提升校园文化建设、社团专业化建设、基层组织建设等改革制度 20 余项，将共青团深化改革的内容纳入党建工作同部署、同推进、同考核。

构建常态化政治教育机制，深化思想引领"筑梦"。学院以"青字号"品牌做支撑，以"三会两制一课"和主题团日做载体，实现政治教育常态化。打造六大"青字号"品牌即"青年大学习""青青时政""十百千青年宣讲团""青马工程""青春分享会""江环院青年"等线上线下学习载体，以"四史"教育，爱国主义教育、传统文化教育、培养社会主义核心价值观等内容为重点，创新学习形式和推广形式，扩大青年学生的参与覆盖面，提升政治教育的针对性和实效性，强化思想引领，筑好青年之梦。

构建全过程实践教育机制，打造成长服务"践梦"。一是实施实践育人基地建设行动，打造实践育人场所。校内实施"全天候"实训室开放计划，让所有实训室成为实践育人基地和学生开展各类文化活动、技能活动的场所，室外建设有博雅文化广场、鲁班文化广场等实践育人场地。校外广泛联合政、行、企设立社会实践基地。二是实施实践育人项目化、品牌化建设行动，丰富实践育人载体。校园文化育人方面，结合学院特色，打造了包含"立雪大讲坛""立雪大舞台""立雪艺术节"等项目的"立雪"品牌活动，以及"一院一品""一社团一特色""一支部一特色"等特色品牌活动。社会实践育人方面，实现"全团入志"，以加强志愿服务品牌化、志愿服务队特色化建设为手段，以服务社区行动、暑期"三下乡""返家乡"等为载体，逐步形成每个团总支有一个志愿服务品牌，每个团支部有一支志愿服务队的工作格局，其中"青亲工程"、智慧兴村等志愿服务品牌形成了一定影响力。创新创业育人方面，落实好青年就业促进计划，广泛组织学生积极参加创新创业培训和帮扶活动，每月邀请优秀校友、企业代表开展"就业创业大讲堂"专题讲座，积极组织参加"挑战杯""创青春""振兴杯""互联网+"各类创业创新赛事，培养学生创新精神、实践能力与创业意识。三是第二课堂成绩单制度建设行动，搭建实践育人平台。学院按照"1+6+N"的模式（即一张第二课堂成绩单、6个教学模块、N个观测点），从课程体系建设、制度建设、师资培养及创新度入手，实现了与学生需求相符合的第二课堂活动态势稳定发展。

构建强有力的组织运行机制，提升组织建设"育梦"。在学院党委的领导下，深化推进共青团改革，强化学生会、社团等团学组织的建设，构建起党委领导下共青团主导的团学组织格局。树立和落实一切工作到团支部的工作理念，团的工作运行管理纵向扁平化，夯实"强基工程"。以团支部"对标定级"和"活力团支部"评比为抓手，加强团支部基层组织建设。落实推优入团、推优入党等制度，实施团员先进性评价、"两红两优"、"十佳大学生"评选等团内荣誉激励机制，不断彰显团员的先进性。

通过党建带团建，不断创新育人机制，近年来，学院获江西省共青团工作优秀单位4次，获全国五四红旗团总支1个、省五四红旗团支部（总支）4个、各类全国优秀社团3个，获中国青年五四奖章1人、全国青年岗位能手1人、全国优秀共青团员1人、"中国大学生自强之星"奖学金4人、"中国电信奖学金"4人。

做法四：三色文化育人、四赛体系育才

在长期的办学实践中，学院凝练了"三色文化育人、四赛体系育才"的核心文化育人理念，着力推进"红色文化铸魂、绿色文化培根、蓝色文化强技"，构建"校省国世"四级技能竞赛体系，提升整体育人水平。

红色文化铸魂，就是坚持社会主义办学方向，充分运用红色文化教育

资源，搭建基层党建、文化活动、社会实践等工作载体，引领师生坚定理想信念，传承红色基因，发扬艰苦奋斗精神，让红色文化成为铸魂育人的精神动力。

绿色文化培根，就是发挥林业生态院校优势，响应江西绿色崛起战略，发挥全国生态文明教育基地的示范作用，用生态文明理念滋养师生的心灵，使生态文明理念内化于心、外化于行。

蓝色文化强技，就是立足职业院校特点，建立了"校赛全员参与、省赛项目遴选、国赛重点打造、世赛精心培养"的竞赛工作机制，通过技能竞赛，培养具备工匠精神和创新创业能力的高素质高技术技能人才。

"红色文化铸魂、绿色文化培根、蓝色文化强技"三者有机统一，共同融入于学院各项工作中，共同发挥"红色引领、绿色滋养、蓝色浸润"育人作用。

打造自然与人文环境，营造良好文化氛围

2007年，学院对文化建设制定了宏观规划：确定了"红色文化铸魂、绿色文化培根、蓝色文化强技"的特色办学方向；在《校园文化建设"十二五"规划》《关于进一步加强生态文明教育工作的意见》等综合性指导文件中对文化育人提出了具体要求；相继配套出台了《大学生文化活动项目化实施办法》《"青青时政"学习平台实施方案》《"立雪"品牌活动实施方案》《职业技能竞赛管理办法》等制度，进而制定了《校园文化建设三年行动计划（2019—2021）》。

学院坚持"环境塑造心灵、绿色孕育希望"理念，持续在绿化美化校园自然环境和营造向上向善的人文环境上发力。学院打造了千种树木园（其中红豆杉、银杏等珍稀树种百余种）；建成生态科技示范区等15个区域，形成了有亚热带特色的桂花群落等5个植物群落；给每种树挂上二维码智能"名片"；建设了生态苑等自然景观，使校园植被覆盖率达73%，形成了独特的森林小气候；形成了包括"一门一广场""一山一廊""一园一湖"的空间文化布局，建设了世界技能大赛集训基地、产教综合实训大楼、鲁班文化广场，春风化雨般的环境浸润着师生的文化意识。

丰富文化设施，拓展教学资源。学院建设了一批标准化党员活动室和学生宿舍党员服务中心，高标准建设了融思政教学、理论宣讲、文化讲坛为一体的思政课学研中心；兴建了生态科教馆，收藏了动植物标本万余份，集标本收藏、科普教育、科学研究、观赏品鉴多功能于一体；建设了生态文化长廊等文化景观；建设了天敌昆虫繁育基地、中水回收中心等一批科普基地和实训基地；落实名匠园建设工程，深度挖掘林业、建筑装饰、环境保护、电子信息等行业的名师名匠信息，形成了名匠景观；实施精工培养工程，聘请非物质文化遗产传承人、绝技绝艺大师和在国内具有影响力的名匠担任教师，加强传承型、绝技绝艺型人才培养。

构建完善教学体系，培养学生综合能力

制定课程标准，完善教学体系。学院制定了《思想政治理论课程标准》和《学院课程思政建设实施方案》，将思想政治教育融入所有学科中；编写了《高等职业院校生态文明教育课程标准》，并逐步将"生态文明知与行"课程作为必修课纳入全校所有专业的人才培养方案，将生态文明教育与专业建设相融合、与思政课教学相融合、与社会实践相融合；出台了《产教融合实施管理办法》《职业技能竞赛管理办法》《生产性实训管理办法》，以"大赛点亮人生，匠心成就梦想"为指引，建设"校省国世"四级技能竞赛平台，通过技能竞赛实现学生认知能力、合作能力、创新能力和职业能力的全面提升。

改革教学方式，优化教学手段。学院单独开设"红色文化十讲"课程，依托超星"学习通"、思政微信课堂等形成"线上红色资源库"，坚持开展诵红色家书、观红色影片、讲红色故事、演红色曲目、走红色圣地的"红色教育五个一"实践教学活动，定期举行思政课实践教学成果汇报演出，学生结合思政课学习成果，自编自导自演进行红色主题的作品创作，如情景剧编排、歌舞表演等，打造了"模拟长征路 智勇大冲关"红色实践教学品牌；组建了思政、林业、生态等学科背景的混合专兼职师资队伍，成立了"全国职业院校生态文明移动云教学大数据研究中心"，充分运用信息化教学手段，实现翻转课堂。开展了"全天候职业教育教学改革"，建构了"学训赛"合一的全天候教学模式。

创新课程考核，综合评定成绩。"生态文明知与行"课程考核包含课堂表现（30%）、实践表现（30%）和日常行为习惯（40%）等三个方面。还制定了《生态文明教育日常行为规范》《学生综合素质测评实施办法》等，依据《规范》《办法》，由班主任、其他同学和宿舍管理员给每个学生评分，取其平均值得出该生日常行为习惯得分。

开展各类文化实践，促使学生知行合一

推行"三色文化"实践标准，制定了《新时代进一步培育和践行社会主义核心价值观工作方案》和《"苏区红"项目实施方案》，出台了《学院课程思政建设实施方案》，发布了《大学生生态文明行为规范》等标准和文件，规范和引导学生主动参与各类生态文明实践，系统评价每一个学生在校期间生态文明素养养成效果；依托江西省林业职业教育集团、中国家具学院等平台，使企业人才培养模式和课程体系改革、人才培养方案和课程标准制定、实训基地建设和运行、人才培养质量评价体系建设等环节，得以融入；采用传、帮、带形式，建设院、系、班三级工匠培育体系；开发工匠养成教材、技能大师工作学习手册，形成工匠考核标准，建设技能大师"互联网+"课程资源。

推动"三色文化"实践育人。坚持以党建为引领，将支部建在专业上，建立了发展党员联审制度，创立了党建"四进"宿舍工作模式，持续30多年实施政治辅导员制度；实施辅导员工作课程化，将红色文化教育纳入辅导员工作课程化实施大纲中，建设了一批优质课程，实现德育为先、师生教学相长的良好局面。围绕"普及生态环保知识、树立生态文明价值观、养成绿色生活方式、提升生态文化审美"等内容，结合世界环境日、世界水日、国际生物多样性日等生态节日，开展生态文明教室和生态文明寝室创建、废物再利用作品展、环保创意大赛等丰富多彩的生态文化主题活动，打造生态文化品牌。开展年度"技能竞赛节"活动，对接江西省职业院校技能大赛、全国职业院校技能大赛、世界技能大赛等赛事，为参加省赛、国赛、世赛选拔人才。

推广"三色文化"服务育人。把学雷锋活动和共青团的各项工作有机结合，开展绿3月"常青藤"志愿服务系列活动；"蒲公英"志愿服务队近3年进行义务支教与社会服务共计150余次，帮扶对象达5000余人；"三叶草"志愿服务队被评为"全国暑期'三下乡'社会实践活动优秀团队"。鼓励师生"进企业、进社区、进中小学"，开展生态环境现状调研、生态知识法律宣传、发放科普资料等活动，提高公众生态文明意识；组织学生开展动植物资源状况调查，清理农村、城区、河流及湖泊的垃圾，助力生态产业、生态修复、生态旅游、精准扶贫等各种服务，形成了具有学院特色的生态文明社会服务实践体系。发扬"油山精神"，实施学生挂职锻炼工程，强化学生劳动意识，提升青年务实兴赣、劳动振乡的主人翁意识和历史使命感。

发展永无止境，奋斗未有穷期。随着《职业教育提质培优行动计划（2020—2023年）》和《江西省人民政府关于整省推进职业教育综合改革提质创优的意见》的发布和实施，学院迎来了新一轮的发展机遇。如今，学院在"立艺树人"的校训、"坚毅敏行"的办学精神和"三色文化育人、四赛体系育才"这一核心文化理念指引下，正全面推进中国特色高水平高职学校专业群建设，朝着全国一流的高职院校阔步迈进！

做法五：创新共青团育人模式，全力打造"1+6+N"第二课堂实践育人体系

学院坚持党建带团建，不断创新共青团育人模式，逐步形成了"1+6+N"第二课堂实践育人体系。"1+6+N"第二课堂实践育人体系遵循学院特色办学、开放办学、合作办学的办学理念和生态为根、质量为魂、创新为重的发展理念，以传承红色基因、弘扬生态文明、铸造工匠精神为主线，立足赣南革命老区红色文化特色和林业环保类院校的行业特色，将生态文明教育有机融入"1+6+N"第二课堂实践育人体系，构建了独具学院特色的红色铸魂、绿色滋养、蓝色浸润"三色文化"育人体系。

学校从 2017 年开始在学生社团中试运行二课制度，2018 年出台了《我院"第二课堂成绩单"制度工作实施方案》，着力构建"1+6+N"第二课程实践育人体系，实现系统化、精准化和规范化的学生成长、成才实践育人模式，最大化发挥"第二课堂成绩单"的育人潜力，全面提升学生培养质量。

"1"，指一张"第二课程成绩单"（见图 1）。建立成绩单科记录学生实践评价机制，从发展性、过程性、结果性三方面进行实践评价，实现学生综合素养改革新路径。

"6"，指 6 个模块内容。学院坚持以社会主义核心价值观为引领，遵循教育规律、思想政治工作规律、学生成长规律，围绕"思想道德素养、实习实践素养、职业技能素养、创新创业素养、文体身心素养、菁英成长素养"6 个模块对学生实践能力进行培养。

"N"，指 N 个培养观测点。根据六大模块，围绕"思想政治教育、专业技能活动、校园文化活动、社会能力培养"四个方面内容，协同各部门开展不同的活动，以设置不同的观测点。

"1+6+N"第二课程实践育人体系纳入学院人才培养方案，共设置实践

育人学分 8 个（128 个学时），与学生毕业资格挂钩，有效地保障了实践育人体系的实施。学生二课成绩以学年为认定期限，按照实际情况，实行动态学分累积，学生通过组织或参与各级各类活动获得相应学分。除此之外，个人其他成长记录还将以递交相关佐证材料的形式进行学分认定。符合毕业条件的，在第二课堂成绩单（综合素质拓展证书）上盖章，成绩单一式两份，一份装入档案，一份提供给用人单位，不符合毕业条件的，按学院学籍管理规定处理，延期毕业。

图 1：第二课堂成绩单（以 2021 届毕业生彭龙灿为例）

为进一步保障"第二课堂"制度的实施，学院党委出台了《"第二课堂成绩单"制度工作实施方案》，学院团委结合工作实际，配套制定了《"第二课堂成绩单"制度学分计量与认定办法（试行）》《关于制（修）订第二课堂课程标准的原则和意见》《第二课堂任课教师任职条件》《六大模块的教学标准》《第二课堂师资管理办法》等文件，形成了完善的制度保障体系。

为实现"第二课堂成绩单"工作与部门职能有机结合，形成以学校机关及职能部门积极与学院工作有机联动、合作高效，形成一体化的"第二课堂成绩单"组织体系，学院构建了与6个模块相匹配的实践育人课程体系（见图2）。通过统筹整合全校教育教学资源，全面开放全校室内外场地，实现多部门协同工作，全校所有学生实践育人活动统筹申报并按计划实施。

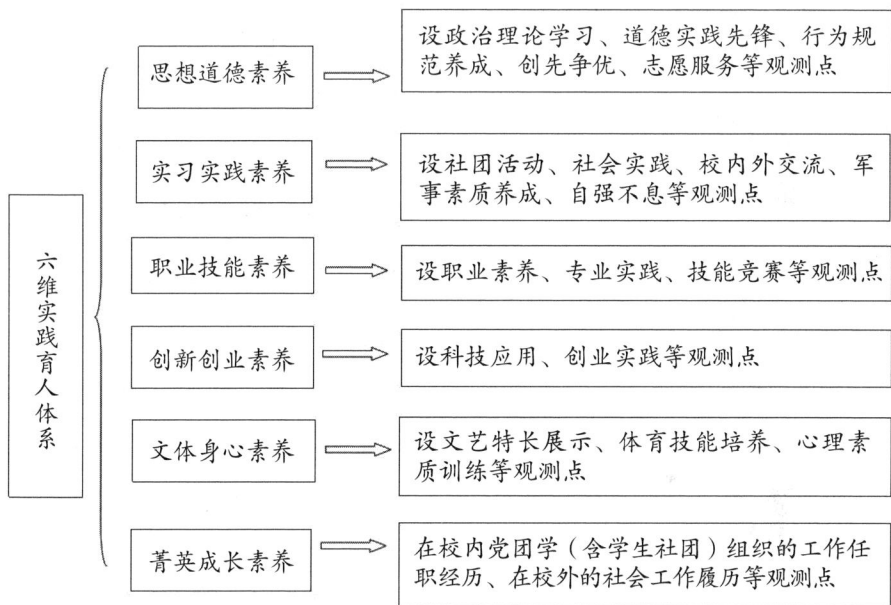

六维实践育人体系	思想道德素养	设政治理论学习、道德实践先锋、行为规范养成、创先争优、志愿服务等观测点
	实习实践素养	设社团活动、社会实践、校内外交流、军事素质养成、自强不息等观测点
	职业技能素养	设职业素养、专业实践、技能竞赛等观测点
	创新创业素养	设科技应用、创业实践等观测点
	文体身心素养	设文艺特长展示、体育技能培养、心理素质训练等观测点
	菁英成长素养	在校内党团学（含学生社团）组织的工作任职经历、在校外的社会工作履历等观测点

图2："1+6+N"第二课堂实践育人体系内容

学院通过横纵两条线进行实践育人课程设计（见图3）。一是结合学生在校期间的成长认知规律纵向培养，按照学生每学期成长特征，为学生制定每学期的实践育人素质拓展任务目标，6个学期6个目标，如："认识自己，走进校园""博采众长，亮出精彩""崇德尚能，立艺修身""德艺双馨，身正亲民""明明德，展工匠精神""立艺树人，止于至善"等；二是每学期、每月制定不同的教育主题进行横向主题设计，如：雷锋月、读书月、红五月、志愿服务月、生态文明月等。

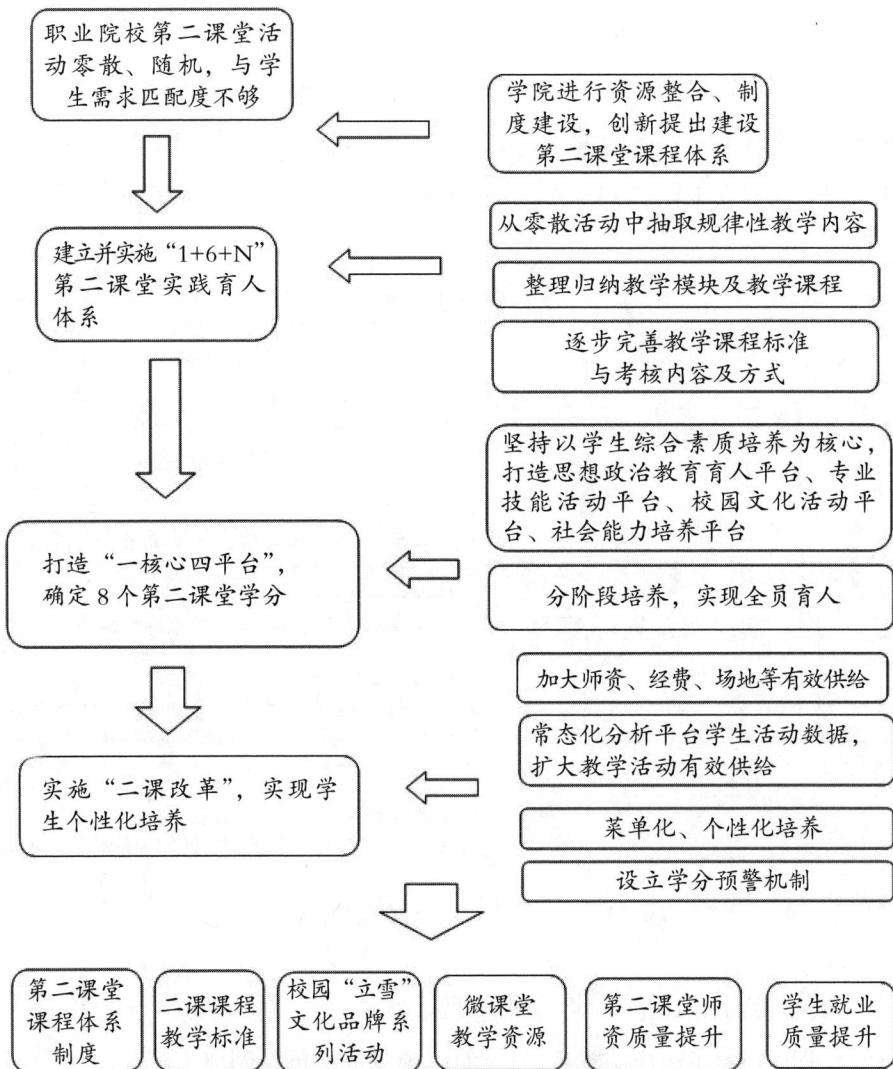

图 3：第二课堂课程体系形成路径

学院将"第二课堂成绩单"资金纳入学院年度预算，安排专项项目化资金。多渠道统筹安排资金，从 2018 年起至现在，我校以第一年 68 万元、第二年 74 万元、第三年 88 万元、第四年 120 万元的专项资金实现逐年增加第二课堂专项资金。

为进一步规范运行机制，学院先后选派学生骨干卢琳、朱江宇、唐浩、何庆丹等10余名同学到全国学校共青团研究中心和"到梦空间"系统运营中心挂职，熟练掌握平台的基本操作，以"传帮带"的形式开展业务培训，要求所有管理平台的学生工作者都能熟练掌握平台的操作方式。

学院建立了三级联动管理机制，成立了校、院两级大学生素质拓展中心，在团支部中设立青年委员专门负责班级的第二课堂工作，校团委副书记、院团总支书记、班级辅导员为相关组织的指导教师开设第二课堂工作专题培训班，学生工作者通过培训结业才能正式上岗；出台《"第二课堂成绩单"活动标准化管理办法（试行）》，从活动类型、活动报备、活动发布、活动督查等各环节实行标准化管理；第二课堂工作纳入共青团工作年度考核的比重不低于30%，每月出奖惩通报和数据分析，每学期出学分预警和预警座谈，每学年开展第二课堂工作年度表彰。同时，学院将教师指导第二课程实践育人纳入教师工作量和教师评价体系。建立了实践育人课程师资考核机制，在教学内容、活动示范、组织指导、活动成效等方面进行考核，对重点项目与课程，建立实践育人导师制，鼓励教师参与实践育人开发与指导，实现实践育人过程考核和结果考核有机结合。建立定期教师集训制度，每年暑期定期进行教师集训，分组分批培训教师基本功、实践育人活动组织流程、特色品牌活动策划、团队意识培训等。

学生须完成相应"第二课堂成绩单"工作方可参加各类评先评优、推优入党、奖助学金评定等。"第二课堂成绩单"成绩优秀的学生，按照一定比例，分类别授予相应荣誉称号。"第二课堂成绩单"制度实施工作中，针对弄虚作假获得学分的学生，经委员会查实认定，取消其相应项目学分；针对违规操作项目的学生组织，经委员会查实认定，取消该组织的活动组织权，追究负责人责任，并根据学生管理相关规定给予处分。特别是针对报名二课活动未请假而无故缺席的学生，系统将自动将其纳入黑名单，学生个人需要递交书面说明材料并逐级签字才可解封。学院通过一系列举措，严格抓牢诚信评价机制。

针对学生的兴趣点，学院打造学生第二课堂"活动超市"，明确学生综合能力提升不同阶段的人才培养要求，为学生提供菜单化培养服务，指导学生逐步获得学分，促进个人成长。

培养核心内容是：6个主题（每学期一个主题）；两项规划（职业生涯规划、学业进程规划）；一系列活动（参加一系列有主题的创新活动，拓展自身综合素质）；一本证书（参加素质拓展活动后为每个同学提供一本证书）；10个指标（参加一次社会实践或志愿者活动，参加一次创新创业培训或实践，参加一次职业技能竞赛，参加一次专业性职业培训并鼓励学生获得一本职业资格证书，完成一次企业实习，完成一次校内外交流或国际交流，完成一项专业技能应用作品，担任一届学生组织工作人员，获得一次荣誉和奖励，培养一种高雅兴趣和爱好）。

每学期训练主题及内容如下：

时间	主题	学分修习
第一学期	认识自己，走进校园	1
第二学期	博采众长，亮出精彩	1
第三学期	崇德尚能，立艺修身	2
第四学期	德艺双馨，身正亲民	2
第五学期	乐学崇技，明德笃行	1
第六学期	立艺树人，止于至善	1

学生每学期学分修习超过规定学分，可自动累积到下一学期。学生根据每学期自身学习进程，按照学分要求，随时调整第二课堂成绩单学分获得计划，最终获得第二课堂成绩单素质拓展证书，取得毕业资格。

学生修满8个第二课堂学分，多余的二课学分可以与第一课堂学分互通，第二课堂学分与第一课堂部分课程（语文、数学、英语、物理、化学等）学分互相融通，即修满毕业要求的所有学分之后的第二课堂学分可与

第一课堂非专业课程实现互认与抵免，比例为1∶2，即每2个第二课堂学分抵免1个第一课堂学分。

经过4年多的实践探索，学校推行与落实"第二课堂成绩单"制度已初具成效，并形成了具有一定参考和借鉴价值的实践经验和成果。在大数据的支撑下，第二课堂成绩单能对第一课堂的专业理论教学进行"查漏补缺"，突破传统教学中的局限，从而使第一课堂与第二课堂育人完美衔接。"第二课堂成绩单"能及时、客观、真实地收集和记录学生在校期间参与的各类课程活动、参加的各种团学活动以及获得的所有奖项荣誉，借助云计算、大数据等技术，教师可通过"第二课堂成绩单"对学生各方面素质进行科学评估，了解学生的优势和不足，以便把握育人侧重点的变化。校外用人单位可通过第二课堂成绩单了解学生在校的发展轨迹是否满足用人标准，了解学校对学生的培养能力，有效形成学生的"精准画像"，助推科学、精准育人。

做法六："红色铸魂　五位一体"的党建实践模式

按照新时代党的建设总要求和新时代党的组织路线，强化党对高校的全面领导，增强高校基层党组织政治功能，推进党建工作和学校事业发展深度融合，教育部面向全国高校党组织开展"对标争先"建设计划，2022年3月，马克思主义学院党支部被教育部立项为第三批全国高校党建工作样板支部建设单位。

马克思主义学院党支部机构岗位设置包括书记、副书记、纪律委员、组织委员和宣传委员各1名。党支部立足专业，以"服务师生成长成才"为工作理念，注重政治建设、思想建设、组织建设、作风建设、纪律建设和制度建设，树立了敢担当、有作为的工作作风，积极开展课程建设、科学研究和社会服务，充分发挥党组织的战斗堡垒作用和党员的先锋模范作用，形成"红色铸魂　五位一体"的党建实践模式。

筑牢"红色根基",提升支部党员思想政治素质

马克思主义学院党支部注重加强党员理想信念教育,紧密结合思想政治优势和区域红色文化特色,按照"3+X"模式定期开展"三会一课",通过集中学习和分散自学相结合的形式,加强对党的基本知识、时事形势政策、革命传统文化等知识的学习,推动党员干部坚定理想信念,牢记党的宗旨使命。

除此之外,全体党员教师坚持每周学习"周末理论大讲堂"的理论知识。"周末理论大讲堂"是教育部 2019 年 4 月为全国高校思政课教师开设的学习课程,截至 2022 年 7 月 8 日已连续开展了 90 期。通过专家学者的线上课程,党员教师们深受启发。徐亚琴老师说:"'周末理论大讲堂'的授课内容通俗易懂,道理深刻!用现实活化理论,用理论照亮现实。通过聆听专家讲解,让我感到,作为思政课教师,要更加重视对马克思主义原典的学习和研读。只有这样,才能为学生带去更多的干货。"

学院的"毛泽东思想和中国特色社会主义理论体系概论""思想道德与法治""形势与政策""红色文化十讲""革命传统教育概论"等思政课程,全部是由马克思主义学院党员教师承担的,他们不仅利用一切资源给自己充电,同时也不断督促同学们学习,每节课后,教师布置的参考阅读书目都是非常好的学习素材。

强化"红色核心",提升支部凝聚力和战斗力

马克思主义学院党支部拥有标准化的党员活动室和 600 平方米的思政课学研中心,硬件设施在省内高职高专的马克思主义学院中居于首位。思政课学研中心的红色文化展示区成为学生打卡的"热门景点"。"这个红色文化长廊,不仅让我们'手机一族'在思想上收获良多,还让我们对历史有了更进一步的认识,对于实现中华民族伟大复兴有了更大信心。"机械制造与自动化 2020 级的蔡绍能同学在打卡拍照的时候感慨道。

除了教室外的红色文化长廊,每间教室内还有图书角,有不同类型的

图书。图书角的藏书都是党员教师捐赠的，供广大师生阅读。通信学院的李奕芝同学在图书角找到一本自己心仪已久的书，非常高兴地说道："没想到在思政课堂的教室找到了我非常想看的书，之前在几个地方都没找到，思政课堂真是个宝藏！"

正是对这些细节的完善，让党员教师们感受到"家"的温暖。同时，为了这个"家"，大家能够心往一处想、智往一处谋、劲往一处使。近几年，马克思主义学院党支部教师积极参加国家级、省级、市级教学技能竞赛，获得省级以上荣誉及奖项共计63项：教学竞赛获奖32项，论文教案评比获奖12项，课程建设及教学成果奖6项，指导学生获奖7项，教师获个人荣誉6项。其中，国家级荣誉及奖项18项，省级特等奖1项、一等奖14项、二等奖14项、三等奖8项。

激发"红色力量"，彰显支部党员先锋模范作用

马克思主义学院党支部关心每一位党员的工作、学习和生活，适时开展调查研究，及时听取党员群众心声，力争为群众办实事。自新型冠状病毒感染的肺炎疫情发生后，学院广大党员师生纷纷投入到各自家乡所在地的抗击疫情工作中，以实际行动践行共产党员的初心和使命。

党员谢昌明主动报名参加疫情防控工作。谢昌明所在小区隶属于赣州市南外街道二康庙社区，社区人员户数众多、人员结构复杂，疫情防控工作压力较大。为配合政府做好疫情联防联控工作，面对日益严峻的疫情防控工作，2020年1月30日以来，南外街道二康庙社区在西桥路19号设立卡点，谢昌明作为小区业主委员会主任，带领业主党员代表组成志愿者服务队，轮班值守在疫情防控卡点第一线，极大地增强了防控工作力量，缓解了防控工作人手不足的问题。在问及为何奋不顾身参与抗疫工作时，谢昌明说："作为一名党员教师，身教胜于言传，我们除了要在课堂上教育学生多参与志愿活动之外，更要用自己的实际行动鼓舞学生，让学生知道，每个人都可以并且都应该为社会做力所能及的贡献，在抗疫工作中发挥示

党员谢昌明同志参加社区疫情防控工作

范作用。只有这样，才对得起胸前这枚党徽。"

除了值守一线的党员同志，其他教师党员也积极配合做好各项防疫工作，停课不停学期间变身线上教师，为同学们传授知识；待同学们返校后，又第一时间为大家讲授"开学第一课"。

架好"红色桥梁"，提升支部党员服务社会的能力

马克思主义学院党支部积极组织党员同志开展党史教育、红色文化、道德法治等系列宣讲活动，惠及赣州市内外的高校、机关、企事业单位和城乡社区等 20 余家单位、近万名党员干部。

2021 年 4 月 12 日，马克思主义学院党支部谢昌明应邀前往萍乡海关、赣州银行萍乡分行开展党史学习教育专题讲座。在萍乡海关，谢昌明开展了"庆祝建党 100 周年党史学习专题——做一名信仰坚定、内心强大的合格党员"的主题讲座，他从建党百年的历程开讲，勉励党员要坚定信念，做一个觉悟深刻、自信快乐、热爱群众、自强奉献的内心强大的党员。在赣州银行萍乡分行，谢昌明开展了"学党史 悟思想 从疫情防控视角谈党史学习"的主题讲座，他从党史的发展脉络和重大意义、党的历史给我们的三大启示、党的三大历史贡献、始终牢记党的初心使命四个方面讲述了百年党史。

谢昌明应邀前往萍乡海关开展党史学习教育专题讲座

两场讲座史料丰富、案例感人、代入感强，得到现场观众一致好评。党员们纷纷表示，要把党的历史学习好、总结好、传承好、发扬好，做到学史明理、学史增信、学史崇德、学史力行，不断提高政治判断力、政治领悟力、政治执行力，从党的百年伟大奋斗历程中汲取前进的智慧和力量。

2020 年 11 月，学校成立了赣州市红色文化研究会唯一的高校分会，马克思主义学院党支部充分利用专业优势服务地方、服务社会。2021 年，恰逢建党百年，马克思主义学院党支部积极参与开发系列党史课程和故事，联合赣州市红色文化研究会深入各地开展"庆祝中国共产党成立 100 周年讲 1000 场党史故事活动"。2021 年 4 月 8 日晚，马克思主义学院党支部邀请了赣州市红色文化研究会党支部书记、国家一级作家卜利民为师生讲红色故事。活动结束后，同学们纷纷表示感触很深。学院青年马克思主义学社学生彭健说："通过这次红色故事会，我深切感受到了红军战士伟大的奉献精神和坚韧不拔的勇气。作为青年学生，要向革命先辈看齐，坚定理想信念，学党史、知党情、跟党走。"

这样的活动只是千场党史故事活动之一，千场党史故事不仅走进学校，也走进社区、走进乡镇，推动了党史学习教育深入群众、深入基层、深入人心，受到普遍赞誉。

守住"红色阵地"，打造品牌活动，提升支部影响力

2021年，马克思主义学院党支部牵头江西省4所高职院校参与全国高职高专思政课建设联盟的"献礼建党100周年名师讲党史"活动，录制了9个党史微课（包含本支部党员5个）在全国高校马克思主义学院数字化信息平台展播和推广，并被联盟授予"最佳组织奖"。

"全国职业院校名师讲党史"活动，是全国高职高专院校思想政治理论课建设联盟举办的"献礼中国共产党成立100周年"的重大活动，有近200名各省推荐的、获省级以上教学奖励的名师参加。学院牵头江西省4所高职院校参与，派出荣获国家级、省级表彰的思政课教师谢昌明、邱哲彦、潘瑾菁、熊晓琪、程霞，结合江西特色资源讲党史，挖掘党史所蕴含的红色基因，分别选取瑞金"一苏大"的召开、长征集结出发、南方三年游击战、三湾改编、瑞金"十七棵松"题材，录制了党史微课。

活动筹备初期，主讲教师在院领导及全体思政教师的指导下，精心挑选了具有江西地方特色的，在党的革命、建设和改革时期极具代表性的人物以及事件，并分别前往瑞金"一苏大"会址、中央红军长征出发地于都及信丰县油山镇、永新县三湾村、瑞金市华屋村进行实地拍摄。对党史人物、故事等进行全方位、深层次、多角度的研究阐释，帮助师生准确掌握事迹背后的信念渊源、价值皈依、红色基因，更加深刻地领悟中国共产党为什么能、马克思主义为什么行、中国特色社会主义为什么好，将浅层的情感体验深化为深层的价值认同，探索党史学习教育与知识体系教育相统一的长效机制。

这项工作开展以来，得到了院党委的大力支持。马克思主义学院党支部也以这次活动为契机，将"四史"教育融入课堂教学和各项工作，并且以微课的形式在学院的官方网站推送，上课时老师也为同学们播放。同学们看了录制的微课之后，纷纷表示要向先辈致敬，传承红色基因，从党史

故事中汲取精神力量，在学思践悟中练就过硬本领。

马克思主义学院党支部通过筑牢"红色铸魂、五位一体"的党建实践模式，开展了一系列活动，将原有的被动式管理转变为主动式服务，打造了支部特色，涌现出了一批标志性成果，支部在全国高职高专生态文明教育方面和江西省高职高专马克思主义学院建设方面持续保持示范引领位置，学校成为全国高职高专思政课建设联盟江西省牵头单位、江西省高职高专思政课教指委主任单位和江西省大中小学思政课一体化建设指导委员会副主任单位。

做法七："四维导师制"——全员全程全方位护航学生成长成才

学院在总结近 10 年各类导师制的基础上形成了"四维导师制"育人模式。以"德育导师制""成长导师制""技能导师制"和"就业导师制"为抓手，构建了全程、全员协同育人教育管理模式，建立了思想、生活、学习、就业创业"四位一体"协同育人机制体制，实现"全员育人、全程育人、全方位育人""德技并修"的目标，落实立德树人根本任务。

四维导师制育人模式通过"德育导师制""成长导师制""技能导师制"和"就业导师制"的方式，打造从入学到就业无缝对接、贯彻全学程的教育管理体系。由组织人事处负责让党员加入课外思想道德教育工作队伍，协同做好班级党员发展和思想政治教育工作；由教务处负责让教师在课中加强思想政治教育模块，课外开展技能辅导和专业实践活动，解决教师教书育人"两张皮"问题；由就业处选拔全校教职工成为就业经纪人，带领学生走好出校门的第一段路，构建了课堂内外、德技并重的教育管理体系，为培养"德技并修"的高素质技术技能人才做好保障。

"四维导师制"的德育导师由优秀的党员干部组成，成长导师由经过培训的专职辅导员和优秀兼职辅导员组成，技能导师由优秀的专业教师组成，就业导师由优秀的教职工组成。导师队伍覆盖了全校教职工。在导师制的开展过程中，通过导师队伍培训、组织各类型学习活动等，将全院教职工的思想和行动统一到学院的决策部署上。经过导师的工作实践，全院教职工对人才培养中德育统领问题的认识得到提高。

四维导师制围绕"思想、生活、学习、就业"这四个方面，通过"德育导师制""成长导师制""技能导师制"和"就业导师制"形成"四位一体"的育人模式，打造以"导德"为统领、以"导学"为关键、以"导能"为核心、以"导业"为目标的混合式全面成长体系，将思想政治教育贯彻到人才培养的每个环节，将技能培养延伸到课堂外任何一个时间。

以"党建+"为主导，针对学生思想问题，推行"德育导师制"

学院以"党建+"为抓手，推行德育导师制。学院推出"党建+政治辅导员"。政治辅导员是一支专门协同班级辅导员开展党建与思想政治教育工作的队伍，由中层以上领导干部、从事党务工作或教学经验丰富的教工党员组成。政治辅导员的实施在我校已经有30多年的历史，特别是2008年以来，政治辅导员制度不断完善，到2021年已形成了一支近300人的稳定的政治辅导员队伍。各二级学院还推出了"党建+四进宿舍""党建+三艺育人"等措施，在实践中不断完善德育导师制模式。

以"教师+"为主导，针对学生学习问题，推行"技能导师制"

学院以"教师+项目""教师+竞赛""教师+专项技能课""教师+大师工作室"等为抓手，实施开展"技能导师制"。以"全天候职业教育教学模式改革"项目为依托，结合高职生特点，打破大学教师与学生下课没有沟通的现状，打造"学习型""开放型"校园，实现全程育人的教育模式改革，构建"必修课与选修课相结合，课堂教学与课外教学相结合，理论教学与实训教学相结合，专业技能训练与职业拓展训练相结合，素质教育与技能培训相结合"的"五结合"教育形式。

以"辅导员+"为主导，针对学生成长问题，推行"成长导师制"

通过"辅导员+课程"，实施"成长导师制"。在充分认识学生的认知规律和成长规律的基础上，将辅导员的工作内容用课程的形式重新规划，引入教学标准规范辅导员的工作方式，将辅导员的工作形式从课堂外拓展到课堂内外，用科学的方式评价辅导员的工作效果，促进辅导员履行教师职责，充分发挥教育职能。这一制度的出台，不仅优化了大学生思想政治教育框架，还能有效提升大学生的人文素养。

以"职业指导师+"为主导，针对学生就业创业问题，推行"就业导师制"

以"职业指导师+就业经纪人""职业指导师+创业指导老师"等方式，推行"就业导师制"。针对当前高职毕业生的基本特点，充分挖掘学生的潜能，帮助学生优质就业，推动就业创业指导"全员化、专业化、职业化"。制定了《一对一就业跟踪服务管理办法》，构建"常规指导一对多、分类指导一对一、特定服务多对一"的就业跟踪服务模式，以落实大学生就业指导：毕业生顶岗实习前的日常就业创业政策咨询、简历设计与制作等工作，由一名就业导师对同类多名学生的指导；对于进入顶岗实习预就业中的专业学习、职业发展等咨询，由专业教师开展一对一指导；对在校学生的创新创业教育，实行多对一指导。截至目前，学院已形成了一支近300人的就业创业导师队伍。

在"四维导师制"育人工作实施方案的总体指导下，将导师制具体落实到部门和人员，相关部门针对各自的职能总结经验，相应地制定和完善了一系列"四维导师制"具体运行制度。德育导师制主要由组织人事处负责，出台了《江西环境工程职业学院政治辅导员工作职责》，编印了《江西环境工程职业学院政治辅导员工作手册》，并形成了运行体系。成长导师制由学工处和团委负责，制定实施了《专职辅导员工作课程化开展方案》，改变了以往辅导员工作没有内容、没有标准、没有要求，而纯粹靠辅导员个人责任心的状况，将辅导员的工作课程化，用教师的标准去评价和考核。这一量化性的辅导员工作让学生成长更有保障。技能导师制由教务处负责，制定实施了《"全天候职业教育教学模式改革"项目实施方案》《江西环境工程职业学院实践育人工作实施办法》等。就业导师制由就业处负责，制定实施了《一对一就业跟踪服务管理办法》《就业创业教育师资队伍建设规划》等，为学生提供职业指导、职业介绍、就业培训、创业培训、创业指导等就业服务活动，及时掌握服务对象的就业基本情况，并登记在《大学生"一对一"就业导师服务工作手册》，实行动态管理。

"四维导师制"开展是否有效，导师是关键，因而，学院重抓导师的选拔工作。德育导师政治辅导员要求具有3年以上党龄的中共党员，中层以上干部、从事党务工作或教学经验丰富的教工党员；具有一定的政治理论水平和较强的政治分辨能力，同时具备大学本科以上学历；具有较强的责任感和奉献精神。以层层选拔的方式，把好学院选聘政治辅导员的关键环节。成长导师是由经过培训的专职辅导员和优秀兼职辅导员组成，目前专职辅导员引进标准是必须具备研究生学历，具有较高的思想政治理论水平，以及一定的组织能力。技能导师由优秀的专业教师组成，通过技能导师结合项目的形式，经过申报和审批通过后，让师生双向选择，形成指导导师队伍。技能导师可以是长期的，也可以以一学期为期限。就业指导师从全院教职工中选拔。从校领导、中层干部、各专业教研室主任和优秀专业教师、辅导员等选拔为职业指导师，组成就业经纪人团队。在学生顶岗实习前，每年10月开展一对一就业跟踪服务，一位教职工指导10个左右学生。创新创业导师实施项目申请制，每年4月，从专业到导向，通过指导学生项目向创新创业学院提出申请，经过汇报、评审决定是否立项；一个项目实施至学生毕业，一个导师指导1—2个创新创业项目。

"四维导师制"的实施重点在于过程，对导师工作的评价和考核以过程考核为主。德育导师政治辅导员配有政治辅导员工作记录本，工作时由二级学院和专职辅导员进行监督登记，由组织人事处负责考核。技能导师的相关工作纳入教学工作考核，其工作的过程严格按教学要求和标准开展，要有目标、有计划、有过程、有成果。专职辅导员按工作课程化标准和要求开展，实行学院和二级学院两级考评；学院就业导师即一对一就业跟踪服务队伍实施院系两级管理，其中现有院级管理人员 8 人，匹配 8 个二级学院开展检查与督导工作。

为保障"四维导师制"顺利开展，学院形成了一套完善的保障体系。一是组织领导保障。学院成立了工作领导小组，切实做好导师制实施的组织保障工作。学院领导带头担任导师，学院书记校长均担任政治辅导员、一对一就业经纪人等多重导师，带动全校教师导师工作的积极开展。二是激励措施保障。设立了优秀政治辅导员奖、一对一就业跟踪服务先进个人奖、优秀辅导员奖、优秀技能导师奖等精神奖励。对导师工作考评合格的导师进行物质奖励，德育导师按月考核，每月发放工作津贴；成长辅导员实行工作课程化，按课时计算工作津贴；技能辅导员按项目进行课时折算，纳入课时费统计；一对一就业经纪人按跟踪服务学生人数计算工作津贴。对未完成相应工作的教师也将给予通报批评、取消评先评优资格等惩罚。三是考核措施保障。学院将"四维导师制"的开展作为每个教师应尽的责任和义务，将"四维导师制"全部工作纳入全校教职工的工作内容和考核，如担任导师的教职工优先评先评优，评聘职称时要求必须有导师工作经历的硬性条件等，有效地保障了"四维导师制"顺利开展。

"四维导师制"的实施，大大提高了学生的综合素质、职业素养、创新创业能力和就业竞争力，毕业生受到用人单位的普遍欢迎。通过第三方调研机构统计分析，2016—2019 届毕业生规模逐年扩大，就业率均在 95.00% 以上，保持了较高水平且呈稳定上升趋势，就业态势良好。2009 年至 2019 年，学院连续 11 年获得江西省高校"就业优秀等级学校"和"就业工作先进单位"。学生的职业技能得到提升，在全国职业院校技能大赛获奖 29 项，全国林业职业院校技能大赛获奖 8 项，全国大学生数学建模竞赛获奖 10 项，全省职业院校技能大赛获奖 98 项；在创新创业大赛上，获得中国国际"互联网＋"大学生创新创业大赛 3 金 2 银 2 铜，全国大学生"挑战杯"创新创业大赛获得 1 金 1 银 1 铜。涌现了一批优秀毕业生，深受用人单位的好评。曾璐峰荣获世界技能大赛冠军，获第 20 届全国青年岗位能手；徐志威当选中国共产主义青年团第十八次全国代表大会代表；等等。

通过"四维导师制"激发了教师的责任意识，倒逼教师激发自身潜力，提升综合职业素养，形成了一支既懂思想政治教育又有专业技术能力、既能引导学生成长又能指导学生就业创业的优秀导师队伍。目前，学院有国家级职业院校教师教学创新团队 1 个，省级教学创新团队 6 个，省级及以上教学名师 4 名，省级骨干教师 14 名。教师科研水平提升，近 5 年立项省级以上课题 139 项，课题经费 912.15 万元，比上一个"五年"在数量上增长了 217.2%，位居全省前列。近年，学院参加江西省辅导员素质能力大赛频获佳绩，连续 5 年获一等奖。经统计，截至目前共获一等奖 7 项，二等奖 2 项，三等奖 1 项，教育厅辅导员工作精品项目 1 项，优秀案例 1 项，江西省辅导员工作优秀论文 3 篇。

学院"四维导师制"育人模式，得到业界普遍认可。先后在全国高职高专党委书记论坛、全国涉林职业院校招生与就业创业工作研讨会、全国职业教育集团化办学交流研讨会等全国大型会议上进行交流分享；吸引到丽水职业技术学院、广西生态工程职业技术学院和江西现代职业技术学院等多所职业院校代表来校考察；中央电视台、新华社和《人民日报》《中国青年报》《中国教育报》等主流媒体对学院的各项导师制做法与成效广泛关注，报道累计达 200 余篇次。

思政课程篇

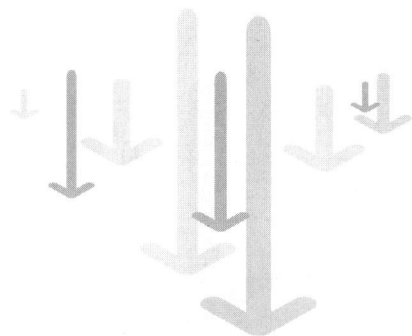

　　思想政治理论课是落实立德树人根本任务的关键课程。办好思政课，就是要开展马克思主义理论教育，用新时代中国特色社会主义思想铸魂育人，引导学生增强四个自信，厚植爱国主义情怀，把爱国情、强国志、报国行自觉融入坚持和发展中国特色社会主义事业、建设社会主义现代化强国、实现中华民族伟大复兴的奋斗之中。

　　江西环境工程职业学院是全国生态文明教育基地、全国高职高专思政课建设联盟理事兼江西省高职高专牵头单位、江西省高校思政课教指委副主任单位、江西省高职高专思政课分教指委主任单位、江西省大中小学思政课一体化建设副主任委员单位和全国"百所职业院校落实立德树人根本任务联合行动"发起院校之一。学校党委高度重视思想政治理论课及教师队伍的建设。学院于2008年9月成立思想政治理论课教研部，2017年11月将部门更名为马克思主义学院。马克思主义学院严格贯彻落实习近平总书记在学校思想政治理论课教师座谈会的重要讲话精神和党中央《关于深化新时代学校思想政治理论课改革创新的若干意见》，将课堂教学和实践教学有机结合起来，充分运用丰富的历史文化资源，尤其是苏区精神和长征精神，理直气壮开好思政课，用新时代中国特色社会主义思想铸魂育人，引导学生将爱国情、强国志、报国行自觉融入坚持和发展中国特色社会主义事业、建设社会主义现代化强国、实现中华民族伟大复兴的奋斗之中。

马克思主义学院响应江西省绿色崛起和建设职业教育创新发展高地的战略，立足职业教育"蓝色"的底色，结合林业行业"绿色"的特色，亮出思政教育"红色"的本色，不断推进思政课的理论教学和实践教学的改革创新，同时，持续 10 余年开展生态文明教育的探索与实践。深耕课堂理论教学，探索"问题式专题化团队教学"、"明眼看天下·时政访谈录"翻转课堂和"线上线下双课堂"教学改革，构建"课堂实践育人、校园实践育人、社会实践育人"的立体课堂，形成了"实践教学成果汇报演出"、"模拟长征路·智勇大冲关"师生越野、"大学生红色跑"等一批品牌实践教学活动。

马克思主义学院近年来致力于打造"金课"、锻造"金师"，获得省级以上荣誉及奖项共计 63 项。其中教学竞赛获奖 33 项，论文教案评比获奖 12 项，课程建设及教学成果奖 5 项，指导学生获奖 7 项，教师获个人荣誉 6 项。涌现出了教育部国家级教学成果奖二等奖 1 项、江西省省级教学成果奖一等奖 2 项和二等奖 2 项、全国林草局生态文明信息化教学成果奖特等奖和全国林业职业院校思政课程"十佳教学案例"、教育部全国高校思政课教学展示活动一等奖 1 项和二等奖 1 项、全国高校"我心目中的思政课"微电影比赛优秀奖、全国职业院校技能大赛教学能力比赛三等奖、江西省职业院校技能大赛教学能力比赛一等奖 2 项、江西省高校思政课教学基本功比赛一等奖 3 项等一批标志性成果，在全国高职高专生态文明教育方面和江西省高职高专马克思主义学院建设方面持续保持示范引领地位。

第一章 教学课堂：理论武装开新景

一、"问题清单"打通教学难点堵点

——问题式专题化团队教学改革

骆莎

"中国如何从文化大国走向文化强国？""大学生该如何坚定文化自信，传承传统文化？"设计学院新生张辉发同学最近听到这样的讨论，不是在课堂上，而是在宿舍里。为什么思政课的内容，会让同学们如此牵肠挂肚？传说中的大学"水课"又是如何吸引住"00后"年轻人的？

众所周知，思政课关乎"教育培养什么人""怎样培养人""为谁培养人"的重大问题，是落实立德树人根本任务的关键课程，也是高校思想政治教育的主渠道。然而，思政课的课堂教学也存在"抬头率"和"点头率"不高等难点和堵点。2020年年初，江西省启动高校思政课问题式专题化团队教学改革。学校马克思主义学院作为首批改革试点之一，与江西理工大学合作开展了"毛泽东思想和中国特色社会主义理论体系概论"问题式专题化团队教学改革。经过两年的探索实践，思政课课堂教学的思想性、理论性、针对性和亲和力有效提升，让学生充满了"怦然心动"的"获得感"。

从"被动灌输"到"主动思考"

"以前上课，经常是我们老师在上面讲得挥汗如雨，下面学生们反响平平。"曾悦老师坦言。如何将教材体系转化为教学体系再转化为语言体系，解答学生现实生活中的思想困惑，实现课堂教学从"被动灌输"向"主动思考"转变，从而增强思政课的吸引力和影响力？分析教材，挖掘问题，做好教学设计，用新时代大学生的话语体系描述问题，把深奥的理论转化成一个个鲜活的具体案例，就成了思政课教育改革的重中之重。教师们力求做到教材每一章都着重回答一个"为什么"的重大理论与思想问题，下面分置三至四个小问题，聚焦教学重点难点、学生关注点和困惑点、社会焦点热点等方面的"问题清单"，形成相互衔接、环环相扣、逻辑严密的"大问题＋小问题"的问题链，激发学生主动探究的兴趣。

在讲授"如何全面推进国防和军队现代化"时，概论课教研室主任徐亚琴老师从"俄乌冲突"说起，发出一连串引人深思的问题：为什么说"大炮一响黄金万两"？战争的决胜因素究竟是什么？为何要坚持富国和强军相统一？如何实现富国和强军相统一？……这些看似简单的问题像一块石头投进平静的湖面，教室里一下子热闹起来，同学们的答案五花八门，不少同学直呼"脑洞大开"！这些有冲击力的问题和答案让课堂"燃烧"起来。2021级商学院吴仪同学回忆起那堂课意犹未尽："我们从过去一味接受的学习方式中走出来，去主动思考一些重要的东西。"

徐亚琴老师在问题式专题化团队教学改革试点班级授课

"传统课堂上，我们会先给出结论，然后去论证，无论我的论证多么完美，多么无懈可击，学生都显得漠不关心，现在，每当我提出一个好问题，学生们立马提起了精气神儿，被这些问题'锁定'。"程霞老师谈到学生的变化，表示非常欣喜。"上课前，老师先抛出了一个问题，一下子就抓住了我的注意力，课堂思路的'线'紧紧地攥在老师手里。"2020级汽车机电学院李良毅同学的感受印证了程霞老师的观点。"我几乎都是精神高度集中竖着耳朵听完整节课，生怕错过一句话而跟不上节奏。"

一个个精心设计、环环相扣的问题，让教学沿着答疑解惑的认知路径层层递进、不断深入，这是思政课教师向学生发出的最诚挚的邀请：让我们一起来发现问题、探讨问题和解决问题。这些问题，牵引学生在不断穿越理论障碍和现实迷雾的过程中体验深刻的思想愉悦，在拨云见日、探求真知的过程中由"课堂的旁观者"转变为"课堂的主人"。

从"源于教材"到"超越教材"

如果说"问题式"是面向学生的疑惑，以学生需求为导向，那么"专题化"则是紧扣教学大纲要求，打破教材原有体系，基于问题链重组教材内容，打造前后衔接又相对独立的专题，把教材体系向教学体系进行创造性转化。"比如，'社会主义主要矛盾'专题，会把书中各个历史时期的主要矛盾关联起来讲，形成既有针对性又系统化的教学专题，"钟莉华老师谈及教学感受时说道，"教材的章节好像变成了活页，可以按照专题的内在逻辑要求进行组合，这样可以避免教材内容交叉重复。"

"每一个专题并不是书上某一章节，而包含了书上好几个章节里的内容，但又不是简单汇总，而是把内容按照一个个问题融合、糅杂在一起，"2021级商学院何贤忠同学对这种打破常规的设计感到耳目一新，"角度很好，内容很足，把书分成不同的专题来讲，思维不由自主跟着老师转，感觉更清晰。"许多上完试点课程的学生纷纷表示，书上的内容理论性很强，比较枯燥，但每次听完课后，再看书上的内容，会有一种豁然开朗的感觉。

专题化教学的核心是专题的科学设计。"每一个专题都是精心设计、打磨之后的成果,"徐亚琴老师说,"专题化教学要求视野要广、思维要新,注重了解学生所学专业的背景并搜集资料、做足功课,才能使教学效果真正打动人心。"骆莎老师在讲授"坚定文化自信"专题时,根据授课班级为家具设计专业的学生,有的放矢地进行了差异化教学。从探寻学生熟知的鲁班锁富有的文化内涵,到寻找传统家具设计中所蕴含的文化元素,极大地激发了学生对自身学习、专业的认可度,增强了学生的民族认同感。

教师们根据自己的优势专长、学校特色和学生特点,选择其中的某个专题深钻细研,并根据时事变化,把党和国家的决策部署、理论创新、重大成就、热点难点等引入课堂。教师们还不断深入农村、城市社区及企业,感悟习近平新时代中国特色社会主义思想在江西的生动实践,从中挖掘一线故事,不断丰富和充实专题教学的案例,让教学内容"精"下去、"活"起来。

从"单兵作战"到"团队协同"

"这样的课程形式实在太让我印象深刻了,概论课居然由13位老师共同完成授课,其中还有4位江西理工大学的老师!我还从来没有遇到过这么多老师同上一门课呢!"2021级环保学院钟昌晶同学异常惊讶地慨叹,"每位老师都风格迥异,特色鲜明,我尤其喜欢理工大学邓显超教授的授课,他儒雅深邃,让我感受到智慧的沉淀。"

教学的关键在教师。在省委教育工委、省教育厅的指导下,学校与江西理工大学组建了"毛泽东思想和中国特色社会主义理论体系概论"跨校区教学团队,两校合作备课、深度磨课,研制专题教学指南,开放配套教学资源,确定教学实验班,并分专题开展团队跨校区授课。这样的跨校合作,让教师由原来的单打独斗转变成合作共赢,也就出现了某班级某学期由原来1位教师的"一镜到底"变成了13位跨校区教师的"轮番上阵"。高校跨校区"手拉手"问题式专题化团队教学改革,既避免"单兵作战"带来的知识结构单一、讲解深度有限等问题,促进了教师整体教学水平的提高，又实现了优势教学资源的共享，让学生切实受益。

"马克思主义中国化何以必要？""新民主主义革命何以成功？""如何理解改革开放是决定中国命运的关键一招？"……2020年7月23日，在"毛泽东思想和中国特色社会主义理论体系概论"问题式专题化团队教学跨校区备课会上，两校20多名骨干思政教师研讨、打磨了22个专题。与会教师就专题重构内容、章节逻辑关系进行梳理，在此基础上对教学内容讲授、案例选择及展开方式、授课进度把握等开展热烈研讨。而这种思政课教师跨校区共同参与的教学研讨，也成为教学改革之后的常态。为准确把握教学中的重点难点问题，老师们常常为一个"问题"的提炼、设计和解答进入热烈的讨论。以"问题"导引教学，避免面面俱到的铺陈与罗列，而是以理论的逻辑力量吸引和征服学生。这不仅仅是一种教学方法，更是教育教学理念的更新。

2020年7月23日，江西理工大学与江西环境工程职业学院"毛泽东思想和中国特色社会主义理论体系概论"问题式专题化团队教学跨校区备课会

2021年，"毛泽东思想和中国特色社会主义理论体系概论"问题式专题化团队教学改革进一步拓展为赣南片区各高校参与的课改活动。5月9日，

马克思主义学院院长肖文带队参加了江西理工大学主办的江西省思想政治理论课问题式专题化团队教学赣南片区六校集体备课会和江西省赣南片区第一届高校思政课问题式专题化教学比赛，骆莎和徐亚琴两位老师还分别获得了二等奖和三等奖。9月18日至19日，赣南片区高校进行思政课问题式专题化教学集体备课，11所高校围绕问题式专题化教学、"七一"讲话融入思政课、思政课教学改革等方面进行了研讨。优质资源共建，优质师资共享，校际协同育人的共同体日渐完善。

2021年5月9日，江西省思想政治理论课问题式专题化团队教学赣南片区六校集体备课会

"前辈们毫无保留地分享与传授，我们将学到的教学思路、教学经验通过集体备课会、教学示范课等方式带回去，进行推广，迅速提高了学院年轻教师的教学水平，效果显著，成绩突出。"多次参加跨校区集体备课的骆莎老师如是说。马克思主义学院把打造优秀教学团队作为思政课建设的着力点和突破口，让青年教师在教学改革团队和科研创新团队中成长，推动教改创新，培育教学能手，打造教学团队，培养了一批有影响力的教学能手和科研骨干，为思政课教学改革创新注入了强大的动力。近两年来，马

克思主义学院的熊晓琪、程霞、骆莎3位教师在全省高校思政课青年教师教学基本功教学比赛中荣获一等奖，程霞老师还在教育部第二届全国高校思想政治理论课教学展示暨优秀课程观摩活动中获得二等奖。

骆莎老师荣获 2021 年度江西省思政课青年教师教学基本功比赛高职组一等奖

两年的改革实践，学校破解改革过程中的观念、管理、保障等三重障碍，落实教学组织安排、师资培育、教师待遇等相关政策，解决了参与改革教师的后顾之忧，激励教师大胆放心参与改革，从最初的 1 个概论课试点班级到如今着手全校全面推开，从概论课 9 位专职教师到多门课程全体专兼职教师共同参与。2021 年年底的一份问卷调查显示，学生对概论课问题式专题化教学的满意度达 95.18%，对思政课教师的满意度达 98.06%，和 2019 年同期数据相比，分别提高了 15.7% 和 17.3%。

问题式专题化团队教学改革创新的根本目的是锻造思政"金课"，培育时代新人。马克思主义学院将坚持以习近平总书记关于思政课改革创新的重要论述为根本遵循，纵深推进教学改革，在新征程上展现新气象。

二、"云端课堂"思政课的"打开新方式"

邱哲彦

"没想到思政课还有这样的打开方式，我竟然可以当主播介绍家乡的美丽变化，大家都还给我点赞。这样的课堂太有趣了，既好学又好玩。"林业学院李博同学这样感叹道。在"思想道德与法治"云端课堂上，一堂以"勇做改革创新的生力军——助力美丽乡村"为主题的思政课刚刚结束。

"思想道德与法治"课作为一门融思想性、政治性、科学性、理论性和实践性于一体的课程，面对社会扩招班的学生，如何做到理论性与实践性相统一？思政小课堂如何与社会大课堂相结合？如何彰显学生的主体性？如何挖掘社会现象背后的深刻意义？面对这些问题，马克思主义学院线上线下有机结合的"云端课堂"专题思政课给出了精彩的答案。

云端"专题＋任务"：走近马克思主义

结合理论的深度讲解，邱哲彦老师在云端发起"家乡美大比拼"活动，要求学生拍摄不少于5张关于家乡变迁的照片，发送到"思想道德与法治"在线课程上，在云端全面展示家乡在全面建成小康社会进程中的巨大变化，展现家乡美。活动还评选出最美家乡照片。

活动激发了同学们的参与积极性，同学们纷纷变身为摄影达人，从建筑、交通、民生、生态、文化等各个角度拍摄他们心中最美的家乡画面，甚至还有同学翻出了自己以前拍摄的老照片来进行对比。"家乡美云端大比拼"让同学们进一步了解乡土民情，感受家乡全面建成小康社会的非凡成就，在实践活动中懂得了全面建成小康社会的重要意义，理解了改革创新在美丽乡村建设中的重要作用，深化了师生的家国情怀。同学们纷纷表示，家乡脱贫致富的样子是最美的风景。

基于云端"隔空"操作的现实，师生不能进行当面、即时的教学互动，"思想道德与法治"课将教学环节以"专题＋任务"的方式呈现在云端课堂：通过整合教材，设定了24个教学专题作为慕课的主要教学内容，并同步设计任务通关活动，引导学生以通关形式完成教学任务，使学生学起来、动起来、思起来，逐步掌握理论，并利用所学知识提升发现问题与解决问题的能力。

"专题＋任务"教学内容有效地将马克思主义的学理、思想和现实相结合，运用云端技术进一步激发学生积极参与思考、互动，不仅加深了学生对马克思主义的理解，而且促使他们自觉以马克思主义理论为引领，塑造科学的世界观、人生观和价值观。

"三微三知"线上教学：别样的思政风景

在"勇做改革创新的生力军——助力美丽乡村"专题教学中，"三微三知"的线上教学模式，彻底改变了老师讲、学生听的传统教学方式，探索了"学生当主播，老师当助播"的教学方法，学生在教师的指导下现场直播家乡全面建成小康社会的成就、经验和启示，使学生真正成为课堂的主人。

"同学们看，又窄小又破旧的土危房变身为又宽敞又漂亮的红砖房，坑坑洼洼的小路变身笔直平整的柏油路，同时黑臭的水库已经逐渐清澈，鱼虾也逐渐回来了，"华庆同学在直播时感叹，"村庄的可喜变化都是在习近平总书记'精准扶贫'理念指导之下取得的。"

有的同学则开启了家乡全面建成小康社会的研究模式。郭永青根据大学生思政课研究性学习的要求，在潘瑾菁老师的指导下对蓝莓种植如何助力老百姓脱贫致富进行了较为深入的研究，通过直播连线的方式向同学们作了《江西省全面建成小康社会成就和经验研究——基于于都县产业扶贫的视角》的云汇报，赢得了同学们的一致肯定。

"三微三知"线上教学模式是在教学活动中充分尊重师生虚拟共同体的特点，通过构建"课程微学习、教学微互动、情感微体验"，从而实现学生"知其然、知其所以然、知行合一"的教学模式。通过"课程微学习"，即课程内容细微化、知识读图可视化的课堂翻转前置学习，拓展教学时空限度；通过"教学微互动"，合理构建课前、课中、课后的师生、生生互动学习模式，提升学生线上学习的主动性，掌握规律原理；通过"情感微体验"，创设微情境体验，明确践行选择，从而提升课程的亲和力，增强教学的实效性。

"三式融合"赋能思政：坚定"四个自信"

"思想道德与法治"课程团队集思广益，立足教材，开展专题教学，结合学界研究前沿和社会热点，帮助学生掌握理论上的"应知应会"。采取云端"三式融合"法，即融入式、嵌入式、代入式，引导学生坚定走中国特色社会主义道路的理想信念。

"在这残酷疫情之下有温暖、有大爱，在我们的背后，有强大的祖国！""新生代的年轻人在这场灾难中知晓了自己的责任！"园林与建筑学院的肖彬同学和通讯与信息学院的曾婷同学在"战疫"播报中坚定地表达了自己的观点和态度。

在融入式教学中，教师将"战疫""四史"教育等热点融入云端课堂，将"战疫"精神、"四史"教育、校史教育贯彻到教学的各个专题中。教师在每节课的开始，通过学生播报"战疫"的报道和实况，加强对抗疫进度的了解，增加抗疫必胜的信心；在课堂教学中时时用"四史"案例库中的丰富案例和有力数据，来印证中国特色社会主义道路、理论、制度、文化的优越性。

"通过解读塞罕坝的故事，作为一名'准林业人'，我很受鼓舞。塞罕坝精神的核心内容就是要有坚定的理想信念，不管外界环境如何变化，都要'不忘初心'，完成'为首都阻沙源、为京津涵水源'的重任，"林业学院王强同学非常动容地说，"几代塞罕坝人用实际行动诠释了绿水青山就是金山银山的理念，铸就了塞罕坝精神。塞罕坝精神，值得我们学习、继承和弘扬。"

嵌入式教学通过挖掘案例来辅助教学，通过探究林业人的初心和使命，帮助同学深刻理解社会主义生态文明建设的重要意义，有助于坚定学生的职业理想，以及保护自然、爱护自然、人与自然和谐共生的生态文明观。在防疫时期，主要是将疫情防控的相关案例植入到教学过程中，如当前的疫情是一场人民的战争，这很好地阐释了社会主义核心价值观中"人民至上"的价值立场，只要人民群众齐心协力，中国必将取得战疫的伟大胜利。

代入式教学是指充分借鉴网络优秀课程资源为"思想道德与法治"课云端教学助力。"教育部委托中国人民大学和北京高校思政课高精尖创新中心联合打造的全国高校思政课教师网络集体备课平台，已经成广大思政教师的重要能量枢纽，"马克思主义学院院长肖文说，"集体备课平台是新时代思政课教师备课的'中央厨房'，平台集合了问题库、案例库、素材库和在线示范课程库等资源，为思政课教师提供了海量学习资料和教学素材，有助于我们思政课教师把道理讲深、讲透、讲活。"

借力云端，立足赣南红色文化、林业院校特色和职业教育属性，释放马克思主义理论铸魂育人的正能量，将抽象的理论知识有机贯穿在生动鲜活的案例中……老师们为了将把"思想道德与法治"课讲得"有滋有味"，努力创新思政课授课模式，打造"配方"先进、"工艺"精湛、"包装"时尚的思政课大餐。

三、思政脱口秀，花式正能量

——"明眼看天下·时政访谈录"翻转课堂

王安萍　陈晓清

"快，快！再不走快一点，就没有座位了！"这天傍晚，离正式上课还有 20 分钟，一群学生争先恐后奔向学术报告厅。而在学术报告厅即将进行的并不是一场大咖的学术讲座，而是一堂"形势与政策"课。设有近 200 个座位的学术报告厅，此时空位已经所剩无几，同学们已拿出笔记本，准备听课。这种场景自 2017 年以来已司空见惯，"形势与政策"课俨然成为环院的"顶流"。

网红课"火"起来

习近平曾在看望参加全国政协十三届四次会议的医药卫生界、教育界委员时指出:"思政课不仅应该在课堂上讲,也应该在社会生活中来讲。""上思政课不能拿着文件宣读,没有生命、干巴巴的。"

环院的"形势与政策"课之所以这么火,源于几年前对这一课程的改革。从上课模式到授课内容再到考核方式都换了"新装"。

2016年,马克思主义学院谢昌明老师在一个新生班"形势与政策"课上发现,同学们一进教室就低头径直地往角落里走,连老师都不看一眼,课堂上对互动似乎也不太感兴趣。谢昌明心想,同学们这是先入为主了,对传统的思政课不感兴趣啊。教学内容固然为王,课堂形式也是非常重要!于是,他凭着自己丰富的节目主持人的经验,做了一次全新的尝试。他化身为一名主持人,请另一位老师"唱"了一台"对手戏"。以访谈的方式,跟同学们交流课程的主题。结果同学们一反常态,注意力集中,都积极参与到课堂中来了,对主持人提出的问题各抒己见。

马克思主义学院谢昌明老师与园林学院曾赣林教授的访谈录

正是这一次尝试，谢昌明开始思考能不能在全校范围内推广这种授课模式。谢昌明就此教学改革的想法在师生中进行了调研，并向领导做了汇报。在得到多方的肯定后，2017 年，谢昌明老师带领形势与政策教研室的老师们，对该课程进行了大刀阔斧的改革，并将其命名为"明眼看天下·时政访谈录"。没承想，课程很快就成了网红课。

新模式　新面貌

"明眼看天下·时政访谈录"改变了以往的教学模式，对思政课的教学方式进行了全面改革：采取翻转课堂模式，把传统的课堂授课改为"脱口秀"式访谈节目。授课教师化身为节目主持人，邀请一位嘉宾，台上台下共同就授课专题进行谈话式互动交流。这种模式，将学习的主动权从教师转交给了学生，同学们课前学习教师上传的资料，课中聆听教师和专家学者的对话讲解并提出自己的问题，课后与老师延伸交流，极大地提高了学习的积极性和主动性。"每个话题都有共鸣，每堂课都是一种享受。"2016级园林学院陈菁同学说道。

随着课程受到越来越多学生的喜爱，对教师团队和受邀嘉宾也提出了更高的要求。学院挑选了王安萍、谢昌明、潘瑾菁 3 名专业素质过硬、把控和应变能力强的教师组成教学团队，担任"明眼看天下·时政访谈录"的主持人；主持人依据不同学院的专业特点，结合行业背景，邀请嘉宾参与现场访谈；嘉宾包括校内外专家学者教师、各界名流甚至是网红大咖；访谈内容则涵盖了时政新闻、热点话题、政策解读、就业指导、大学生活等方面，这也使得"形势与政策"课的面貌焕然一新。

为了提高学生的参与度，教学团队还争取到部分企业的赞助，企业提供一些小奖品，作为互动环节学生的奖励。甚至课堂当中还安排了乐队伴奏，以调节课堂氛围。这个乐队哪里来的？其实就是环院社团——"青年马克思主义学社"的同学们。他们不仅组建乐队，还参与课堂的前期场地安排、课堂中的奖品发放和部分组织协调事宜。在这个过程当中，同学们

马克思主义学院谢昌明老师与林业学院汪葵教授的访谈录

不仅能参与各种主题讲座的学习，还能发挥他们的特长与爱好，锻炼自身的实践能力，将社团活动与思政课程紧密相连。

"明眼看天下·时政访谈录"每次课程少则两课时，多则 2 个小时，中间不休息。绝大多数讲座中，同学们几乎没有中途走动的。这让谢昌明老师相信，"课程是精彩的，不然同学们可坐不住。"每到同学提问的环节，经常全场半数人举手，限于时间，机会难求，这一度让谢昌明犯难。他说："我甚至专门给最后一排的同学安排提问机会，就是希望能有更多学生参与。"

很多时候，无学习任务的同学们都会自带板凳或者干脆全程站立旁听，并积极参与自己感兴趣的话题。"我特别喜欢明哥的形势与政策课，他以幽默风趣的方式组织课堂，上他的课感觉像参加节目，他是主持人，而我们是观众，丝毫没有上课的约束感，这种上课观念非常新颖，给我不一样的体会。"2019 级环保学院高志豪同学赞扬道。

新内容　新成效

"形势与政策"课的性质决定了课程内容必须宏大。这门课能"火"的另一个重要原因，就是把丰富多彩的社会生活展现在了讲堂上，让同学们真实全面科学地了解新时代的中国。在课程内容的选择上，教学团队紧跟教育部高校"形势与政策"课教学要点精神，围绕学习贯彻习近平总书记系列重要讲话精神、加快构建新发展格局、实现科技自立自强、构建人与自然生命共同体等方面，因时因势确定主题。同时，以访谈风格将教学体系进行话语体系的转变，把教室延展为社会的课堂，将学校教育与社会教育相结合。

曾经有一期的访谈录主题是"工匠精神助推中国制造转型升级"，听课对象是设计学院的新生。主持人谢昌明老师邀请到设计学院副院长孙克亮。在访谈过程中，孙克亮如数家珍地介绍了什么是工匠精神，中国制造的现状，学校特别是设计学院在工匠精神的培育方面所做的努力和取得的成果，还详尽介绍了学院代表国家出征第44届世界技能大赛学生徐志威的事迹。200多名学生聚精会神，不时响起热烈的掌声。"若是以往的教学，我可能只能阐释工匠精神，但是对中国制造，特别是某一学生的具体案例，我不一定能把握好。"谢昌明介绍说。针对不同专业的学生邀请访谈嘉宾，嘉宾结合同学们的兴趣爱好和心理需求对宏大的主题进行生活化的阐述，教学效果明显变好了。谢昌明说："从同学们是否抬头听课，就能知道授课效果的好坏。"

同时，"明眼看天下·时政访谈录"会结合当下热点开展系列主题，以讲故事的方式，提升课程对同学们的吸引力。2021年是中国共产党成立100周年，教学团队联合赣州市红色文化研究会在校内外开展了"讲1000场党史故事"活动，并设置了"明眼看天下·红色故事会"专场。先后邀请革命后代赵京娅、朱新春、赖章盛、卜利民等给同学们讲述了先辈们不忘初心、坚定信仰、艰苦奋斗、矢志报国的事迹，师生们感动得热泪盈眶。尤其是国家一级作家卜利民讲述的"把青春献给党——女红军黄长娇"的故事，尤其感人。

卜利民说道："中央红军长征出发的女战士名单中，有一个小小的'误差'，有一个人名单上有名字却没有参加长征，这个没有参加长征的人名叫黄长娇。"随后，他从"信仰不是饭碗，而是生命的依托""一个人可以丢失生命，但不能丢失信仰""敌人可以糟践我的躯体，但不能玷污我的信仰""把一切献给党，为了信仰可以牺牲一切"四个方面介绍了女红军黄长娇的英勇事迹，赞扬了她坚贞不屈、爱党爱国的革命精神。卜利民讲述说，面对生与死的考验，她把对革命的信仰转化为坚定的信念，她将自己的一切献给了党和国家，这种大无畏的奉献精神值得所有人学习。

马克思主义学院谢昌明老师与国家一级作家卜利民的红色故事会专场

一个个鲜活感人的故事，是一堂堂关于理想信念的生动党课，让同学们再一次深刻认识到红色政权来之不易、新中国来之不易、中国特色社会主义来之不易，从而更加珍惜、感恩今天的美好生活。

新考核　新结果

"明眼看天下·时政访谈录"打破了常规的考试模式，课堂中采取"实名制入座"模式，上座率即为出勤率。这样一来，还可以通过上座率情况，在主持人和嘉宾之间形成横向比较，期末评选出最受欢迎的主持人、嘉宾和节目。

课后，采取小组讨论的模式，同学们自行分组，结合专题报告所涉及的热点难点问题展开讨论，并按照讨论主题，查阅相关文献资料，进行实地调研，最后撰写调查报告，作为期末考核的依据。

好评多　影响广

2017 年以来，"明眼看天下·时政访谈录"已进行了 300 余期，"思政脱口秀，花式正能量"俨然成为环院课堂一道独特的风景。学生对思政课有了全新的感受。"以前总感觉书本上的理论和生活离得很远，为了考试死记硬背，兴趣不是很大，"2020 级园林学院帅含同学听完几场讲座之后，如是说道，"通过媒体、网络或者教科书了解时政，有很多不太明白的地方，很多专业名词也让人困惑，或者理解得很肤浅。听完各位专家的讲座，对当下国情有了更加深刻的认识。"

马克思主义学院谢昌明老师与校党委宣传部部
长吉登星的访谈录被江西教育电视台报道

马克思主义学院院长肖文教授也评价道："同学们的出勤率高了，听课时的低头族少了，与教师的互动更强了，教学效果得到了明显提升。访谈式翻转课堂，真正将素质教育落到了实处。"2018 年，该项教学改革被江西教育电视台等多家媒体争相报道，在 2019 年全国林业职业院校思政课程和课程思政评选中获评"十佳教学案例"。

第二章 立体课堂：知行合一翻新篇

一、擘画实践育人最大同心圆

——"三色·三维·三化"思政课实践教学模式的构建

肖文　林芳

2012年1月，《教育部等部门关于进一步加强高校实践育人工作的若干意见》强调"实践教学依然是高校人才培养中的薄弱环节"，要"注重学思结合，注重知行统一，注重因材施教"，"积极调动整合社会各方面资源，形成实践育人合力"。2019年8月，中共中央办公厅、国务院办公厅印发的《关于深化新时代学校思想政治理论课改革创新的若干意见》中强调"坚持开门办思政课""思政小课堂和社会大课堂结合"。2021年3月，习近平总书记也强调"'大思政课'我们要善用之。"加强实践教学是高职院校思政课教学改革的重要方向。尤其是如何立足行业、地方的独特优势，充分整合和利用校内外各方资源，形成具有鲜明特色、形式规范、考核科学的实践教学模式，是高职院校普遍需要破解的难题。

"江西环境工程职业学院位于赣南红土地上，是江西省唯一的林业生态类高职院校和全国生态文明教育基地，在60多年的办学历程中，始终保持了林业和生态特色，"学院党委书记肖忠优介绍说，"学院积极践行习近平总书记'打造美丽中国江西样板'和'把红色资源运用好，把红色基因传承好'的重要嘱托，响应江西省绿色崛起和建设职业教育创新发展高地的战略，立足职业教育'蓝色'的底色，结合林业行业'绿色'的特色，亮出思政教育'红色'的本色。自 2012 年 12 月出台《思想政治理论课实践教学实施意见》起，开始推进思政课实践教学的改革创新，拓展'红色文化铸魂、绿色文化培根、蓝色文化强技'的教学内容，打造'课堂实践育人、校园实践育人、社会实践育人'的立体课堂，创新'考核标准规范化、考核队伍多元化、考核方式多样化'的考核机制，逐步构建完善了'三色·三维·三化'思政课实践教学模式，培根铸魂，培养了一大批德技并修的新时代高素质技术技能型人才。"

整合"三色"实践教学内容，实现分类分层教学

学院基于思政课程性质和人才培养实际，凝练了"赓续红色血脉—培育生态素养—涵养工匠精神"的"红绿蓝"三色育人目标。即赓续以理想信念、爱国强国、使命担当、人民情怀为核心的红色血脉，培育以生态意识、生态情感、生态责任和生态行为为核心的生态素养，以及涵养以爱岗敬业、精益品质、专注能力、创新素养为核心的工匠精神。并结合教材，搭建"红色文化铸魂、绿色文化培根、蓝色文化强技"实践教学内容模块，形成了覆盖《思想道德与法治》《毛泽东思想和中国特色社会主义理论体系概论》（以下简称《德法》《概论》）的 12 个实践教学主题。如坚定理想信念（《德法》第 2 章）、厚植爱国情怀（《概论》第 9 章）、强化环境保护（《概论》第 10 章第 5 节）、恪守职业道德（《德法》第 5 章）、培养创新素养（《概论》第 10 章第 4 节）等。每学年划出 1 个学分（16 学时）开展思政课实践教学，根据时事热点（如新中国成立 70 周年、改革开放 40 周年、中国共产党成立 100 周年、中国共产主义青年团成立 100 周年、赣南苏区振兴发展 10 周年等）设计实践教学大纲，编印《思政课实践教学指导手册》下发给每个学生。学生完成必修"三色"实践教学内容，也可个性化选修与思政课相关的实践活动。

教学内容	三大模块	自选专题	专业及个性菜单
		结合不同专业，不同层次的学生需求，确定了"3+X"思政课"三色"实践教学模块与专题化实践教学内容	
思政课实践教学"三色"内容	模块一 红色文化铸魂	专题一：坚定理想信念	"模拟长征路·智勇大冲关"体验式活动	积极向党组织靠拢；红色服务"三下乡"，赴革命老区开展"青年红色筑梦之旅"，参观革命旧址遗迹，撰写学习心得……
		专题二：厚植爱国情怀	"五个红"实践	
		专题三：增强使命担当	"我的青春，我做主"——五四精神随手拍	
		专题四：传承红色基因	思政课实践教学成果汇报演出	
	模块二 绿色文化培根	专题一：培养生态文明意识	"生态文明宣讲、生态知识科普"	参加生态文明宣讲、生态知识科普；如结合世界环境日、世界粮食日、世界水日、地球日等环保节日在校园内外开展生态文明教育活动，观看生态文明相关影视作品，撰写学习心得……
		专题二：强化环境保护责任	"守护飞翔的精灵"爱鸟周活动	
		专题三：提高环境保护能力	"垃圾不落地，城市更美丽"城市美容活动	
		专题四：养成生态文明行为	生态文明现状调研活动	
	模块三 蓝色文化强技	专题一：恪守职业道德	"榜样的力量"——探寻道德模范	参加各级技能竞赛、大学生创新创业大赛；参与创业实践、结合专业助力乡村振兴……
		专题二：追求精益品质	"走进世界冠军"——参观技能大赛训练基地	
		专题三：提高专注能力	结合专业完成一个思政主题作品	
		专题四：培育创新素养	"我为家乡做贡献"——三下乡活动	

思想政治理论课实践教学"三色"实践教学内容

规范"四环四步"教学流程，深耕"主"课堂

教师通过"创设情境—体验互动—归纳提炼—反思延伸"四环引导，运用小组研学、情景展示、课题研讨、课堂辩论等方式，让学生经历"激趣启思—学练感悟—内化提升—能力迁移"四步提升，常态化开展"五个一"（阅读一篇经典、播报一次新闻、参与一场辩论、制作一个PPT、完成一个作品）和"苏区红"系列（讲红色故事、读红色家书、唱红色歌曲、看红色电影、背红色诗词）教学活动，实现"学思用"贯通、"知信行"统一。

打造优质供给"云"平台，厚植"云"课堂

让网络实践成为弘扬主旋律的"扩音器"。学院依托"大学生红色跑"App、江西省职业院校思政课移动云教学大数据研究中心、超星平台建设资源共享、在线互动、网络宣传等为一体的"云上大思政课"，组织学生围绕"红绿蓝"开展线上"云游"、AI打卡、智能闯关，形成音乐、短视频、微电影、PPT、动画等形式的走读"云游"作品4000余件，其中学生自导自演的微电影《指尖上的传承》获教育部全国高校"我心中的思政课"

微电影大赛优秀奖。2019级文旅学院学生胡素平在学习通平台上传了她自拍自画的"抗疫有我——微视频",获得了活动最高点赞数。她兴奋地说:"看到'概论'课林老师发布了这个活动,我立刻动了起来,我爱好画画,就把疫情当时的所思所感画了下来。网络和思政课也可以结合起来,我觉得非常有意思。"网络和思政教学的"互联互通",使"低头工具"变成了"抬头利器"。

致力特色,凸显品牌,塑造"精"课堂

精心打造文化底蕴厚重、地域特色鲜明的年度实践教学品牌"实践教学成果汇报演出"和"模拟长征路·智勇大冲关"师生越野。舞台也是讲台,2018年,学院通过汇报演出形象地展示思政课的实践成果。2021年,会演进行网络直播,3万余人观看。2016年时值纪念长征胜利80周年之际,学院推出"模拟长征路·智勇大冲关"师生越野,利用校园的山坡、湖泊等设置"血战湘江""四渡赤水""激战腊子口"等8道关卡,组织数千名师生模拟国军阻击、红军水枪对战并答题闯关,开启校园"长征"。

青年马克思主义学社在思政课实践教学中发挥重要作用

从"象牙塔"到"田间地头",共建校内校外"大"课堂

学院建立以思政课教师为主,专业教师、辅导员、心理咨询师、宿管员为辅的专兼结合、部门融通的大思政课教师队伍,加强课程思政,实现全员育人。特聘革命后代讲党史故事,生态专家论强林富民,非遗传人说工艺传承,劳模工匠谈职业素养等,彰显榜样的力量。校内相关部门联动配合,打造技能竞赛节、校园文化节、社团文化节、宿舍文化节四大平台,和"红绿蓝"三色实践中心,"博雅和鲁班"两大文化广场及"一院一品",统称为"4321"工程,营造了"时时、处处、事事、人人"协同育人的氛围。开展"党建引领、文化引领、心健教育、体质教育""四进宿舍",持续30多年实施领导干部优秀党员担任德育导师,依托团中央"到梦空间"平台实施"第二课堂成绩单"制度,通过党建带动团建,促进学生全面成长。2019年至2021年,学院第二课堂活动人均创建数量连续3年排名全国第一。组织学生赴瑞金、于都、东江源头、废矿生态修复样板和赣州国际港等"一线课堂"开展"探寻红色足迹""建设美丽中国""苏区振兴发展"等主题现场教学。近年来,共组建师生"七色堇""蒲公英"等166支实践团队走出校园与红土相拥,寻遍四海与国情相逢,广泛开展理论宣讲、环境保护和文化服务,助力脱贫攻坚和乡村振兴。

整合资源,政校行企协同育人

学院会同地方政府、兄弟院校、行业企业、红色景区、乡村社区,共建了如赣州红色文化研究会、思政课学研中心、于都仙下蓝莓扶贫基地、九连山自然保护区、世界技能大赛中国集训基地、国家级创新创业教育实践基地等50余个"三色"实践基地。2021年11月,学院承担了教育部职成司的课题"职业院校红色资源整合机制研究",牵头开展全国职业院校红色文化资源的整合。

从"千人一面"到"千人千面",为学生提供"个性化"考核

尊重学生的自主性,根据学生禀赋、爱好、专业、需求设计不同的考

核目标，为学生提供个性化考核方案。创新"考核标准规范化、考核队伍多元化和考核方式多样化"的"三化"考核机制，从教学内容、实践技能、组织管理、教学考核等6个方面制定《思政课实践教学育人标准与评价体系》等10余项标准规范，形成体现全面环评机制的学生、教师、社会、企业共同参与的评价队伍，及个性与共性、短期与长期、线上与线下相结合的"过程＋结果"综合评价方式。

0672001班学生臧天宇同学在大一下学期就获得了一张特别的思政实践免考"PASS"卡。回忆起当时的场景，他的内心再次涌起自豪感。正值马克思主义学院组织"百年恰是风华正茂"实践教学文艺会演，当时兼任大学生素质拓展中心副主任的臧天宇同学协助老师，负责本次实践教学活动在"到梦空间"平台的发布、录取、布置等工作。他凭借个人优异的组织能力和思想觉悟，在思政课实践教学考核中取得了优异的成绩。

臧天宇同学（左一）参与大学生志愿服务社会实践

"如盐在水"施教，方能"如鱼在水"见效

习近平总书记在全国高校思想政治工作会议上指示："好的思想政治工作应该像盐，但不能光吃盐，最好的方式是将盐溶解到各种食物中自然而然吸收。"看似无形却无处不在，就好比"如盐在水"；让学生深受启发却又乐在其中，则好比"如鱼在水"。学院深挖提炼专业课程蕴含的"思政元素"和承载的"思政功能"，采用学生喜闻乐见的方式融入实践环节，使专业课程与思想政治理论课同向同行，形成协同效应。将红色基因、生态意识、工匠精神有机整合融入于大思政课，共同发挥"红色引领、绿色滋养、蓝色赋能"的育人作用，让思政课内容更"鲜美"。

马克思主义学院院长肖文说："学校思政课实践教学能取得这么好的效果，得益于学院党委的高度重视以及指导。同时，学校宣传部、教务处、学工处、团委等部门通力配合，打出组合拳，共下一盘棋。"

"三色·三维·三化"思政课实践教学模式获 2021 年江西省第十七批教学成果奖一等奖

2016 年 8 月，学院校级课题"'三色·三维·三化'思政课实践教学改革研究"结题，9 月，该成果开始在校内全面实施和检验。该成果的不断完善也逐步得到了江西省教育厅及广大同行的高度认可，在 2018 年 5 月召开的江西省高职高专思政课教指委集体备课会上开始推广，之后 8 次在全国高职高专相关研讨会上交流分享，被省内外 20 余所高校借鉴和应用，并先后荣获 2019 年江西省第十六批教学成果奖二等奖和 2021 年江西省第十七批教学成果奖一等奖。成果被应用以来，学生的思想道德素养平均分从 2017 年的 80.67 分上升到 2021 年的 89.16 分，为苏区振兴培养了大批具备艰苦奋斗精神、生态文明意识、创新创业能力且讲政治、践忠诚的优秀人才。如曾璐锋获第 45 届世界技能大赛水处理技术项目金牌、第 20 届全国青年岗位能手，徐志威获全国青年岗位能手、江西省技术能手、践行工匠精神先进个人，近百名毕业生获全国"北美枫情杯"林科优秀毕业生。学生获全国职业院校技能大赛一等奖 6 项、二等奖 17 项、三等奖 23 项，获全国"百强社团"、全国"百强校媒"、全国"三下乡"社会实践优秀团队等综合素质类奖项近千项。人民日报、新华社、中国教育报、新华网等重要媒体宣传报道 300 多篇次。

二、"思政课"遇上"微电影"，擦出别样的火花
骆莎

光影记录"思政"，镜头延续"梦想"。

在抗美援朝战场上，一名战士耸立在阵地上，说道："冰雪啊，我绝不屈服于你。"在搜捕与枪声之下，一名学生举起右拳坚定宣誓："我志愿加入中国共产党。"这不是电视剧里面的场景，而是环院思政课实践教学环节学生微电影优秀作品中的情节。许多学生发出由衷的慨叹："思政课与微电影完美融合！这样的课程真是爱了！"

都说高校思政课难教，环院思政课却让学生"想睡都睡不着"；都说大学的师生关系亲密度不够，环院的思政教师们却成为学生敬爱和信任的良师益友；都说思政课的实践教学不好开展，环院 40 余位专兼职思政教师们在 5 年时间里指导 2 万余名大学生拍摄微电影 1800 余部，使思政课实践教学接地气、有温度！传统思政课以理论灌输为主，平淡寡味，而环院将微电影这把"盐"融入思政课这碗"汤"里，使思政课变得有滋有味。

从"做作业"到"拍作品"：用艺术表达理想信念

2017年，微博、微信等网络应用方兴未艾，微电影也慢慢开始受到人们的追捧，"微风漫延"给思政课教学改革吹来灵感，思政课教师团队思考着，能不能借助这个载体，以拍摄微电影、纪录片等方式，既把思政课的内容表现出来，也考核学生对国家和社会热点问题的关注和思考。于是，教师们引领学生围绕"毛泽东思想和中国特色社会主义理论体系概论""思想道德与法治"等课程的相关知识点，通过视频的方式进行思政课微电影的创作，便成为思政课实践教学改革的一种形式。

影像融合新价值，潜移默化思政情。在2022年环院第五届"青春随手拍"微电影作品展中，15部优秀微电影作品从全校182部作品中脱颖而出。作品再现经典，视角独特、风格各异、精彩纷呈，既有以传承红色基因为主题的"青春之国家"，也有讴歌伟大抗疫精神的"最美逆行"；既有关注农村留守儿童的"远方，远方"，又有体现用汗水洗尽青春迷惘的"炽热"；既有小专题、微视角的"不负'食'光""微光下的金线莲"，又有大题材、大视野的"初心·匠心·我心""趁年轻 去基层"……在老师们的指导下，同学们拍摄题材不再局限于个人梦想和方寸天地，开始把更多的目光转向社会生活，拍摄题材涉及经济发展、乡村振兴、城市变迁、弱势群体、法制建设、理论宣讲等方面，展现了环院学子良好的精神状态和靓丽的青春风采，也促使同学们在实践中将所学理论内化于心、外化于行。

为课程插上艺术的翅膀，让思想引发激情的共鸣。"通过思政学习与微电影的结合，我们对历史有了更深刻的理解，对革命先辈的理想信念有了更强烈的认同。"2021级商学院李金萍同学说。在创作"青春之国家"作品之前，李金萍和团队成员查阅了大量历史资料，对马克思主义有了更深入的认识，也深刻地体会到了厚重的家国情怀。

从"讲故事"到"做自己"：用视频展示深入思考

这天距离上课还有半个小时，2021级环保学院步蕊同学却发现，教室里八成座位已经被提前占下了。她说："今天上午是'思想道德与法治'课，特别抢手。"

"人生的意义和价值是什么？这个问题很大，我们先来看一部微电影。"课堂上，肖文老师为同学们播放由 2018 级环境工程技术专业学生自编自导自演的微电影《活水》。

曾璐锋本色出演微电影《活水》画面

电影来源于学校的真实故事，主人公曾璐锋在思政课教师的指引下，树立正确的人生观、价值观，从入学之初的迷茫到明晰奋斗的方向，不懈拼搏，获得第 45 届世界技能大赛水处理项目冠军，还放弃高薪岗位，顶住来自父母、女友施加的压力，选择留校从教，坚守大国工匠的使命感，为培养高级技能型人才贡献自己的力量。

讲台下，见惯了大片的 00 后们，对微电影却情有独钟。"这里面有我们的影子！"步蕊和许多同学一样有着相似的感受。初入大学时，她有些迷茫："觉得学习上考试及格就行了，为了点奖学金拼命，不值得。"改变是从微电影开始的，里面的主人公超越自我、成就梦想的选择和经历，启发她重新定位了大学生活。之后步蕊和班上同学合作，也拍摄了一部微电影《做自己》，表达了青春使命和时代担当。现在，步蕊和宿舍里的 5 个小伙伴，每天互相督促着早起锻炼，上好课，参加社团活动，"要做最好的自己"。同学们每个细微的变化，都让老师们感到欣慰。

2018级环境工程技术专业学生李文龙，作为学生团队的负责人，参与组织了《活水》的拍摄，现在是基层水文站一线技术人员。当谈到在大学最为深刻的感悟时，他总会说："微电影对我的人生产生了深远的影响，在拍摄《活水》时，骆莎老师见缝插针引导我们，'工作是为了什么？''如果你是主人公会怎么选择？'这让我重新认识到思政课教学的魅力。最终我遵从内心，像曾璐锋学长一样，为蓝天碧水梦贡献自己的一份力量！"

老师们鼓励学生从学习、生活中的"身边事"入手，关注国事，兼顾生活，开展创作，用视频展示深入思考，呈现思政课学习过程中的精彩故事，用镜头表达对生命的尊重、对家乡的热爱、对社会的感受、对人生的思索、对未来的向往，大大增加了理论知识的说服力。

从"做客"到"做东"：用镜头记录青春成长

2018级设计学院家具设计班的同学们与思政课老师们合作拍摄的微电影《指尖上的传承》，获得了教育部"我心中的思政课"全国高校大学生微电影展示活动优秀奖。该片根据"毛泽东思想与中国特色社会主义体系概论"课程中"文化自信"章节内容，以非物质文化遗产"客家竹雕"传承的真实故事为蓝本进行创作。"客家竹雕"传承人郭英雄、思政课教师骆莎都饰演本人，郭靖（郭英雄的儿子）由设计学院学生吴文杰饰演。作品从大学生郭靖的个人成长、求学、蜕变经历出发，折射了非物质文化遗产"客家竹雕"的开发、传承和保护现状，充分展示了在信息化的当代，传统手工艺行业及匠人生存的状态，体现了赣南客家文化的深厚底蕴和独特魅力，具有浓郁的地域特色，能够更加有效地激发大学生对传统文化的认可、关注和传承，增强文化自信，为古老的非物质文化遗产注入崭新的血液与活力。

黄牧也同学是《指尖上的传承》的编剧。她谈及拍摄过程总会有满满的获得感："在概论实践课上，骆莎老师开展了微电影的活动，令人耳目一

《指尖上的传承》获教育部"我心中的思政课"全国高校大学生微电影展示活动优秀奖

新，也将主动权交给了我们，作为家具设计专业的学生，我们对雕刻技艺很感兴趣，也因此将拍摄主题选定为客家竹雕。"为了创作好剧本，黄牧也和团队成员从了解客家竹雕的历史渊源着手，翻阅了大量的书籍资料。为了了解匠人们亲历的酸甜苦辣，他们艰难寻找竹雕传承人。竹雕艺术属非物质文化遗产之一，现存的竹雕传承人极少，从事竹雕技艺的人寥寥无几，团队成员多方打听搜寻，在网络上发现零星线索之后，来回无数次才最终找到赣州市客家竹雕传承人廖红峰、郭英雄等匠人。

在老师引导下，团队成员的创作大会迸发出极大的热情，提出无数个值得探寻的问题："为什么这些匠人会选择传承古老技艺？""竹雕作品蕴含哪些重要意蕴？""匠人们现在的工作遇到了哪些棘手的困难？"带着种种疑惑，团队成员又多次到匠人家中、雕刻坊里深入调研，甚至随着匠人们去到竹林深处体验选竹、砍竹，参与雕刻竹子、打磨作品。"古老的竹雕艺术，在时代浪潮的冲击下几乎濒临绝境，然而幸好在民间，有守护这些艺术的匠人，"亲身的调研让黄牧也的思想又一次受到了震撼，"传承的路充满艰辛，只有坚守和情怀，才能让文化留下来、走出去。"历次走访积累的大量鲜活的一手素材，不仅为剧本的创造打下基础，更让黄牧也等人对新时代

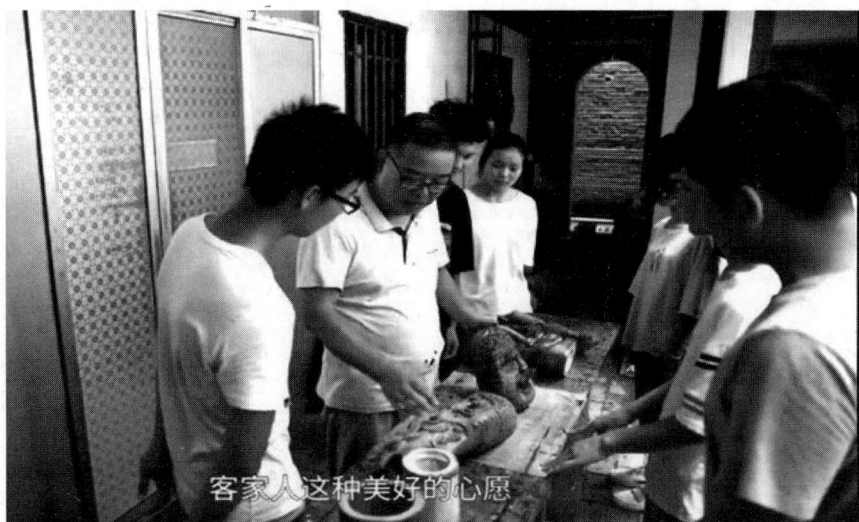

客家竹雕传承人郭英雄（左2）在《指尖上的传承》中的剧照

大学生文化传承的使命有了更深层次的思考。

为了完整地表现客家文化和竹雕的历史，创作团队精心选择了拍摄地址，除了学校，还有校园外赣州市的龟角尾公园、郁孤台历史文化街、八境台、标准钟等标志性地点。虽然拍摄地域跨度大，拍摄难度大，但是尽

创作团队探访非物质文化遗产"客家竹雕"传承人廖红峰

心竭力的努力也给影片带来了较好的呈现。团队成员在拍摄过程中克服了重重困难，没有专业演员，大家自告奋勇要求"出镜"；没有道具，同学们亲手制作木雕作品；室外拍摄没有话筒，收音效果不好，同学们顶着烈日拿手机紧跟着演员全程录音；最后一场戏突降暴雨，同学们坚持冒雨拍摄，呈现了别样意境……很多同学认为这样的实践给他们带来了很多收获。"尤其在精神上，觉得自己不再是一条被动接受理论灌输的'咸鱼'，而是真的觉得思政课是有价值的，并让我们主动思考，通过这一过程，我们收获了成长和进步。"饰演郭靖的吴文杰同学由衷地感慨。

学生团队冒雨拍摄

"这就像做饭请客，以前思政课学生习惯'做客'，老师也习惯做好了'饭'直接盛给学生吃，虽然营养丰富，但学生未必喜欢，而现在是老师和学生一起准备食材，一起做，这就提起了大家的兴趣，学生从'做客'变成了'做东'。"谈到学生们心态上的变化，微电影指导老师骆莎的比喻十分贴切。微电影拍摄是一项系统的工程，从确定拍摄主题到剧本写作，从揣摩角色到联系拍摄场所，乃至完成表演、录制、剪辑、配乐、旁白等一系列工作，都由团队成员独立完成，过程虽然不容易，但同学们却乐在其中，收获成长。

从"课程素材"到"教学改革"，微电影打开新窗口

从"课程素材"到"教学改革"，微电影的融入推动教学方法改革创新，使思政课变得"有意思""都爱听""真相信"。五年的探索，由起初的试点到全员参与，实现了学生由单纯的学习知识到综合素质全面提升的转变；学院举办了五届校级微电影大赛，涌现出一大批优秀微电影，初步形成了比较成熟的教学模式，大大提高了学生对思政课的认同感、获得感和幸福感，提高了教学的实效性。将微电影作为思政课实现理论性和实践性相统一、把思政小课堂同社会大课堂结合起来的有效方式，已成为环院思政课实践教学的一大特色。

学生拍摄的微电影不仅仅在课堂上播放，为了惠及更多大学生，马克思主义学院的老师们还将学生原创的优秀作品上传到学院官网、微信公众号，有些作品还被学习强国、省市级媒体等平台转载播放。充分发挥微电影作为现代传媒载体的文化引领作用，在潜移默化中提高大学生的思想道德修养。

"纸上得来终觉浅，绝知此事要躬行。"微电影蕴藏的是大情怀，小课堂打开的是大世界。在这里，同学们得以用自己喜欢的各种叙事，以第一人称的视角"接地气"地弘扬主旋律，传递正能量；这里可诗可画，可编可演，通过鼓励学生参与，大学生获得感更强，思政课堂更鲜活、更有亲和力。在微电影故事的潜移默化中，学生自觉倾听历史、学好理论，做历史的铭记者、理论的传承者、故事的讲述者，使思政课真正入脑入心。

三、将思政课开在"长征路上"

——"模拟长征路·智勇大冲关"特色思政课实践活动

徐亚琴

如果说江西是一片红色热土，曾经书写了气壮山河、波澜壮阔的红色

史诗，赣南则是江西这片红色热土的翘楚。赣南是中央革命根据地所在地，是中央红军长征出发地，还是苏区精神、长征精神的发祥地，蕴含着丰富的红色资源、红色故事。习近平总书记指出："要讲好党的故事、革命的故事、根据地的故事、英雄和烈士的故事，加强革命传统教育、爱国主义教育、青少年思想道德教育，把红色基因传承好，确保红色江山永不变色。"学院作为地处赣南的高职院校，有责任为赣南打响"红色牌"，传承好红色基因。

一个灵感，一个起点——活动诞生

2016 年，是中国工农红军长征胜利 80 周年。思政课教师们都在为如何将纪念这一盛举融入教学而绞尽脑汁。"红军不怕远征难，万水千山只等闲……"一次偶然的漫步校园，马克思主义学院谢昌明老师再次听到毛主席的《七律·长征》，感受到了毛主席为我们勾勒出当年的长征景象，他不禁思考道：诗歌的浪漫、豪情让人充满想象，相信很多学生都心存疑惑——真正的长征到底是怎样的？长征途中的人们的心灵感受如何？我们能不能让学生体验长征的过程？环顾郁郁葱葱、景致错落、山环水绕的校园，他突然有了灵感。之后他兴奋地对老师们说道："习近平总书记多次强调要传承红色基因，我们何不利用校园 AAA 景区地形地貌的优势，以弘扬长征精神为主题，开展思政课实践教学，模拟一场长征活动，强化全校师生秉承历史责任和文化自觉的意识，切身感悟一下长征精神，继承和发扬党的光荣传统。"

这个想法得到了老师们的一致认同。随着老师们脑洞大开、集思广益，"模拟长征路·智勇大冲关"特色思政实践课教育活动的详细方案很快出台了。2016 年 12 月 28 日，学院组织开展了第一届"模拟长征路·智勇大冲关"校园定向越野大赛暨纪念红军长征胜利 80 周年活动，活动将红军长征"搬"到校园里，以定向越野闯关为形式，追寻红色足迹，开启校园"长征"。之后活动每年举办一次，延续至今。

模拟长征，智勇冲关——活动过程

师生齐参与。"模拟长征路·智勇大冲关"是一次大型的校园定向越野大赛，每一届均有全校师生近3000人组成的"红军"军团和"国军"军团参加活动。"红军"军团成员包含：各党总支选派的教职工代表组成的"中央纵队"，以及各二级学院党总支选拔出的学生党员、入党积极分子和各方面表现突出的学生组成的"学院军团"，各军团还需指派3名教职工成立该军团的指挥部。由此各"红军"军团番号如下设定：中央纵队（含干部团）、九个二级学院按序号设定为红一军团至红九军团。而"国军"军团通过学生自愿在微信平台报名并按先后的顺序确定，名额满了即止。另外由马克思主义学院及军事体育部的教师、选拔的优秀学生分别组成裁判组、线索设置组，分布在"行军"沿线和各关卡，确保活动有序开展。还有很多学生自发组成观摩团、助威团、文宣队、后勤保障队等，参与到活动当中。两军的"武器"装备为水枪、水弹，服装由各"军团"自定，有的为军训服或运动服，有的租借红军服，但统一配备外穿马甲和胸前遇水变色的号码牌。

2017年第二届"模拟长征路·智勇大冲关"校园定向越野大赛开幕式

模拟长征路。每次活动历时约3小时。从起点红都"瑞金叶坪"到终点"延安"，途中设定了"血战湘江、遵义会议、四渡赤水、飞夺泸定桥、翻越夹金山、毛尔盖草地、激战腊子口、会宁会师"8个关卡和7条线索。活动开始后,"国军"、裁判组、线索设置组和后勤保障组先进入沿线阵地,"红军"集结召开启动仪式,通过抽签决定出征顺序,随后裁判依次分发第一条线索,每隔8分钟出发一支队伍,"红军"陆续踏上征途。"红军"一路寻找线索,一边奋力突击,而"国军"百般阻挠、围追堵截。两军使用水枪"浴血鏖战",相当激烈。两军人员当身上的变色号码牌被水击中一半以上,即被判定为"牺牲",需退出"战斗",并被带往教室观看电影《长征》。"幸存红军"人员继续闯关直至终点。最后伤亡最少、用时最少的一队获胜。活动最后,学院给获胜队伍颁发证书,给每个参与的成员颁发一枚学校校徽。

"血战湘江"

"毛儿盖草地"

"四渡赤水"

"会宁大会师"

智勇大冲关。"红军"冒着"枪林弹雨"艰难行进,置生死于度外。而且根据规则，如果军团团长阵亡，则全军覆没，所以他们保护自己的同时还要奋力保护军团团长。这都充分体现了"勇"。另一方面，通往每道关卡前都需要寻找线索，这些线索包括革命历史知识问答、接力背诵红色诗歌等不同的竞赛题型，全部正确完成才能通关。而答题错误需重新返回关卡，继续寻找新线索，再次完成答题。各军团每道关卡有三次答题机会，如三次机会均未能顺利通关，也算被团灭。这又进一步体现了"智"。

一次参与，多种体验——活动影响

这是一场游戏，更是一次课堂。学生亲身体验模拟长征的艰辛，过程看似通关游戏，实际是把课堂搬到了操场。寓教于乐，使学生乐在其中，更学在其中。2016级汽车机电学院张松辉同学不禁感叹道："作为土生土长的于都人，家里就在'长征第一渡'旁边，以前听长辈们说起长征故事，没多大触动，今天却是我第一次真正切身感受到了'长征'，很真实，很有意义，真正做到了'在玩中学，在学中玩'。"

这是一次实践，也是一次学习。长征路线的设定，让学生明白了万里长征红军走过的那一条路线；冲关的知识答题又让学生重温了长征历史；在"四渡赤水""飞夺泸定桥"的关卡中，同学们体会到"什么叫一个人能

通关答题

力的有限""团结就是力量";在"毛尔盖草地"关卡中是各种通关游戏,又在考验同学们的记忆力和应变能力,"我们应该如何走?""我们要怎样做才能成功?"在此起彼伏的讨论声中,同学们一次又一次地走向成功。

2020级通讯学院的汪贺同学说出了自己的心里话:"真实感受了红军二万五千里长征的不容易,在'血战湘西''飞夺泸定桥'等关卡中,面对'国军'的围追堵截,我们突破重重封锁,冲击道道关卡,最终才能胜利会师,真的很艰难。我真切感受到红军长征的苦难与辉煌,体会到了长征精神、革命精神、不怕死不怕累不怕苦的精神,对革命先烈坚如磐石的信念怀有更大的敬意。"

这是一次探索,也是一次创新。"模拟长征路·智勇大冲关"改变以往的教学模式,充分发挥学生的主体性。谢昌明老师说:"这个实践活动以校园之'小'见长征之'大',课堂形式'变脸'了,学生的上课激情高涨了,学习动力提升了。"

活动每年如期开展,目前已进行了6届,且活动形式也在不断创新。2020年,马克思主义学院把活动搬到了信丰油山,带领一群学生到油山了解那段烽火连天的艰难岁月;2021年,由于疫情原因,马克思主义学院将活动从线下搬到了线上,通过"大学生红色跑"App,组织学生在线上完成各个关卡的拍照打卡,解锁活动新玩法,实现线上线下双体验。马克思主义学院院长肖文说:"'模拟长征路·智勇大冲关'活动融教育性、趣味性为一体,是思想政治课不可缺少的一部分,也是我院特色实践教学形式,吸引了许多媒体的报道和兄弟院校的观摩、借鉴,这一活动将继续在创新中延续下去。"

一代人有一代人的长征,一代人有一代人的担当。开展"模拟长征路·智勇大冲关"实践教育活动,引导着广大青年学生传承红色传统,赓续红色血脉,当好红色传承人,从伟大长征精神中汲取奋进的力量,做爱国、励志、求真、力行的好青年。

四、"舞台也是讲台"

——思想政治理论课实践教学成果汇报演出

熊晓琪

习近平总书记在学校思想政治理论课教师座谈会上提道:"思政课教学离不开教师的主导,同时要坚持以学生为中心,加大对学生的认知规律和接受特点的研究,发挥学生主体性作用。"高校思政课教师要抓住青年思维活跃这一实际,充分调动学生的主观能动性,通过多样化方式教学,激发学生学习的内生动力。舞台也可以成为讲台,近年来,马克思主义学院一直在创新思政课实践教学,思政课实践教学成果会演,便是其中打造的一个品牌项目。

自 2018 年以来,马克思主义学院已经成功举办了三届汇报演出,活动主题的设计因时因地因势而不同。2018 年"歌颂党的恩情"回顾中国共产党 97 年来的发展历程,2019 年"青春心向党,歌颂新时代"献礼新中国成立 70 周年,2021 年"百年恰是风华正茂"献礼中国共产党成立 100 周年。将思政课本搬到舞台上呈现,从文字到立体生动的表演,将抽象的理论具象化,形象地展示了思政课中新时代大学生的风采。

搭好舞台,展现时代风采

为什么要打造"舞台也是讲台"的思政课实践教学项目呢?从政治上着眼、从思想上入手、从青年特点出发,这是对思政课实践教学成果的检验,更是用文艺演出的形式实现思政课的创新。这一艺术教育形式,既能增强思政课的亲和力和感染力,同时也能促使学生在创作的过程中厚植爱国情、砥砺强国志、实践报国行,使思政课成为学生真心喜爱、终身受益、毕生难忘的课。

骆莎老师说:"思政课不仅老师讲,而且要组织学生自己讲。当代青年生在红旗下,长在春风里,躬逢新时代,肩负复兴梦,目光所至皆为盛世,切身所感皆为信仰。不能把思政课变成老师的个人秀和独角戏，那样的课程走不进学生心、解不开思想结，说服不了人。可以搭起展示的舞台，让大学生把思想讲出来、演出来、燃起来。我在课堂教学里常常结合自身经历和体会，把真实的情感融入教学中，在编排节目中我同样是这么做的。"她说："党魂是一种党的信仰和精神，在编排过程中，运用红绸、党旗等元素，再融入演员的动作来衬托主题，使主题得以更加鲜明。"

师生同台，传承红色基因

思政课实践教学成果汇报演出以思政课为依托，活动前，首先全校新生班级在思政课教师指导下，结合教材内容、时政热点和专业特色，创作朗诵、歌舞、话剧、小品等各种形式的红色主题作品，并作为实践作业之一在班级中展演。一般初轮海选可收集节目200余个。然后以二级学院为单位再次选出30余个作品进入第二轮竞争，最后确定12—16个优秀作品在学校大舞台进行汇报演出。这些作品通过深挖红色元素，将思政小课堂同社会大课堂进行了紧密结合，进一步强化了师生的思想政治教育和爱国主义教育。

"从班级创作报送、层层筛选整合到最终敲定演出，往往要历时4个多月，思政课老师并不是艺术专业出身，并且一个老师任教多个班，需要花很多心思去组织、指导和协调，"教师熊晓琪说，"为了给学生起到模范带头作用，思政课教师们还齐刷刷上阵参演了情景剧《百年课堂　教育兴邦》。该节目展现了百年来教师承载着为国育才的接力棒，于春风化雨、润物无声中让万千学子铭记每一代青年的使命、责任和担当。"

2019年汇报演出中还有一个节目《匠心传承　青春筑梦》，讲述了为长征火箭焊接发动机的国家高级技师高凤林等8位不同岗位劳动者匠心筑梦的故事。这群不平凡的劳动者的成功之路不是进名牌大学、拿耀眼文凭，而是默默坚守，孜孜以求，在平凡的岗位上，追求职业技能的完美和极致，最终脱颖而出，跻身"国宝级"技工行列，成为各自领域不可或缺的人才。工业

2019年思政课实践教学成果汇报演出《匠心传承 青春筑梦》剧照

与设计学院家具班的学生们演得非常投入，纷纷表示要以赤子之心践行工匠精神。

2021年庆祝建党百年之际，"百年恰是风华正茂"主题思政课实践教学成果会演精彩呈现：经过几年的经验积累，这一届的汇报演出，无论从节目的思想性还是从艺术性来看，都有了很大的提升。此次汇报演出分为"星火燎原""屹立东方""砥砺前行""走向复兴"四个篇章，师生以"情景表演＋歌舞＋礼赞"的艺术形式，讲述中国共产党的百年浩荡征程。"中国，像一条巨龙，挺立在世界的东方，而我们就是龙的传人"，晚会在彩带龙表演《中国冲冲冲》中拉开了序幕。随后，中央苏区红军后代合唱团带来的合唱《十送红军》唱响了红军赞歌。"一首词，一种激情，一段岁月；一首词，一道风景，一面旗帜"，诗歌朗诵《沁园春·雪》让师生们看到了毛泽东同志的自信和豪迈。"祖国是一首抒情诗，祖国是一幅山水画；我爱我的祖国，那是我们心底蕴藏着的一种最炽热、最真挚、最高尚的情感"，舞蹈《我爱你，中国》再一次激起了师生心中的爱国之情。节目《忆初心、画党

2021年"百年恰是风华正茂"主题思政课实践教学成果汇报演出

史、讴歌新时代》则展示了课程思政元素，工业与设计学院的学子结合自己的专业，以画为体、以史为魂，将百年党史的波澜壮阔再现于画作之中，当艺术遇见历史，美得让人心灵震撼！

双师协同，前辈"嗨翻"全场

赣州市红色文化研究会中央苏区红军后代合唱团是2021年汇报演出的特邀团队，他们带来了歌曲联唱《十送红军》和《映山红》。动人的旋律表达了对红军的热爱、对英雄的崇敬，深情的演唱博得全场观众的热烈掌声。

赣州市红色文化研究会中央苏区红军后代合唱团的歌曲联唱

"我们的爸爸妈妈都是红军,我们也希望在还能动的时候,发挥余热,奉献社会,将中国共产党的红色基因一代代传承下去。"一位演员说。2020 级水保专业的曾润基同学也激动地说:"很荣幸能够看到合唱团的演出,听到主持人报幕的时候很是惊喜,看到爷爷奶奶们的演出,内心更是激动万分,给我的震撼不仅仅是音乐,更是前辈们传承和发扬的苏区精神。我要向他们学习,时刻以饱满的热情和精神面对工作和生活。作为苏区的一名大学生,我也要做好苏区精神的传人,坚定信念、艰苦奋斗、争创一流、无私奉献。"

全程直播 万人线上观看

在疫情防控常态化的背景下,2021 年的汇报演出还同步开启线上直播。2 万余名师生、家长和各界人士通过线上线下的方式同步观看演出,当日线上点击量累计 4.47 万人次,引起全校师生及社会各界广泛好评的线上直播举措,不仅克服了空间障碍,也扩大了演出辐射面和品牌的影响力。不断升级的实践教学成果和"理论 + 实践""讲台 + 舞台"的思想政治理论课实践教学新模式,有力地推动了学院思想政治理论课的改革创新不断踏上新台阶。

五、奔跑在"红色打卡点"的思政课堂

——记"大学生红色跑"活动

饶宇 薛子璇

党的十八大以来,习近平总书记频频打卡"红色地标",给大家上了一堂堂生动的思政课。每一处红色景点、红色资源都成为大家体悟激情岁月、感受时代变迁的好去处。近年来,学校思政课教师不断探索如何将"红色地标"融入思政实践课中,通过开展丰富多彩的课外实践活动,使思政课"活"起来。"我校承担了教育部横向子课题'职业院校红色文化资源整合机制研究',随后发起的'大学生红色跑'活动正是推进这项课题的一个重要路径。现在不仅我们在开展,许多高校也让学生跑起来了。"马克思主义学院副院长谢昌明介绍道。他说:"我们将红色文化与互联网相结合,将红色

文化通过 AI 智能打卡小程序广泛传播，不仅培养大学生的红色文化素养，还可以锻炼大学生的体能。"

从"有意义"到"有意思"

"平时我们只能在书本上学习红色文化，什么时候才能真正看到这些红色旧址？"以前，这些问题一直困扰着 2020 级测绘地理信息技术专业的郭红燕同学。

进入大一下学期，郭红燕终于找到了答案。在一次思政课的实践课程中，学校以"红色章贡"为主题，开展了"等你出发·环院青马迷你跑暨闯关答题活动"活动。活动分为智能闯关答题活动与打卡测试活动两部分。同学们通过"大学生红色跑"活动软件参加，扫码登录"等你出发"小程序完成报名，首先回答 20 道赣南红色文化相关选择题，完成智能闯关答题活动；接着自行选择小程序内提供的打卡路线各自出发，每到一个任务点，选手都要将学习任务点的相关红色标识拍照上传，在校园内完成跑步打卡活动。

同学们沿着打卡路线依次打卡

"思政课还能这么'玩'，有点意思。"很快，郭红燕与其他 5 位同学组建了活动小组。为了能顺利闯关，小组成员下足了功夫。查阅资料、研读历史、体能测试等，每一个环节都让郭红燕受益匪浅。"这个通过线上打卡拍照的活动，不仅形式新颖，还能让我们了解这些红色旧址，学到知识。"郭红燕说。活动结束后，同学们纷纷表示，通过活动学习了更多章贡区的红色文化历史，了解了曾在这片土地上为伟大的共产主义事业奉献青春和生命的先烈们的光辉事迹。

思政课这一门"有意义"的课程，通过"大学生红色跑"变得"有意思"起来，使得同学们转变了对传统思政课的印象，真正地寓学于乐。

从"理论小课堂"到"AI 大课堂"

思政课不能脱离社会，"大学生红色跑"就是将"理论小课堂"延伸至"AI 大课堂"，引导同学们将"知"更好地内化为"行"。

"同学们，这节课我们讲完了长征精神，下节课我们进行思政课的实践活动——大红跑，"正在上 2021 级家具设计专业班"毛泽东思想和中国特色社会主义理论体系概论"课的骆莎老师跟同学们介绍道，"这次红旗校区以'喜迎二十大、永远跟党走、奋进新征程'为主题，依托'等你出发'小程序设置长征路线以 AI 打卡智能闯关模式，依据长征路线设置 14 个省份的任务打卡、长征知识百题竞答、手绘长征路线图等任务……"话还没说完，台下的同学们就兴致高涨了起来："AI 打卡？智能闯关？这些以前没有听过。""是的，"骆莎老师接着说道，"平时我们上课都是进行小课堂的理论讲授，这次的实践活动我们以 AI 大课堂为主要媒介，将红色文化与互联网联合，重温历史，还原革命精神的圣地。"话音刚落，同学们纷纷加入了这次活动。在活动进行到手绘长征路线图时，刘慧同学说道："我们虽不能再重走一遍长征路，但通过画图我们却能很好感受这一伟大征程的路程之遥远、条件之艰辛，同时，一个个长征路上发生的故事也都重现在脑海中。比如画到行进至松潘时会想起红军过草地的故事《金色鱼钩》，标注大渡河时会想起红军飞夺泸定桥的勇敢无畏。""这次 AI 打卡了红军长征经过的江西、福建、广东、湖南等 14 个省份的革命旧址，这种云游式的实践课程让我了解了这些省份，虽然没全部去过，但是通过 AI 进行线上打卡学习，也让我了解了很多革命旧址，在以后的学习中我会铭记长征精神，缅怀先烈的不朽功勋，继承光荣的革命传统，走好新时代的长征路。"袁雅玲也道出了心声。

从书本"德育点"到红色"打卡点"

5条活动路线30个打卡点，是为了"纪念南方三年游击战争胜利85周年"而在信丰县油山镇开展的"大学生红色跑"活动任务。2021年12月，青年马克思主义学社等社团共60余人参与了此次活动。这次活动是通过AI打卡信丰开展的，活动任务分为赣粤边三年游击战争旧址、红色遗址、人物打卡点和红色文化知识竞答打卡点，参加活动队伍以6人为一队报名，进入指定等候区域按指令依次出发，在规定的时间前到达终点，按线路完成任务。在活动规定的时间内，闯关数量最多、时间最短的团队获胜。

青年马克思主义学社社长李书琴是第一队的队长，她带领队员在赣南游击词纪念碑、"北山事件"主题墙、山门入口以及三年游击战争纪念碑等打卡点依次打卡。"这些反'围剿'的故事我在"红色文化十讲"的课程中学到过，现在能在这里打卡，真真切切地感受到了当年反'围剿'斗争的艰辛。"敖雨婷激动地说道。彭观洋在打卡陈毅画像后表示："以前只是在书本上见过陈毅元帅的照片，这次能亲眼看到他战斗过的地方，仿佛看到他为了坚守住赣南，与敌人殊死搏斗的场面。作为一名青马社成员，我要

在"大学生红色跑"活动中获奖的同学上台领奖

时刻牢记全心全意为人民服务的宗旨，忠于党和人民，发扬奉献精神，努力用自己的实际行动为实现中华民族伟大复兴贡献自己的一份力量。"

从书本的"德育点"走向红色"打卡点"，不少同学表示将书本上的知识搬到了现实，对这个知识点印象更深刻了，书本上的内容知识点"活"起来了。

"大学生红色跑"活动通过深度挖掘和整合全国，特别是赣南各地承载革命传统精神的丰富红色文化资源，形成有机融入职业教育的红色文化教育课程资源、人才资源和平台资源，充分发挥红色资源的教育意义，将记录着一个个民族"前世今生"和"初心使命"的历史原貌展示给大家，让每一位学习者能够聆听红色故事，致敬英雄先烈。走进"打卡地"，走进红色基地，多思考、多感悟、多发扬、多传承，切实推动红色教育走深走实，红色文化入脑入心。

六、汇聚"红色力量"，燃动"红色引擎"

——记马克思主义学院红色培训

饶宇

党在百年奋斗中形成的红色基因，彰显了党的根本宗旨、光荣传统和优良作风，蕴藏着我们"从哪里来"的密码，更是标定我们"走向何方"的路标。江西作为革命老区，红色文化享誉中外，赣南苏区更是中央革命根据地的主体，是人民共和国的摇篮、长征出发地、南方三年游击战的主战场，为中国革命做出了重大贡献和巨大牺牲。在赣南苏区，每一个革命事件、每一位人民英雄、每一件革命文物，都是进行红色教育的鲜活教科书，蕴含着激励我们坚毅前行的强大动力。

学校一直以来非常重视红色文化资源的利用。2020 年，学校被全国高职高专党委书记论坛授予"江西红色文化实践研修基地"的称号，并成立了赣州市红色文化研究会唯一的高校分会。学校依托赣南丰富的红色资源，不仅加强红色文化实践研修，让一个个红色圣地的打卡、一次次精神的洗礼成为提升思政课教师和党员队伍的综合素养有力举措，还加强校地合作，开展红色文化培训，帮助师生深入了解革命历史，感受革命先烈坚持真理、坚守理想、艰苦奋斗、不怕牺牲、英勇斗争的精神，激发师生爱国热忱，增强民族凝聚力。

瑞金——探访课本里的"红井"

"当井位确定后，毛主席挽起衣袖，卷起裤腿，带头挖了起来。于是，大伙挖的挖、铲的铲，干得热火朝天。"在讲解员的介绍中，小学语文《吃水不忘挖井人》中的故事再现眼前。2020 年 11 月 7 日，思政课教师前往瑞金的一苏大旧址、叶坪、华屋村等地进行实践研修。让王安萍老师印象最深刻的，就是红井的故事。1933 年，为了解决当地群众饮水困难，毛泽东同志亲自带领红军战士和村民共同挖了一口井，结束了沙洲坝人民饮用脏塘水的历史，该井被人们称为"红井"。中华人民共和国成立以后，沙洲坝人民在井旁立了一块石碑，上面刻着："吃水不忘挖井人，时刻想念毛主席。"

怀着无比崇敬的心情，培训班学员跟随讲解人员的步伐来到红井旁。在这里，不少老师亲手打上一桶红井水细细品尝。大家认真地听讲，眼前仿佛看到了毛主席带领群众挖井、群众与敌人斗争护井的壮丽场面，生动的讲解让大家对红井更加肃然起敬，也深刻理解了红井所蕴含的道理。尤其是讲解员模仿毛主席的言谈举止，绘声绘色地演绎红井故事的授课方法，让教师们打心底佩服，也深受启发，对日常教学过程中将红色文化融入课堂有了更强的信心，积累了又一个经典的教学案例。

大余——感悟梅岭三章的艰苦卓绝

2021 年 8 月，思政课教师赴大余进行红色实践研修。在走进南方红军三年游击战争纪念馆时，"南国烽烟举红旗"这几个大字赫然可见。1933 年第五次反"围剿"后，中央红军在于都集结出发开始长征，陈毅同志临危受命，留守红军苏区。1936 年的深秋，梅岭山中寒意袭人，陈毅带着伤病隐伏在这里的草丛中，被敌人包围，一连20多天，游击队丝毫不敢动烟火，也没有粮食可吃，只能嚼野果、野菜充饥。在九死一生之际，陈毅突然诗思泉涌，写下豪气冲天的《梅岭三章》："断头今日意如何，创业艰难百战多。此去泉台招旧部，旌旗十万斩阎罗……"解说员精彩的解说，使党员们眼前重现南方红军在游击战争的极度困境中与国民党反动派浴血奋战的场面。大家纷纷表示，要继承革命先烈遗志，传承红色基因，赓续红色血脉，把这次学习成果转换为实际工作成效，坚定理想信念，为推进中华民族伟大复兴伟业而努力奋斗！

油山——校地合作打造红色阵地

江西环境工程职业学院前身——江西共产主义劳动大学油山分校的所在地的信丰油山，是当年南方八省三年游击战争十五个游击区的核心区域，有着深厚的红色底蕴。项英、陈毅、陈丕显、杨尚奎、刘建华等老一辈革命家在这里留下了许多动人的传奇故事，以及为革命胜利而浴血奋战的光辉事迹。近年来，信丰县高度重视红色资源的保护利用，已建成赣南游击词主题园、油山游击干部学院，修缮了赣南特委机关旧址等革命旧址，对开展红色研修实践活动提供了较为完善的基础条件。马克思主义学院通过

油山红色文化实践研修基地签约仪式现场

与信丰县油山镇政府的多次沟通，于 2021 年 11 月 7 日签约，合作共建"油山红色文化培训实践研修基地"。经信丰县组织部任命，马克思主义学院副院长谢昌明到油山镇挂职担任镇党委副书记。

2021 年 12 月，马克思主义学院先后组织了思政课教师以及青年马克思主义学社等社团 68 名同学共赴油山开展了红色文化实践活动。"以前只是在书本上学过老一辈革命家的事迹，这次可以聆听他们的故事，真实地体验他们的生活，这样的实践经历着实难忘。"青年马克思主义学社成员李书琴说道。在油山这个红色实践研修基地，老师和同学们亲身体验了真实的游击环境——重走游击密道。如今，游击密道已根据当年游击队员的攀爬路线沿线修建了木栈道，但依然是蜿蜒崎岖、曲折陡峭。由此可以想象，当年游击队员行军和打战有多难。

青年马克思主义学社成员在油山参加红色实践活动

2022 年 7 月，马克思主义学院承办了全国高职院校思政课教师江西红色文化实践研修班，浙江省台州职业技术学院党委书记李昌道带领的党务干部们成为第一批学员。在为期 5 天的学习培训和实践研修中，学员们既聆听了"中央苏区与苏区精神"等系列专题讲座课程，也沿着红色故都瑞金、于都的长征第一渡、兴国的将军园、赣南特委机关旧址、信丰和大余的南方游击战争路线等，追寻了红军的足迹，重温了革命的光辉历史。党务干部们纷纷表示，正是依托江西红色文化实践研修基地，才得以感受赣南文化的魅力，深受坚定信念、求真务实、一心为民、清正廉洁、艰苦奋斗、争创一流、无私奉献的苏区精神洗礼，理想信念进一步得到了升华，党性修养进一步得到了提升，工作责任感和使命感进一步得到了增强。

红色资源是珍贵的宝藏，红色文化是中华文化独特而鲜明的标识，苏区精神、长征精神需要代代相传。展望未来，传承好红色接力棒，任重而道远。习近平总书记强调"要用心用情用力保护好、管理好、运用好红色资源""增强表现力、传播力、影响力，生动传播红色文化"。学校将继续充分发挥自身优势，传承红色基因，让赣南苏区底色更加鲜艳。

台州职业技术学院党务干部赴于都参加
江西红色文化实践研修班培训

七、行走的思政课堂
薛子璇

习近平总书记强调，"大思政课"我们要善用之，一定要跟现实结合起来。近年来，学校依托"行走的思政课"实践教学改革与创新，扎根一线，深入基层，让思想政治教育从"书本"走向"社会"，从"指尖"走向"心间"。

马克思主义思想的广泛传播，不仅靠思政课教师的循循善诱，而且还要通过学生组织广泛传播。学生社团开展的活动是课堂的有益延伸，是在社会生活中讲好思政课的有效载体。2008年，环院在思政部的指导下成立了大学生"求知协会"。2017年，思政部升格为马克思主义学院，同年新成立了大学生"青年马克思主义学社"。作为学校两大理论知识传播学习类社团，青年马克思主义学社和求知协会自成立以来，成功开展了多次"一线课堂"和旧衣物捐赠等实践活动。通过开展现场体验式教学，同学们能够从多方面提高思想文化素质，提升政治文化素养，关注社会时事热点，促进马克思主义更加广泛深刻地传播。

从学问到习练：汲取智慧　增添力量

"快点，跟上队伍！"这天上午，同学们争先恐后地登上大巴车。大家并不是外出游玩，也不是回家，而是参加一堂"行走的思政课"。

"如果仅仅是在课堂上讲授中国传统文化，学生真的能切身感受到优秀传统文化的魅力吗？"在一次思想道德与法治的课堂上，章乃月老师发现同学们的"抬头率"并不高，似乎对课上讲授的知识提不起兴趣来。为了解决这个问题，章乃月老师决定带领同学们前往福寿沟博物馆参观，在博物馆中开展一堂别开生面的实践课。这一想法得到了同学们的大量点赞。

2021年11月13日，章乃月老师带领求知协会成员前往福寿沟博物馆进行实践学习。福寿沟博物馆位于江西省赣州市章贡区慈姑岭传统风貌街区赣式建筑群魏家大院旁，是一座造型别致且格外引人注目的灰色建筑。走进博物馆展厅，首先看到一片有黄绿灯带的城市沙盘，展示了赣州老城四周环水、形似龟背的地势。福寿沟博物馆代理馆长曾鑫讲起一个有趣的传说：相传，赣州城底下有一只神龟，每逢下雨整个城市就会浮起来，使百姓免受水患。神龟自然是没有，奥秘就隐藏在"龟背"上闪烁的灯带里，这便是大名鼎鼎的福寿沟——古人打造的地下排水系统。正是它保护赣州城千年不涝，守护一方百姓平安。

"原来我们所在的城市还有如此有趣的传说，家乡的排水系统有这么悠久的历史。"学生彭观洋如是说。福寿沟是有着近千年历史的城市地下排水系统，因其走向形似篆体的"福""寿"二字而得名。它是至今还在发挥作用的"活文物"，被誉为千年不朽的"城市良心"。展厅墙壁上挂着大如井盖、形似铜钱的装置，这就是福寿篦子，类似于现代的滤水井盖。福寿沟经过之处，路面上或民宅中都分布着大大小小的铜钱状的排水孔，可将水排入沟中。福寿篦子兼具功能性与艺术性，铜钱造型体现了中国古代的吉祥文化。有同学感叹道："原来排水孔的形状是根据铜钱来设计的，真是叹为观止！"

一个1∶1打造的沙盘引起了同学们的注意。"这个沙盘显示了赣州城内的水塘分布。"曾鑫继续介绍。城内三大池塘和几十口小塘通过福寿沟连为

求知协会成员参观福寿沟博物馆

一体，有调蓄、养鱼、污水处理利用的综合功效，形成了一条生态环保循环链。"没想到福寿沟不仅有动人的神话故事，精巧的排水系统还保护了生态环境。"学生杨庆说道。

社团成员们体验着馆内的多媒体设备，领略着中华优秀传统文化的深厚积淀，久久驻足不愿离去。通过此次实践活动，同学们加深了对传统文化的了解。同学们表示，历史从来都不是过往的烟尘，在实践学习中领会福寿沟博物馆的历史价值、社会价值、科学价值和人文价值，传承其宝贵精神，感到受益匪浅。

从深学到笃行：坚定信念　真诚奉献

"思政"赓续信仰，"暖衣"传递温度。同学们整齐有序地将自己的旧衣物分门别类地整理好，传递到需要它们的人手里。这不是公益广告里的片段，也不是电影里的情节，而是环院社会实践育人思政课的现实场景。"这样的活动不仅有温度，而且有深度，非常值得参加！"有学生评价道。

理论学习从来不是为了单纯将文字在脑海中堆砌的，而是为了运用到现实生活中，给同学们提供看待世界、认识问题、解决问题的正确方法，指导同学们做出正确的价值选择，切实将理论知识运用到社会服务当中去。2021 年 11 月 27 日，马克思主义学院组织青年马克思主义学社开展"爱心传递，分享温暖"旧衣捐赠活动，以此提高同学们的服务意识，使之眼界更加开阔，心灵更加纯粹，在奉献过程中得到快乐。

"这次的活动并没有想象中那么简单，在活动开始前还要精心策划，确定活动的主题、时间、对象、内容、经费等，有大量的准备工作。这不单单提升了我们服务社会的意识，还大大地提高了我们的工作协调能力。"青年马克思主义学社的指导老师谢昌明说。他提出"旧衣物捐赠"这个活动想法之后，老师们将活动的自主权充分地交到了同学们的手中。谢昌明表示："思政课是落实立德树人根本任务的关键课程，德育是思政课的重要目标之一，'旧衣物捐赠'这堂社会实践课是培养大家道德素养的生动一课，同学们要充分调动自身积极性，用心策划好这次活动，展现出新时代新青年的精神风貌来！"听完谢老师的鼓舞，同学们鼓足了干劲。

青年马克思主义学社社长李书琴同学组织社团的支委分工合作，确立了活动的主题为"爱心传递，分享温暖"，接着紧锣密鼓地制定了活动策划方案。在活动开始前，根据策划方案的详细分工，进行了活动的前期宣传，在社团的官方 QQ、微信公众号、微博账号分别发布活动宣传稿，吸引了全校同学的广泛关注。大家纷纷表示想贡献自己的一份力量，在冬日里传递一分温暖。

活动当天上午 10 点，主楼 206 教室早已挤满了人，参与活动的已不仅仅是社里成员，还有通过各种渠道了解到信息的同学们。大家纷纷拿出自己的旧衣物，按照负责人员的分区指引，分门别类地有序放置好，并在登记本上记录学院和姓名。"本次活动特别有意义，不但有利于清空闲置，把衣物捐赠给真正需要的人，还促进了同学们之间的交流，提升了大家的团结协作能力。"杨庆说道。寒冬送温暖，让爱永传递。虽然寒风萧瑟，但是前来捐赠衣物的同学们热情不减。现场同学说："衣橱里有几件闲置的衣服，不穿感觉可惜，正好有这次活动，我就都拿出来了，虽然是旧衣物，但是希望这些衣服能够发挥价值，给贫困家庭送去一些温暖。"负责收集的人员也耐住了天气的寒冷，悉心整理衣服，并向前来捐赠的同学表示感谢。他们纷纷表示："看到有这么多的同学支持我们的这次活动，就丝毫感觉不到寒意了。"

将旧衣物用心整理打包好之后，社团成员一同前往捐赠点，亲手将衣服交到了工作人员手里。李书琴感叹道："看到自己能够为别人提供一些微不足道的帮助，心中有说不出的成就感，组织活动再辛苦也是值得的！"

时代各有不同，青春一脉相承。此次活动不仅有利于同学们"断舍离"，清理多余的旧衣物，增加生活空间，提升生活质量，合理地把旧衣服"变废为宝"，而且对文明建设大有裨益。活动在彰显了青年学子的爱心与责任感的同时，润物细无声地融入了思政课中的德育内容，使思政教育从"书本"走向社会，真正打开门来上思政课，将思想政治教育落到实处，外化于行。

第三章　特色课堂：生态文明闯新路

◎郭起华

保护自然环境，建设生态文明和美丽中国，关乎中华民族永续发展和人类命运共同体。国家将生态文明建设上升为社会发展最高战略，纳入"五位一体"总体布局，吹响了走向社会主义生态文明新时代的伟大号角。生态文明建设从根本上需要全社会的整体精神自觉和积极行动，环保意识的形成和生态文明行为的养成直接影响着生态文明建设的质量和水平。在生态文明建设过程中，教育具有基础性和先导性作用，用生态文明理念化育人心、引导实践，是培育全社会的生态文明品格和知行合一之精神的重要方面。高校是进行生态文明教育的重要阵地，承担着教育引导大学生并带动全社会树立生态文明理念的重要责任。培育生态文明一代新人，是新时代赋予高校的新使命和新任务。因此，探索有效的生态文明教育途径，培养合格的新时代中国特色社会主义建设者和接班人，显得非常重要。

江西环境工程职业学院是一所以生态环境为特色的高等职业院校，作为全国生态文明教育的主力军，有义务、有责任、有能力为推动生态文明建设提供坚强的人才保障和智力支持，在美丽中国建设中有所作为。自2007年以来，学校秉承"和为生、行为态"的指导思想，立足于林业类、环保类院校的行业特色，国家生态文明教育基地、国家 AAA 级旅游景区的平台特色和生态文明理念贯穿人才培养全过程的文化特色三个基础，确定生态文明意识培养、生态文明知识普及、生态文明行为养成三个目标，沿袭"软硬并举，软件建设和硬件建设相结合；知行兼修，理论教学和实践教学相促进；内外交融，校园教育与社会服务相统一"三个思路，致力于环境化心、课程化知、实践化行，进行了"三化育人、知行合一"生态文明教育10余年的探索与实践，用生态文明理念滋养师生的心灵，使生态文明理念内化于心、外化于行，促进了生态文明理念、知识的广泛传播和社会引领，为建设生态文明社会和美丽中国提供了有力支持。

校园鸟瞰图

一、环境化心：打造自然与人文环境，潜移默化地传播生态文明理念

1.强化宏观顶层设计，为生态文明教育提供制度保障

学校成立以党委书记为组长的生态文明教育领导小组，建立教学、学工、行政、服务等部门协同的育人机制。提出"和为生、行为态"的理念，营造"和谐、和气、和合、天人合一"的校园风尚，倡导"行德、行知、行言、知行合一"的大学精神。提出"生态高职"的概念，并进行深入研究，撰写了专著《生态高职的探索与实践》(北京理工大学出版社出版)，明确了建设的指导思想和总体框架。相继出台《关于进一步加强生态文明教

育工作的意见》《高等职业院校生态文明校园建设标准》《高等职业院校生态文明教育课程标准》《高等职业院校生态文明实践育人标准和评价体系》《大学生生态文明行为规范》《关于将生态文明素养纳入学生综合素质测评体系的通知》等生态文明教育系列文件，规范和引导学生主动参与生态文明实践，系统评价学生生态文明素养的养成效果。专门设立国家生态文明教育基地建设办公室，配备专职人员承担国家生态文明教育基地建设管理、生态文明教育教学、AAA 景区管理、校园绿化美化等工作。成立生态文明教育教研室，加强对教师生态文明教育教学能力的培养提升，10 余名专兼职教师趋于稳定化和专业化。成立"江西环境工程职业学院生态文明实践与应用研究中心"，打造集生态文明应用研究、理论研究和理论宣讲为一体的人才集聚高地。

2. 美化校园生态环境，为生态文明教育提供基础平台

学校现为国家 AAA 级旅游景区，缘于坚持"环境塑造心灵、绿色孕育希望"理念，持续在绿化美化校园自然环境和营造向上向善的人文环境上发力。学校以"生态文明建设示范校"为目标，以"国家生态文明教育基地"建设为载体，贯彻"校园即植物园"的建设原则，把校园建设成为花草树木丰富多样、植物群落层次鲜明的景区化校园，着力打造"人在林中、林在校中、校在画中"式的森林校园，实现人与自然和谐、树木树人同步的目标。校园里现有各类树木千余种（其中红豆杉、银杏等珍稀树种百余种），建成了木兰园、翠竹园、藤本园、松柏园、纪念林、红叶映秋园、清泽润智园（湿地生态系统）、生态科技示范区等15 个区域，形成了有亚热带特色的桂花群落、竹类群落、山茶科群落、针叶树群落和罗汉松苏铁群落等 5 个植物群落。学校还给每种树挂上了二维码智能"名片"，通过手机扫描，可以查阅地理坐标、树种介绍和树的故事及相关知识介绍，以及对温度、湿度、气压、疫情方面数据的实时展示。例如，老百姓为什么把银杏树叫作"公孙树"？原来它寓意"公种树而孙得食"。在民间还流传着

一种习俗,即生孩子就要种一棵树,名曰"解忧树",这也是一种生命和精神的绿色托付。这些小故事图文并茂、通俗易懂,生动地再现了许多民间"生态记忆"。除此之外,在校园绿化带还设立了40多个警示牌,号召、提倡广大师生热爱生态环境,保护生态环境;在校园里设置"纪念树种植区",面积达5000多平方米,现已经种植各类树木12000多棵;建设了绿苑春色、花卉世界、生态苑、生态湖等自然景观,目前校园内绿树成荫、花团锦簇、色彩斑斓、景色宜人,植被覆盖率达70%,形成了独特的森林小气候。结合校园环境现状,学校不断丰富校园景观内容,提高校园景观品质,提升校园文化内涵,初步形成"一路一树""一苑一景""一园一花"等主题特色。春风化雨般的环境,对师生生态意识的增强产生了积极影响。

校园绿树成荫

3. 丰富生态文化设施,为生态文明教育拓展教学资源

生态科教馆。学校生态科教馆占地1400余平方米,以突出林业、围绕生态、服务林业为建设思路,是一座集标本收藏、科普教育、科学研究、观赏品鉴为一体的多功能科教馆。生态科教馆展馆动物标本展厅收藏了昆

虫、两栖动物、爬行动物、鸟类和哺乳动物标本近 1000 件（包括国家一级保护动物丹顶鹤、东北虎、白颈长尾雉、金斑喙凤蝶、扬子鳄，国家二级保护动物草鸮、黑熊、苍鹰等珍稀濒危动物的标本），还原了动物在自然条件中的生存环境，以栩栩如生的神态动作展现出来。生态科教馆展馆植物标本展厅内主要储藏了植物化石、植物蜡制和浸制标本及种子和木材等的标本，其中蜡制标本储藏有 12000 余份、1160 余种。馆内按照植物的进化历程，分别设立了蕨类植物、裸子植物、单子叶植物、双子叶植物、菌类等展区，展出了 1000 多种植物标本及其图片，部分为国家级保护植物。馆内还展出了豹、白鹤、云豹等 15 种珍稀动物，以及红豆、茱萸、无花果等35 种植物的图片及其相关资料。

生态科教馆

生态文化展厅。文化兴国运兴，文化强民族强。培育生态文化，是中华民族坚定文化自信的有力彰显，是生态文明建设的重要内涵，也是生态环境保护的重要抓手。中华民族向来尊重自然、热爱自然，绵延 5000 多年的中华文明孕育着丰富的生态文化。天人合一、道法自然、众生平等、敬畏天地等中华优秀传统生态理念，开生态文明之先河、可持续发展之先驱，是习近平生态文明思想的重要根基。在今天，这些绵延数千年的生态理念依然是我国生态文明建设的思想指引。学校耗资 50 多万元建设了占地 280平方米的生态文化展馆。展馆以"弘扬生态文明"为主题，集习近平生态文明思想、美丽中国、生态江西、中华传统生态智慧及江西环境工程职业学院生态文明教育实践等内容为一体，是面向社会公众开展生态文化普及、生态文明教育的重要平台。

生态文化展厅

生态画。在学生宿舍、教学楼楼宇间安置生态画，用以展示生态小故事和生态图片，内容涉及城市生态、江西生态文明建设历程、民间传说、先哲们"道法自然"的思想、生态小常识、生态小典故等，可谓生态"百宝箱"。通过观赏这些生态画，学生不仅能得到美的熏陶与享受，更能进一步加深生态印象，规范生态行为。

古诗词灯箱。在校园内设置叶型艺术灯箱，用以展示有关植物与动物的古诗词，"宁可食无肉，不可居无竹""采菊东篱下，悠然见南山""落花人独立，微雨燕双飞"……许多耳熟能详的古诗至今仍为人们所吟唱。在这些描写动物与植物的诗词里，我们能感受到人与自然和谐相处的人文情怀。

学校道路上的古诗词灯箱

此外，学校依托国家生态文明教育基地、全国科普教育基地、全国中小学环境教育社会实践基地、国家 AAA 景区，建设了林木繁育基地、天敌昆虫繁育基地、中水回收中心等校内科普基地。处处有生态文化的烙印，时时刻刻给师生营造视觉、听觉和触觉的生态文明认知氛围。

4. 强化宣传阵地建设，为生态文明教育营造文化氛围

学院制作了《生态校园》宣传画册和宣传片，以及《鸟类分布图鉴》《绿色风》杂志，创建了"国家生态文明教育基地"网站、"生态经纬"公众号、校报、橱窗专栏等宣传阵地。同时，推进生态文明主题讲座常态化，邀请了清华大学卢风教授开展生态文明教育，原首都经济贸易大学孙善学教授、中国生态文化协会副秘书长蔡登谷研究员、教授级高工欧斌、日本森林综合利用研究所林业动向研究室主任堀靖人研究员、江西省林业局工程师聂林、赣南师范大学熊小青教授、江西理工大学赖章盛教授等生态文明研究专家来学校开展生态文明主题讲座，拓展师生的生态文明知识，营造生态文化氛围。

生态文化长廊

二、课程化知：构建完善教学体系，系统传授生态文明知识和技能

1. 制定课程标准，完善课程体系建设

生态文明教育课程是面向全校所有专业开设的一门必修通识课程，开设时间为新生进校第一学年，开设 8 周，每周 2 学时，是在学习思想政治理论相关课程，具备了关心、思考社会问题能力的基础上，开设的一门理论＋实践课程。该课程从当代大学生面临和关心的环境问题出发，以提高大学生的生态文明素养、思想政治素养和日常行为为目标，把生态文明知识教育、思想政治教育贯穿于课程教学的全过程。通过将思政教育元素与生态文明理论教学、实践教学相融合，大学生在增强生态文明意识、掌握生态文明知识、养成生态文明行为的同时，学习、了解理想信念、价值取向、政治信仰、社会责任，体会社会主义核心价值观对当今社会发展的重要意义，从而提高自身的思想政治理论素养。学院坚持努力把大学生培养为有理想、有本领、有担当的生态文明一代新人，成为走在生态文明建设前列的奋进者、开拓者、奉献者。学院编写了《高等职业院校生态文明

教育课程标准》《生态文明教育课程建设方案》，并将生态文明教育与专业建设、思政教学、社会实践相融合，逐渐形成完整的生态文明教育课程体系。2016 年，学院编写了《生态文明教育》（中国林业出版社出版），并被列为国家林业局职业教育"十三五"规划教材。该教材丰富了生态文明建设的基本内涵、生态环境的问题及保护、生态经济科技法律常识、生态校园和生态文明行为养成等诸多内容。2022 年，学院又编写了《生态文明知与行》（中国林业出版社出版）。此教材在《生态文明教育》的基础上以专题方式编排，内容更贴近学生生活和未来工作，实用性较强，以二维码的形式呈现大量的实践内容和案例，既有理论又有实践，同时，在案例中融入课程思政元素，使学生在接受生态文明教育的同时，提高思想政治水平。

2.改革教学方式，优化教学手段

授课过程中有存在的不足，如：学生被动接受，缺乏学习的主动性；师生之间、学生之间缺少沟通等现象。针对这些不足，在教学的过程中，我们采取了以讲授法为主，讨论法、任务驱动法、案例分析法、视频演示法、信息化教学法等多种教学方法为辅的方式进行授课。讨论法：设计生动、多样的课堂互动，通过讨论环境问题、分享生态

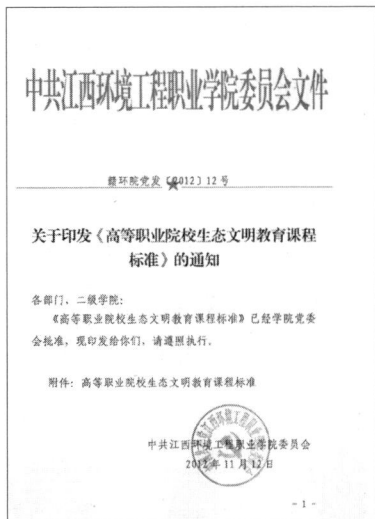

高等职业院校生态文明教育课程建设标准

文明新闻等方式丰富课堂教学方式，调动学生学习的积极性，营造课堂学习氛围，提高教学效果。任务驱动法：让学生主动参与、亲身实践，带着任务去学习，有的放矢，比如布置环境问题案例讲解等任务。案例分析法：将"塞罕坝绿色传奇案例"引入教学，使思政教育元素按板块有针对性地融入教材章节，让学生更深刻地理解理想信念、政治信仰。信息化教学法：借助超星"学习通"、"世界大学城学习空间"、"蓝墨云教学"等网络教学平台，将教学互动贯穿在实践活动中，形成线上线下双课堂教学模式。在实践教学环节中，我们主要采用体验式教学法。例如：组织学生深入生态环境问题现场感受环境现状，从而激发学生的环保意识和社会责任意识，丰富大学生的生态文明知识，坚定大学生立志成为生态文明建设者的理想信念。

学院相继探索了讲座式教学、座谈式教学、体验式实践教学和线上线下混合式教学等多种教学形式，提倡课堂理论教学和课内外实践教学相结合。通过组织学生开展生态艺术作品创作、废物利用手工小制作，生态类经典书籍阅读及分享活动、生态类情景剧，以及话剧表演、生态文明宣讲、环保知识竞赛等形式，充分发挥学生的主观能动性。统一安排参观校内生态科教馆、中水回收中心和赣州市自然科学博物馆、客家文化馆，开展生

学生生态小作品（花架）

态小制作等活动。精心准备课程资源，教师课前给学生提前推送资源并开展交流，课中激活教学氛围，课后注重检验实践教学效果，提高实践教学的效率与实践教学的质量，增强生态文明教育的时代感和吸引力，真正使生态文明教育实践教学活起来。

3.线上线下双结合，增强育人效果

在线下理论教学过程中，学院教师们挖掘了大量思想政治教育资源，并将其有针对性地融入相应的教材章节，使学生在掌握生态文明知识的同时，学习、了解思想政治理论，体会社会主义核心价值观对当今社会发展的重要意义，从而提高学生的思想政治理论素养。例如：

专题一：讲授当代中国主要环境问题及其危害时，通过讲解我国生态环境现状和存在的问题，让学生了解我国当前的资源、环境等自然国情，引导学生用辩证唯物主义观点和综合观点观察、分析、理解人类活动与自然环境的关系，在考虑和处理问题时从中国的基本国情出发，胸怀祖国，树立科学的环境观、资源观和人生观，并激发其振兴中华的思想感情。专题二：讲授人类文明的演进与趋向时，通过讲解自原始文明社会到生态文明社会的发展历程中人与自然的关系从统一到对立再到统一的变化，学生掌握对立统一的哲学规律，认识和谐是矛盾的一种特殊表现形式，体现着矛盾双方的相互依存、相互促进、共同发展，人与自然的和谐、社会的和谐都是在不断解决矛盾的过程中实现的，从而进一步了解民主法治、公平正义、诚信友爱、充满活力、安定有序、人与自然和谐相处是社会主义和谐社会的构建要求。专题三：在讲授中国生态文明建设的发展历程时，通过讲述几代中国共产党人艰辛探索党的生态文明建设思想的经过，学生进一步认识到中国共产党是始终代表中国最广大人民根本利益的，有责任、有担当的政党；通过讲述党和国家对生态文明建设的高度重视，学生坚定了坚持走中国特色社会主义道路的决心；通过讲述我国共谋全球生态文明建设大国担当，强化学生的民族自豪感。专题四：在讲授生态经济的发展时，通过讲述科技进步和创新是推动我国转变经济发展方式、建设生态文明社会的关键因素，激发学生勤学上进、积极探索科学知识的欲望；通过对"科学技术是一把双刃剑"的讨论，学生学会了客观辩证地看待问题，在生活和工作中做到扬长避短。专题五：在讲授林业与生态安全时，引入"塞罕坝绿色传奇"的案例，塞罕坝林场的建设者们用实际行动诠释了"绿水青山就是金山银山"的理念，他们的感人事迹，可以强化学生牢记使命、甘于奉献、艰苦创业的思想政治意识。专题六：在讲授传统文化与生态文明建设时，通过讲述中国传统文化中的生态智慧及其对当代生态文明建设的指导，学生认识到中华民族博大精深的历史文化和我国古人对人类文化繁荣所做的贡献，从而树立民族自尊心和自豪感，摒弃崇洋媚外的心理。专题七：在讲授公民生态文明行为养成时，通过讲述低碳出行、文明用餐、合理消费等，学生意识到节约的重要性，认识到人生的价值不是追求奢靡生活的享受，而是自我价值的实现，从而确立正确的人生观。

学院还成立了全国职业院校生态文明移动云教学大数据研究中心，基于蓝墨"云班课"、超星"学习通"、"智慧云"为载体的辅助教学平台，结合微博、微信、微视频等具有社交属性的自媒体"微平台"，实现在线学习信息化，推动生态文明传统教学优势同信息技术高度融合。线上课程内容有7章，其中第1章"环境之忧"主要包括当前在大气、水、土壤等方面存在的主要环境问题；第2章"生态危机"主要包括资源、能源，以及与社会相关的生态问题；第3章"文明的演进"主要包括人类文明发展的4个形态；第4章"中国生态文明建设"主要包括当代我国生态文明建设的发展历程；第5章"生态经济"主要包括生态文明在工业、农业等方面的生动实践；第6章"生态实践"主要包括生态文明在社会各领域的实践；第7章"生态文化"主要包括中华传统文化的生态智慧。课程面向社会公众免费开放，学习者可随时随地打开课程所在的网络教学平台进行学习，利用碎片化的时间进行移动式学习，真正将课堂延伸到了课外。线上平台还上传了大量学习资源，如授课视频、PPT、教案、案例、案例视频等，供学习者免费下载使用。

4. 创新课程考核，综合评定成绩

生态文明课程考核实行过程化考核，主要包含线下理论考核、实践考核、生态作品展示考核。理论考核占40%，实践考核占30%，生态作品展示考核占30%。其中实践考核中的生态文明行为习惯考核纳入学生综合素质考核，主要由二级学院、辅导员、班主任、宿舍管理中心对学生进行考核评定，学生生态文明实践教学考核的分数纳入学生综合素质测评表，作为学生在校期间评奖评优、入党的一项重要参考依据。

5. 加强师资建设，提升教学能力

最初的任课教师来自思政类、林业类、环境类等专业，以个人擅长的专题开设讲座，阵容多元，学术碰撞展现别样风采。但混合师资也存在着队伍不稳定、教学能力有高低、排课不便等问题。之后，学校成立生态文明教育教研室，加强对教师生态文明教育教学能力的培养提升，10余名专兼职教师趋于稳定化和专业化。

三、实践化行：开展各类生态实践，使生态文明内化于心、外化于行

1. 推行生态文明实践标准

学院出台《高等职业院校生态文明实践育人标准和评价体系》。该育人标准和评价体系对指导思想、基本目标、主要内容、组织管理、条件保障及对应评价标准进行了详细的说明，成为学院开展生态文明实践的基本指南和行动依据。学院还发布了《大学生生态文明行为规范》《关于将生态文明素养纳入学生综合素质测评体系的通知》《关于加强生态文明主题活动的通知》等文件，规范和引导学生主动参与各类生态文明实践，系统评价每一位学生在校期间的生态文明素养养成效果，成绩优秀者可优先参评奖学金、助学金和相关荣誉称号。

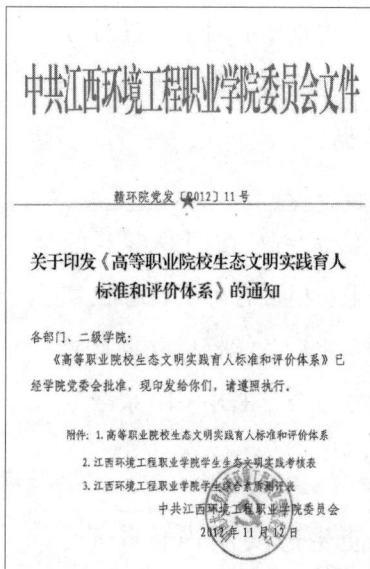

中共江西环境工程职业学院委员会文件

赣环院党发〔2012〕11号

关于印发《高等职业院校生态文明实践育人标准和评价体系》的通知

各部门、二级学院：

《高等职业院校生态文明实践育人标准和评价体系》已经学院党委会批准，现印发给你们，请遵照执行。

附件：1.高等职业院校生态文明实践育人标准和评价体系
2.江西环境工程职业学院学生生态实践考核表
3.江西环境工程职业学院学生生态素质测评表

中共江西环境工程职业学院委员会
2012年11月12日

高等职业院校生态文明
实践育人标准和评价体系

实践育人标准具体包括：

（1）实践条件基本标准。主要是以条件保障实践教学的正常进行，包含实践场地条件标准和配套条件标准。

（2）实践教学内容标准。包含课堂实践教学（生态知识科普、生态文化宣讲、环保知识竞赛等）、网络实践教学（新媒体运用、网文影评撰写、线上研讨及学习等）、校园实践教学（生态主题活动、生态技能竞赛、生态科研项目等）、社会服务实践（生态保护、环境修复、生态扶贫等）4个部分，其中每个部分有2项必修项目和2项选修项目。充分发挥学生的主体作用，调动学生的积极性、主动性、创造性，让学生在进行实践教学中塑造生态文明行为，实现教育与自我教育的统一。

（3）实践岗位技能标准。包含基础性技能和发展性技能。基础性技能主要包括污染防治、森林保护、湿地保护、低碳生活、垃圾分类、违法举报、环保宣教；发展性技能主要体现在协助开展生态修复、协助开展污染防治、节能环保工艺、清洁生产技术、绿色产品生产技术、美丽乡村建设、生态旅游规划、森林资源调查等方面。

（4）实践教学管理标准。包含日常教学管理（仅限于课程实践教学）的任务落实、实践教学的质量监控、经费管理（仅限于课程实践教学）的经费预算原则和支出范围。

（5）实践环节质量标准。包含实践准备、实践过程、总结考核、资料归档等几个方面。

（6）实践环境安全标准。包含实践安全制度、安全教育、环境认证等内容。

2.推动生态文化实践育人

生态文明观教育活动。学校实施低碳校园建设，建立绿色办公制度，实施节能减排计划，推进垃圾分类，杜绝不文明现象；坚持全校学生清晨轮流清扫校园的"劳动创造美"系列劳动实践活动，培养学生劳动观念；先后成立绿色小园丁协会、绿色环境协会、植物科普社、环境保护协会等学生环保社团，参与人数逐年递增。同时，围绕"普及生态环保知识、树立生态文明价值观、养成绿色生活方式、提升生态文化审美"等内容，结合世界环境日、世界粮食日、世界水日、世界湿地日、国际生物多样性日等生态节日，学校开展生态文明教室和生态文明寝室创建、废物再利用作品展、绿色服装大赛、"为鸟安个家"、校园鸟类环志与调查、爱鸟周、"熄灯一小时"、绿植认领、毕业纪念树、"光盘行动"、环保创意大赛等丰富多彩的生态科普宣传或主题文化活动，打造生态文化品牌，相关活动多次被各层次媒体宣传报道。

汽车机电学院收集废水瓶，开展变废为宝的生态环保实践活动

生态科普教育活动。学校借助"地球日""环保日""母亲节""感恩节"等特定节庆日，在赣州公园等校外场所举办"绿色·亲情"主题活动，宣传环保知识，向社会各界倡导低碳环保生活，呵护地球"母亲"，参加相关活动的社会人员共计7000余人次。开展了"让生活多一点绿，保护地球母亲"环保知识宣传和签名活动，开展以"生态文明"为主题的班级文化工程、寝室文化评比、卫生间文化、教学楼文化工程建设等活动，以及以"弘扬生态文明，共建和谐校园"为主题的演讲大赛，参与活动共计4000余人次。开展了以"鄱阳湖生态经济建设"为主题的知识竞赛、征文活动等，6000多名师生参与。充分利用校园电视台、校园广播、校报、校园网、手机报、校园橱窗等有效载体，大力开展生态文明宣传，帮助师生树立正确的生态文明观，20000多人次师生接受了生态文明教育。开展了以"献力鄱阳湖生态经济建设"为主题的班会、辩论赛等系列学习教育活动，以及花卉知识有奖竞猜活动等，3500多名师生参与了系列活动。启动了"低碳生活月"系列活动，其间举办了一系列的活动，如"低碳生活"宣传活动、

工业与设计学院团总支在"世界地球日"开展了"环保标语牌设计"活动

低碳环保知识讲座、低碳生活知识展进社区等，参与活动的社会各界人士、师生共计达 8000 余人次。

生态法制教育活动。学校大学生安全教育的教材以《我的平安我做主》等书为主，在授课过程中加入生态法制内容，以增强学生的生态法制意识。6000 余名学生接受了相关教育。通过开展宣传栏、黑板报、手抄报等评比活动及生态法制图片展等，进行生态法制知识宣传，4000 余名师生参与了相关活动。组织新生参加全省大学生法制与安全知识竞赛；开展"生态法制"知识专题讲座、主题征文活动，组织师生阅读《生态道德教育读本》《生态江西、绿色崛起——鄱阳湖生态文明行》等著作或读本，促使师生自觉遵循自然生态法则，8000 余名师生参与相关活动或积极响应；组织学生开展警示教育，通过深入监狱进行探访、观看警示教育宣传片和宣传画、与劳教人员交流等形式，提高师生学法、用法、守法意识，1500 余名师生参与了相关活动。

生态审美教育活动。号召、组织广大师生学习"马克思、恩格斯与生态审美观"，利用课余时间阅读《生态审美学》《生态视域中的比较美学》《民族生态审美》等生态美学研究著作，通过对生态美的研究，唤醒师生对生态环境的关注，提高爱护、保护生态环境的自觉性，有 2000 余名师生积极响应。每年春季，学校号召全校师生参与植树活动，助力形成人人参与绿色建设、爱绿、护绿的生态意识；每年 4 月初至 5 月初，学校号召全校师生种植"感恩树""毕业树"等纪念树，努力营造生态文明的审美文化，12000 余人次参与相关活动。制定了关于树木的种植、管理、认养等办法，鼓励社会各界人士种植班级树、同学树、友情树、入学树、毕业树、夫妻树、家庭树等，绿色文化蔚然成风，3500 余人次社会人员参加了认养或管理。组织师生到校外的一些景点进行生态旅游，让师生在蓝天白云下、青山绿水间感受一草一木、飞禽走兽等生命体存在的价值和大自然对人类的哺育、奉献（相关专家随行讲授），让师生在亲近自然的过程中，学会尊重生命和热爱大自然，引导师生追求生态美，3000 余名师生参与了相关活动。开展了植物知识展、花卉知识普及周、植物识别大赛、园林植物栽培知识竞赛等活动，让广大师生养成植绿、护绿、爱绿、赏绿的好行为、好习惯，3000 余名师生参加了相关活动。

通讯与信息学院师生开展"创绿、爱绿、护绿"实践体验活动

3. 推进生态科技实践育人

学校建设了一批科研创新团队。围绕江西林下经济发展需要，开发利用农林剩余物，建立了"江西省森林菌物资源综合开发工程研究中心"，助推江西林下经济的发展；重大科技项目"松材线虫病防控关键技术开发、集成和示范"研究成果整体达到国内领先水平，在花绒寄甲生物防治等方面达到国际先进水平，这在保护森林资源、维护生态安全等方面发挥了重要作用。依托国家生态文明教育基地、全国科普教育基地、国家 AAA 级旅游景区、林木种苗繁育中心、林业有害生物防治研究所、中水回收中心等校内实践基地和江西省九连山国家级自然保护区、崇义县君子谷生态文化

教育基地、赣州经济技术开发区国家循环化改造园区、扶贫点于都县仙下乡龙溪村蓝莓基地、玉禾田环境发展集团股份有限公司、国家钨与稀土产品质量监督检测中心、江西省昌弘环保科技有限公司、江西中环联矿产资源环境研究院等校外实践基地，通过组织学生参与科研团队和科技项目，开展技能竞赛培训、鼓励发明创新等措施，引导学生参与生态科技实践，全面提升学生的生态环保技能。

学校教师在江西省兴国县龙口乡助力乡村振兴

4. 推广生态服务实践育人

学校作为以生态环境为特色的 AAA 旅游景区，定期免费向社会公众开放校园，向民众展示校园基础设施，建设中低碳节能的材料产品和环保技术处理系统、生物多样性与生态观赏性高度统一的校园景观及丰富多彩的环境保护主题校园文化活动。定期免费向社会开放学院的生态科教馆，向民众传递森林与人类相互依存、和谐共生的和谐理念，为社会公众开展环境教育主题活动提供了重要场所，年接待参观人员达 1 万多人次。在"三下乡"绿色服务中，组织学校师生调查当地动植物资源状况、环境状况，组织学生参与农村、社区的卫生大扫除及河流湖泊岸边垃圾清理，开展环境保护及生态理念宣传活动。重点建设服务于林业科技发展、环境保护文化传播、森林资源管理的相关专业，培养面向基层林业建设的实践应用型优秀人才。通过举办进修培训活动，提升各级林业干部的环保理论素养、决策水平和实践能力。主动融入江西省国家生态文明试验区建设，依托林业类、环保类专业的行业特色，重点建设了以国家双高校林业技术为核心的生态专业群。组织师生团队对口帮扶崇义县、兴国县、于都县等，开展美丽乡村建设规划，发展生态农业、现代园艺和生态旅游，助力其乡村生态振兴。

学校师生调查农村植物资源状况，向当地农民普及生态文化常识

举办了"爱鸟周"活动，走出校园宣传观鸟知识，传播爱鸟意识，营造护鸟氛围，引导人们科学认识人与自然的关系，体验人与自然和谐共处的乐趣，培养学生建立良好的生态道德观念。社会各界人士、师生共计6000余人次参与了活动。组织社区居民、在校师生到水厂等地参观，同时，请相关专家讲授水对人类和万物的重要性，让更多的人对"水"有一个全面的了解和认识，在生活中养成爱护水资源和节约用水的习惯和意识，社

会各界人士、师生共计 1500 余人次参与活动。

学校通过 10 余年生态文明教育的探索与实践，取得了多方面的成效。

学生生态文明综合素养得到明显提升。学校 4 万余名学生接受了系统性生态文明教育，有效地促进了社会主义生态文明观的广泛传播，为打造美丽中国"江西样板"、推进国家生态文明试验区建设提供了有力支持。生态文明教育教学方面成果颇丰，其中："高职院校'三化育人 知行合一'生态文明教育的探索与实践""原中央苏区林业类专业'以产治学、由产至教'人才培养路径创新与实践"均荣获 2018 年国家级教学成果二等奖；"高职院校'内外兼修 一体三翼'生态文明实践教学模式的构建与创新"获江西第十六批省级教学成果一等奖；"生态文明知与行"课程获全国林业职业院校课程思政"十佳教学案例"；"生态文明教育"课程获江西省精品在线开放课程；"生态文明知与行"教学成果获 2018 年全国生态文明信息化教学成果特等奖；等等。留校任教的曾璐锋老师获第 45 届世界技能大赛水处理技术项目金牌，实现了我校在世界技能大赛金牌零的突破。学校年均在校内外开展生态主题活动 100 多场，参与人数 3 万多人次；建成生态文明教室 25 个、生态文明寝室 82 个；建成校园人工鸟巢 36 个，安装鸟类环志 2700 个，人均年产垃圾量减少约 20 公斤，人均年节水量约 18.5 吨。从 2015 年开始，学生环保社团通过回收快递包装并循环利用，节约资源，减少污染。师生爱鸟调查团队在遂川县发现了江西省鸟类新记录——灰翅鸫。绿色环境协会被香港环境保护协会、中国高校环境保护协会和海峡两岸青少年发展基金会联合授予"2017 高校漂流瓶全国十大优秀社团"。学校连续多届获得"江西省文明单位""赣州市文明单位"称号。

生态服务助力地方经济社会发展。自 2013 年以来，校园接待各类参观人员 10 万余人次，其中，中小学生 2 万人次；校外开展生态文明宣讲 127 场，发放生态文明科普资料 6000 多份；近 500 名师生、17 支团队奔赴 300 余个乡镇和社区，服务 1.2 万余人次，并组织师生团队对口帮扶崇义县上堡乡、兴国县龙口乡、于都县仙下乡,开展美丽乡村建设规划,发展生态农业、现代园艺和生态旅游,助力当地乡村振兴;学校师生团队协力完成的中央财政林业科技推广示范资金项目"APF-1型松墨天牛化学诱剂防治松材线虫病技术推广示范"在保护森林资源、维护生态安全方面取得预期成效。多年来,学校有5000多名毕业生从事生态环保产业,近20%的非生态环保类专业毕业生从事了生态环保类的工作,许多学生创办了生态环保公司。

生态文明教育经验得到广泛应用。教师发表与生态文明相关的论文63篇,获得省级奖励11项;主持或参加的各级相关课题44项;以生态文明为主题参加的全国教学竞赛,获得国家级二等奖1项、三等奖2项及省级二等奖1项;获得国家级教学成果二等奖2项和江西省级教学成果一等奖2项、二等奖1项;100多人次参加国内外生态文明方面的学术交流,分享和推广经验。2013年学校生态文明研究课题组出版专著《构建生态高职的探索与实践》(北京理工大学出版社出版);校内相关研究专家分别在全国森林文化学术研讨会、全国文化育人与生态文明建设工作委员会成立大会上,

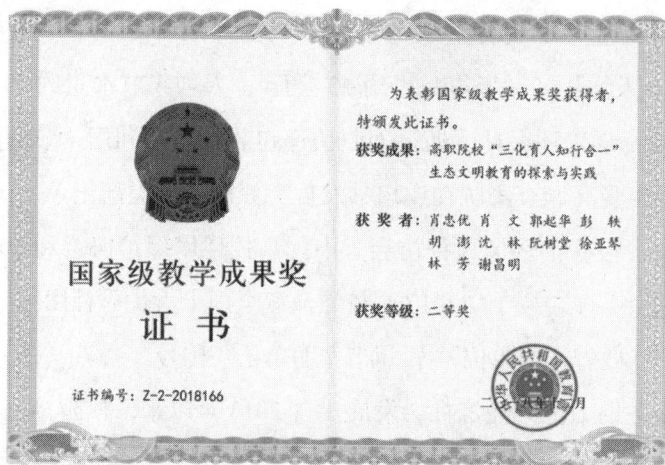

《高职院校"三化育人知行合一"生态文明教育的探索与实践》获国家级教学成果二等奖

就生态文明教育方面的成果做了典型发言，会后 10 余所高校相继借鉴、运用我校做法；2017 年，学校专家代表在清华大学主办的"生态文明国际论坛"绿色大学分论坛上做了题为"我们是如何进行生态文明教育的"主旨发言。学校为中国高校生态文明教育协作组发起单位之一；承办了"第二届高校生态文明教育论坛""全国生态文明新时代的时代精神"等 3 次全国性生态文明学术论坛，清华大学、北京大学等 30 多所高校的 300 多名代表到校交流学习；加入了由南开大学联合清华大学、北京大学成立的"中国高校生态文明教育联盟"。

生态文明教育成果受到各界关注。自 2011 年以来，《中国教育报》、《中国绿色时报》、人民网、《中国青年报》等各类媒体刊发学校关于生态文明的新闻报道 300 多篇次。教育部、国家林业和草原局及所属省市等各部门领导来校参观考察时，均对学校的生态文明教育给予了高度评价。

课程思政篇

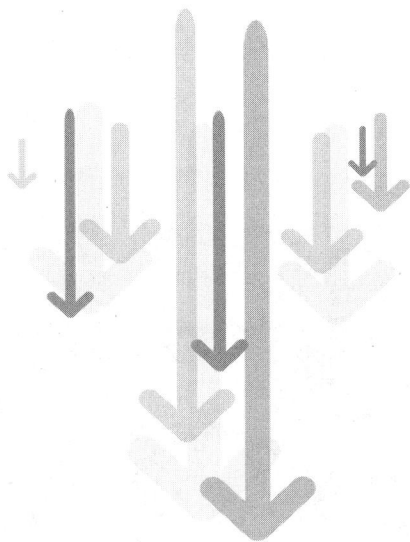

2016 年 12 月，习近平总书记在全国高校思想政治工作会议上指出："要用好课堂教学这个主渠道，思想政治理论课要坚持在改进中加强，提升思想政治教育亲和力和针对性，满足学生成长发展需求和期待，其他各门课都要守好一段渠、种好责任田，使各类课程与思想政治理论课同向同行，形成协同效应。"这成为"课程思政"的缘起。

全国高校思想政治工作会议召开以来，"课程思政"从提出到写进教育部文件，逐渐成为高校立德树人、铸就教育之魂的重要理念和创新实践。"课程思政"是以构建全员、全程、全课程育人格局的形式，将各类课程与思想政治理论课同向同行，形成协同效应，把"立德树人"作为教育的根本任务的一种综合教育理念。"课程思政"本质上是一种教育，其最终目的是实现立德树人。江西环境工程职业学院始终牢记育人的初心与使命，积极贯彻落实习近平总书记关于教育的重要论述，认真落实思想政治工作育人的相关文件精神。基于地方及行业特色，学院凝练"红、绿、蓝"三色文化为核心的文化育人理念，汇聚育人资源，形成育人合力，积极构建"大思政"育人格局。学院将思想政治教育贯穿于人才培养体系，不断加强课程思政创新实践探索，深入推进全员、全程、全方位育人。

江西省教育厅原巡视员、博士生导师周金堂（左三）指导学院思政课程与课程思政建设

第一章 一个中心：课程思政顶层设计

◎范玲俐

学院紧扣立德树人根本任务，深入贯彻落实习近平总书记关于教育的重要论述和全国教育大会精神，贯彻落实教育部《高等学校课程思政建设指导纲要》《全国高校思想政治工作质量提升工程实施纲要》等文件精神，强化顶层设计，将课程思政建设作为"一把手工程"，规划部署课程思政总体建设，依托思想政治工作十大育人体系，深入探索与实践课程育人。

一、成立课程思政教育教学研究中心

（一）强化组织领导。学院成立思想政治工作领导小组，统筹推进全校课程思政教育教学改革工作。2021年，学院成立课程思政教育教学研究中心（简称"课程思政研究中心"），该中心由党委书记主抓，分管教学副院长具体牵头，校外专家团队指导，组织人事处、教务处、宣传部、马克思主义学院、学生工作部等部门共同组成，中心挂靠教务处。该中心实行"常态研究、动态点评、持续推进"工作机制，主要负责制度建设、项目研究、师资培育、学习研讨、成果推广、质量评价、培树典型等。

（二）强化制度设计。学院先后出台《江西环境工程职业学院课程思政建设方案（2021版）》《课程思政进"三会一课"学习制度》《课程思政进教职工思想政治理论学习制度》《教师教学创新团队建设指导性意见》《马克思主义学院教师对接二级学院指导课程思政建设工作方案》《课程思政建设任务清单及任务进度表》《课程思政公开课组织管理办法》《课程思政专项课题研究项目管理办法》等系列制度办法。

（三）强化考核机制。学院主要做法有：将教师参与课程思政教学改革情况和课程思政效果作为教师考核评价、岗位聘用、评优奖励、选拔培训的重要依据；改革学生的课程学习评价方式，把价值引领、知识传授、能力培养的教学目标纳入学生的课程学习评价；将推进课程思政教育教学改革成效纳入学院绩效考核评价；将课程思政建设成效纳入国家"双高"建设监测与成效评价；完善激励机制，加大对课程思政建设优秀成果的支持力度。

江西环境工程职业学院"课程思政研究中心"揭牌

二、确立"大党建+全课程+浸文化"建设理念

（一）强化党建引领。学院紧扣立德树人根本任务，强化党建引领，以"大党建"统揽育人工作全局，加强党对学院思政教育工作的全面领导。学院把思想政治工作贯穿于教育教学全过程，建立党委统一领导、党政齐抓共管、教务处牵头抓总、相关部门联动、教师主体作用充分发挥的课程思政建设工作格局。夯实基层党建基础，以二级学院党总支、专业党支部为责任单位，以党员教师为先锋，开展"一支部一项目"建设。以"双带头人"教师党支部书记、党建工作"标杆院系""样板支部"的培育创建为依托，推动党员教师置身课程思政第一线，当好排头兵，建设好示范课。

（二）坚持同向同行。学院紧紧抓住教师队伍"主力军"、课程建设"主战场"、课堂教学"主渠道"，牢牢把握专业成才和全人教育的共通点，构建全员、全课程的大思政教学体系。学院以课程建设为抓手，分类推进课程思政改革，使各类课程与思政课程同向同行，形成各门课程都有育人功能、所有教师都负有育人职责的工作要求，将核心价值观教育落细、落小，落实在每一堂课。学院通过全方位教学设计、全过程引导推进，将思想政治工作"润物细无声"地融入教育教学，坚持"课程思政"与"思政课程"同向同行。

（三）注重文化赋能。学院凝练"红、绿、蓝"三色文化，即"红色文化铸魂、绿色文化培根、蓝色文化强技"，以三色文化赋能人才培养。学院充分挖掘赣南苏区红色文化教育资源，通过基层党建、思政课堂、文化活动、社会实践等育人载体，引领师生坚定理想信念，传承红色基因；学院发挥林业生态院校优势，响应江西绿色崛起战略，发挥全国生态文明教育基地示范作用，用生态文明理念滋养师生心灵；学院以"大赛点亮人生，匠心成就梦想"为指引，建设"校省国世"四级技能竞赛平台。通过技能竞赛，学生的认知能力、合作能力、创新能力和职业能力得到全面提升，培养具备工匠精神和创新创业能力的高素质技术技能人才。

（四）创新建设模式。在"大党建＋全课程＋浸文化"建设理念的指引下，学院积极探索"一核心、三维度、六工程"课程思政建设模式。

一核心：以落实立德树人根本任务为核心，坚持党建引领；

三维度：学校层面加强顶层设计，部门层面加强协同推进，二级学院层面加强创新实践，形成点线面多维合力，一体化、立体式推进课程思政建设；

六工程：依托课程思政研究中心，系统实施六大工程，深入推进课程思政创新实践。六大工程即领建工程、试点工程、双百工程、品牌工程、质量工程、培育工程。在后文将详细阐述。

"大党建＋全课程＋浸文化"建设理念

三、制定系列标准化方案体系

（一）目标体系

从现实目标层面来讲，开展课程思政建设创新实践，就是要对标对表，打造特色，形成成果。学院坚持目标导向、成果导向，对标"三全育人"典型学校、思想政治工作精品项目、教育部课程思政示范课程项目、国家一流课程、国家教学团队、国家规划教材等评审遴选指标，高质量开展课程思政建设，高标准完成系列制度设计，以期形成一系列具有环院特色的课程思政建设成果。课程思政具体建设目标可概括为"五个一"：

打造一批学生真心喜爱、终身受益的课程思政示范课程；建设一批课程思政示范专业教学资源库；培育一批具有影响力的课程思政教学名师和团队；提炼一系列可推广的课程思政教育教学改革典型案例和特色做法；申报一批省级以上课程思政建设和研究项目。

从终极目标层面来讲，推进课程思政建设，就是要坚持三全育人，"五育"并举，为党育人，为国育才。推进大思政课建设，要坚持以学生为中心，遵循思政工作规律、教书育人规律和学生成长规律，实现"红专并进"，培养具有环院气质、具有时代精神的社会主义建设者和接班人。

（二）方案体系

学院教务处对课程思政建设进行系统设计，形成一套标准化方案，包括专业人才培养方案、课程标准、课程教学设计表、授课计划、课程思政课堂教学设计表、课程思政教学素材作品登记表、课程思政微课作品登记表、课程思政典型教学案例模板、专业思政建设设计表、专业思政设计矩阵图、专业思政资源库建设统计表，以及江西环境工程职业学院课程思政工作提要等，确保课程思政建设有效落地，并能形成成果固化。

为有效推进课程思政建设，学院课程思政研究中心编制《江西环境工程职业学院课程思政建设指导手册》，内容涵盖习近平总书记重要论述及相关重要文件摘要、习近平新时代中国特色社会主义思想、社会主义核心价值观、马克思主义基本原理等思想政治教育理论知识以及人生观、理想信念等，还包括学校文化、专业思政、《课程思政建设方案》及系列附件样表等校本特色文件资料，既有理论层面的指导，又有操作层面的指南，便于教师开展课程思政建设。

编印《江西环境工程职业学院课程思政建设指导手册》

第二章　六大工程：课程思政系统实施

◎范玲俐　邵新蓓

学院按照"学校规划、二级学院推进、专业试点、课程示范、课堂先行、第二课堂拓展"六位一体工作思路，积极构建大思政格局，以实现学校有氛围、学院有特色、专业有品牌、课程有示范、教师有榜样、成果有固化的"六有"工作预期，形成"课程门门有思政，教师人人讲育人"的育人局面，积极打造课程思政亮点特色与品牌。在学院课程思政研究中心的统筹指导下，学院系统实施了"六大工程"，深入推进课程思政创新实践。

一、坚持党建领航，构建课程思政领建工程

（一）强化党建引领。学院认真落实全国高校思想政治工作会议精神，建立了党委统一领导、党政相互配合、各部门齐抓共管的思政工作领导体系。围绕落实立德树人根本任务，促进党建工作更加聚焦发展大局，更好地服务人才培养。把做好思政工作作为落实立德树人的根本任务，找准为党育人、为国育才重要职责的有力抓手，把培养德智体美劳全面发展的社会主义建设者和接班人作为学校一切工作的出发点和落脚点，把思政工作融入办学治校的全过程。

（二）推行"支部领建＋课程思政"。强化党委领导，充分发挥支部战斗堡垒和党员先锋模范作用，形成"支部领建＋课程思政"工作模式，推动党员教师置身课程思政第一线，当好排头兵。以课程为单位组建课程思政团队，每个团队至少一名党员、一名思政课老师。将课程思政融入党员活动日、"三会一课"等，创新"3+1+X"主题党日教育。推动"一支部一

项目"建设，在深化课程思政建设中，发挥党建的引领、推动和保障作用。

（三）强化政治辅导员制度。学院在每个班级安排一名辅导员（班主任）的基础上再选派一名政治素质较高的党员领导干部担任政治辅导员。近年来，学院政治辅导员制度不断完善，形成了政治辅导员"1 核"引领、把好"3 关"、立足"3 点"的工作模式。"1 核"，即在党委统一领导下，围绕学生思想政治工作这一核心；"3 关"，即党委把好政治辅导员角色选拔聘用关、管理服务关、考核评比关；立足"3 点"，是指政治辅导员业务定位为思政教育、班级管理、咨询服务 3 个板块。政治辅导员制度为课程思政的实施奠定了基础。

肖忠优书记开展"入职思政课"讲座

二、鼓励先行先试，推行专业思政试点工程

（一）构建"3+9+N"试点布局。按照同向同行、协同推进、由点到面、点面结合的总体要求，逐步推进学院课程思政及专业思政教学改革。结合学院专业特色及建设基础，实行"3+9+N"试点布局。学院首次遴选林学院林业技术、环保学院环境工程技术、设计学院建筑室内设计 3 个专业作为专业思政校级改革试点专业。另外，每个二级学院再遴选出一个专业进行

院级试点改革探索，逐步实现全校所有专业全覆盖。试点工作主要围绕组建专业思政团队、制定融入课程思政的专业人才培养方案，挖掘专业精神、专业思政元素，制定专业课程标准，建设专业思政资源库，凝练专业思政亮点特色，形成专业思政成果等开展，积极打造课程思政示范专业，从而达到提升专业人才培养质量的目的。

（二）打造专业思政建设平台。一是依托超星打造专业思政线上平台，按"专业群—专业—课程"建设模块库，要求各专业结合自身特点制定切实可行的专业思政实施方案，形成专业思政矩阵图，围绕建设目标和矩阵图建设专业思政资源库，实施课程思政素材上传以及项目申报的平台化管理，并展示课程思政建设成果，达到资源共享共建。二是借助教学资源库和精品在线开放课程，打造数字课程思政品牌。发挥学校主持的建筑室内设计国家专业教学资源库优势，通过升级改造、资源更新，建设开发集视频、课件、习题、案例、实训等项目于一体的专业课程思政教学资源库。突出学校省级、校级精品在线开放课程的课程思政育人特色，将课程思政融入课程标准、教学设计、课堂教学中，完善课程思政素材、微课、案例等在线资源，形成思政教育特色和品牌。

（三）组建课程思政建设团队。全校各专业按照专业核心课、专业基础课、专业拓展课、实践类课程，分类组建课程思政"混编式"教师团队。马院思政教师对接二级学院开展课程思政建设，每个课程的思政建设团队至少一名思政教师、一名党员教师。团队每周至少开展一次教研活动，包括集体备课、课程观摩、课程思政培训、课程思政分析会等多种形式。思政教师要把好政治方向，指导课程思政元素的挖掘、案例的选取、意识形态的审核，其他教师结合专业思政矩阵图对应课程教学模块进行重构，开展课程思政设计与实施，凝练课程思政特色。

（四）锚定课堂思政教学改革。课堂教学是实现课程思政的主渠道，学院结合"课堂革命"对思政课堂、专业课堂进行改革。一是修订人才培养方案和课程标准，在教学目标中增加课程思政维度的目标要求，根据课程思政目标设计相应的教学环节，在教学团队、教学内容、教学组织、教学方法、实践教学等环节，将课程思政元素融入教学任务中。二是优化课堂教学模式，充分发挥在线课程建设的网络平台、虚拟仿真平台等载体作用，鼓励教师探索课程思政多元化教学方法，采用情境式、专题式、案例式等多种教学方法，潜移默化地将课程思政教学目标融于教学设计中。如马院依托"线上红色资源库"开展思政微信课堂；生态文明教育课充分运用信息化教学手段，实现翻转课堂。三是开展"全天候"育人，全面开放学校实验实训场地。利用晚自习、周末、寒暑假等时间段，面向全体学生开放"全天候"实践课程，引导学生深入实训室、参加专业社团、定期到技能大师工作室实践学习。学生可以跨专业、跨学院选修，并通过学分抵免纳入总的修业学分。

（五）探索课程思政评价体系。学院将课程思政实施情况纳入二级学院年度教学考核，从评教、评学、评研、评赛等四个方面设置评价指标。评教涉及专业思政、课程思政、课堂思政、教师思政能力、团队合作、育人

熊起明校长做课程思政专题讲座

效果等方面，侧重于对课程思政教学目标的构建、内容的实施、方法的运用、教学资源与平台的建设、教学质量等方面的考察，实施领导干部听课制度；评学关注"学"的过程，改革学生课程学习评价方式，对学生思想、情感、态度、价值观的转变进行增值评估，把价值引领、知识传授、能力培养的教学目标纳入学生的课程学习评价体系；评研注重考核课程思政教学研究立项、验收工作及成果运用；评赛则着重考核在示范课程建设、精品在线开放课程建设、教学能力大赛等建设评比中，评比课程思政教学改革的情况和实施效果。

三、突出示范引领，推进课程思政"双百工程"

（一）实施"个十百千万"建设工程。学院拟定在"双高"建设期内，选树 3 个课程思政示范二级学院、12 个课程思政示范专业、百门课程思政示范课程、百个课程思政优秀案例、千名校内外课程思政学业导师，惠及全校万余名学生。迄今已评选 40 门课程思政示范课和 60 个课程思政典型案例。在此基础上，学院持续推进课程思政"双百工程"建设，夯实课程建设"主战场"，推进课程思政教学创新，完善课程思政教学体系和内容体系，丰富教学案例和视频资源库，提升教师课程思政建设的意识和能力，推动课程思政深入开展。

（二）建立课程思政"三步走、三张图"。教务处指导各专业修订专业培养目标，形成"专业思政指标图"；分解专业思政指标，形成"课程支撑矩阵图"；融入课程教学单元，形成"课程目标设计图"。通过"三步走、三张图"，形成"专业—课程—课堂"三级课程思政建设体系，指导示范课程建设。如环保学院环境工程技术专业制定专业思政建设方案，建立专业思政指标图，先后打造了环境保护概论、水污染控制技术、环境影响评价、环境监测、大气污染控制技术等五门示范课程，凝练具有环保特色的专业课程思政建设经验和优秀案例，以点带面，推动专业内各课程的思政建设工作。课程思政改革实践也促进了教学研究，该学院立项了省级课程思政教育教学改革研究课题，并在省级及以上学术期刊上发表了多篇关于课程思政建设工作的学术论文。

（三）注重课程思政建设模式创新。学前教育专业声乐——红色经典歌曲欣赏与演唱课程，通过教学目标和教学方法的创新，深化音乐教学与思政教学的协同，在培养学生职业技能的同时，将课程设计分为4个项目、17个任务点，并围绕歌曲背景介绍、聆听欣赏、学唱歌曲、知识拓展开展思政教育。以"用音乐传递家国情怀，用歌声讲好中国故事"为主线，通过开展富有艺术性的声乐教学活动，学生感受祖国各发展时期优秀红色音乐文化的魅力及不同阶段音乐文化的多样性，体验歌唱与音乐独特的魅力，提升幼儿音乐教育职业的幸福感，形成从事幼儿音乐教育的良好道德素养与音乐素养。同时，增强学生的爱国情怀、创新意识等思政理念，在潜移默化中提升其思想道德内涵，弘扬和传承红色文化，传播正能量，培养社会发展所需的学前教育专业人才。

（四）体现学校办学定位和专业特色。风景园林专业核心课程园林施工图设计，结合学院生态文明建设示范校的特色，秉承"立艺树人"的校训，

肖忠优书记在第二届课程思政示范课程汇报展示会上讲话

紧扣"传承红色基因、铸造工匠精神、弘扬生态文明"思政主线，立足园林施工图设计课程特点，以项目为导向，用讲故事和做设计两种方法激发学生的情感共鸣，以校园景观改造项目为载体，培养学生精确到每一毫米的"精在得宜，巧于匠心"的职业精神。课后，从理论知识、技能水平、思想道德三个维度进行定性、定量综合评价，让专业课程评价有态度、有温度。

四、深化文化浸润，打造校园思政品牌工程

（一）校园思政品牌活动。学院积极打通育人环节，从育人理念、育人体系、育人形态着手，开展系列品牌活动，助力三全育人。组织人事处、教务处推出"课程思政第一课"系列，由党委书记、总支书记、支部书记主讲，形成人人关注课程思政的校园氛围；教务处结合"职业教育活动周"，指导各专业开展职教品牌活动，弘扬劳模精神、劳动精神、工匠精神，展示职业教育成果与风采；依托特色产业学院，开展产教融合项目教学，培养"有理想、能实践"的产业主力军，宣传展示职教人风貌；开展"让青春在赛场上闪光"主题活动，宣传学院各类获奖学生的优秀事迹，树立优秀学习榜样；党委宣传部通过校园公众号、官网等，开设"课程思政同向同行"专栏，展示课程思政优秀教学设计、课程思政实践心得、课程思政建设成果等系列主题内容；马克思主义学院开发"红色教育资源库"，丰富课程思政育人资源；团委依托"红、绿、蓝"三色文化育人体系、第二课堂"1+6+N"体系，拓宽课程思政渠道，将显性教育和隐性教育相统一。

（二）第二课堂实践育人体系。学院聚焦实践育人，通过制度化规范设计和改革创新实践，着力构建一体化实践育人体系，从实践项目体系建设、制度建设、师资培养及创新度入手，构建"1+6+N"第二课程实践育人体系。基于校园文化特色，建设"立雪""博雅""鲁班""一院一品"等品牌特色活动，提升学生素质培养质量。团委围绕"思想道德素养、实习实践素养、职业技能素养、创新创业素养、文体身心素养、菁英成长素养"6个模

块对学生实践能力进行培养。通过对学生学习的发展性、过程性、结果性三方面进行实践评价，生成一张"第二课程成绩单"。同时，围绕思想政治教育、专业技能活动、校园文化活动、社会能力培养4个内容，协同不同的部门，设置不同的活动观测点。"1+6+N"第二课程实践育人体系设置了实践育人8个学分，并写入人才培养方案，与学生毕业资格挂钩，有效保障了实践育人体系的实施。

（三）辅导员工作"课程化"模式。学院推行高校辅导员工作"课程化"模式，把辅导员从事的具体工作合理整合成课程，以教学的标准和考核形式综合评价辅导员的工作成效，帮助辅导员"回归"教师角色，落实辅导员职业定位，增强大学生思想政治教育工作实效性。学校搭建辅导员工作平台，在整合力量、凝练特色的基础上，各二级学院成立"辅导员工作室"，打造一批辅导员工作品牌，开展"辅导员思政课题研究""辅导员职业能力大赛""辅导员工作精品项目建设"等活动，使之成为展示辅导员风采的窗口、创新育人理念方法的平台和孵化辅导员名师的摇篮。在此基础上，学院实施"人生导师"课程体系，实现大学生思政教育课堂阵地新突破；打造"主题鲜明、形式多样、设计合理、注重实效"的主题班会"系统化"的育人元素，大大增强辅导员思想政治教育的系统性和可操作性。

（四）"五位一体"心理育人模式。心理健康中心将心理健康教育与职业教育深度融合，构建"五位一体"心理育人实践模式，即教育教学中稳固专业素养，前期干预中彰显人文素养，咨询服务中培育心理素养，日常管理中规范行为素养，实践活动中提升创新素养。心理健康教育中心根据信息时代的发展要求，结合高职生心理发展特点，编制了主题鲜明、具有专业特色、针对性强的高职生精品心理活动手册，如与园林花艺课程相结合的"压花心理艺术表达活动"、与家具雕刻专业相结合的"'匠心独运'自制木工小物件"、与导游专业相结合的"心理游园会"等，值得一提的是，压花曾在国际比赛中获特等奖。此外，心理健康中心还出台了系列管理制度，出版了《大学生适应与和谐——心理健康教育读本》，为促进心理育人规范化、全面化做出了良好的实践创新。

（五）"三引擎"驱动创新创业教育。学院推动创新创业教育全方位、深层次融入人才培养全过程，形成了教育铸魂、竞赛强技、实践求真"三引擎"互相牵引，促进大学生优质就业育人机制。具体来说，教育铸魂，即构建创新创业教育体系；竞赛强技，即鼓励学生参加"双创"赛事；实践求真，即推动多层次创新创业实践。学院将"双创"教育融入专业人才培养方案，开设创业菁英班，每年组织普适性的大学生参加创新创业大赛，举办"创新创业大讲坛""设计师说""商道论坛"等，打造大学生创业孵化基地，培养学生创新创业精神，增强创新创业能力，由此，形成了浓厚的"双创"教育文化氛围。

2022年职业教育活动周电子商务专业技能展示

五、注重成果转化，提升课程思政质量工程

（一）抓实内涵建设项目培育。学院坚持目标导向、成果导向，对标省级以上相关教学内涵建设指标，以课程思政建设为抓手，高质量开展教学内涵项目建设。在课程思政示范课、课程思政教学案例、课程思政资源库、在线课程、新形态教材、课堂革命、教学创新团队、教师教学能力比赛、

教改课题研究、教学成果奖等方面，学院积极开展校级建设培育，通过校级、省级、国家级三级申报，不断提升课程思政建设质量工程水准，提升学校的影响力。

（二）加强课程思政教学资源建设。学院搭建"江西环境工程职业学院网络教学平台"，打造校级、省级、国家级三家课程资源建设体系，开展精品在线开放课程、疫情期间线上教学优质课程、专业教学资源库、新形态教材等教学资源建设，满足不同专业、不同年级学生的学习需求。同时，发挥建筑室内设计国家专业教学资源库优势，通过升级改造、资源更新，建设专业课程思政教学资源库。学院对标国家级课程及资源库建设标准，严格落实课程思政进课程、进教材、进课堂，充分用好数字化资源，推动现代信息化技术在思政课程和课程思政中的应用，推进"课堂革命"。

（三）设置校级专项课题研究项目。学院设置"课程思政教学改革研究项目"，并予以专项资金支持，以达到以研促建的效果。目前立项校级专项课题 20 个，项目围绕学院课程思政建设与改革，通过对课程思政理念、课程思政教学设计、教学实践、机制、教师、课程、评价、保障等进行系统研究，探索开展课程思政教育教学改革的具体路径、操作标准和规范，形成具有环院特色的做法和成果。通过校级课题孵化，进而开展省级以上相关研究，发挥科研反哺教学的作用。

（四）汇编课程思政建设阶段性成果。学院注重课程思政建设成果及时固化并共享，依托"课程思政学研共享平台"，分专题汇编了部分优秀课程思政课堂教学设计、课程思政教学案例、课程思政教学素材作品、课程思政示范课程立项申报书、课程思政专项课题立项申报书等，供教师线上学习交流；结合学院教育教学评价改革试点工作，加强课程思政建设评价探索，汇编了课程思政背景下的课堂教学评价标准、课程建设评价标准、专业建设评价标准、教材建设遴选标准、教师教学能力比赛评价标准、教学团队建设标准等，指导教师高质量开展相关项目建设。

（五）开展课程思政建设宣传展示。学院加强优秀作品展示，在校级媒体公众号、校园网开设"课程思政"专栏，推送课程思政示范课程视频及教学设计 50 余期。增强课程思政工作特色，"江西环境工程职业学院：'一个中心''六大工程'推进课程思政建设""江西环境工程职业学院推动党史学习教育与专业建设深度融合""江西环境工程职业学院扎实推进思政课教师'一线课堂'活动"等特色做法被《江西思政》《赣南日报》等媒体报道。在"职业院校教师发展中心建设和教师专业成长论坛暨教师发展联盟成立大会"上做课程思政建设交流，与全国 60 多所院校分享做法经验。

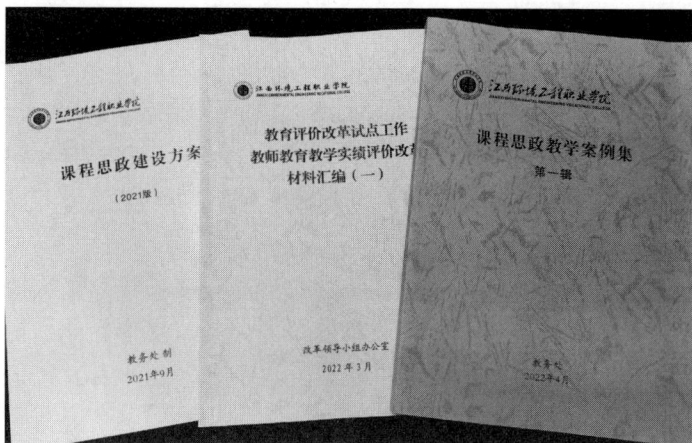

课程思政建设材料汇编

六、加强师德师风，落实教学团队培育工程

（一）加强教师课程思政专项培训。教师队伍是课程思政的"主力军"。能否深入挖掘每门课程中的思想政治教育元素，并有机融入课程育人过程中，很大程度上取决于教师的素养和育人水平。学院高度重视"育人者要先受教育"，加大师资培养培训力度。持续开展新进教师"教师师德师风养成"系列讲座，坚持从源头上把关，号召广大教职工坚决落实立德树人根本任务。开展课程思政专项培训，提高教师将思想政治教育融入各类课程

的教学能力。学院先后邀请四川工程职业技术学院的武友德教授、山东工商学院的吴现波老师、长沙民政职业技术学院的喻冰如教授等开展课程思政专题讲座，积极组织学院教师参加全省课程思政线上研讨会，常态化开展校际交流，加强学习研讨，让学习覆盖全体教师。

（二）开展"四有"好老师项目建设。学院积极开展"强化师资队伍建设，争做'四有'好老师"项目建设，将师德师风建设与学院教职工的教学、科研工作紧密结合起来，与实现学院改革发展的总体目标结合起来，充分调动教职工教书育人、服务育人、管理育人的积极性，着力为健全师德师风相关制度建设长效机制。在此基础上，完善师德师风建设实施方案、教师师德失范行为负面清单及相应处理办法，修订教师考核办法，加强"四有"好老师宣传，引导广大教师以德立身、以德立学、以德施教、以德育德。截至目前，已完成首届"十佳课堂教学教师"评选。

（三）打造课程思政学研共享平台。学院依托超星"学习通"，打造校级课程思政学研共享平台，共享政策文件、学习资源及建设动态，开展全校教师课程思政大培训。进行线上线下混合式学习培训，邀请专家做课程思政线上专题讲座10余场，校党委书记做了新入职教师"入职思政课"培训，校长做了"课程思政何谓、何为、何用？"专题讲座。学院组织课程思政主题教研及课程思政公开课教学。校领导深入课堂听课，教务处深入二级学院辅导课程思政建设及材料撰写。同时，推进常态化学习研讨，以提升教师课程思政建设的意识、能力以及政治理论素养。

（四）强化教师教学能力提升。学院开展教学能力比赛，以立德树人为根本任务，以打造高素质师资队伍为着力点，坚持以赛促教、以赛促研、以赛促建、以赛促改，构建"三全育人"体系，深化课程思政建设。通过大赛推动教学改革进程，提高教师的师德践行能力、专业教学能力、综合育人能力和自主发展能力，推动示范性教学，促进"双师型"教师成长。为此，学院改善硬件设施环境，新建智能录播室，承办了中国（南方）现代林业职业教育集团第二届教学能力比赛,邀请专家做了"深化三教改革,提升教学能力"线上专题讲座。

(五)推进教师教学团队建设。根据教育部教师教学团队建设标准,开展校级、省级、国家级三级培育与建设。注重团队教师的师德师风建设,坚守专业精神、职业精神和工匠精神,践行社会主义核心价值观。明确团队教师的选拔要求和育人责任,建立团队教师培育机制,不断增强团队的整体教学能力,发挥团队示范作用。开展教学创新团队建设,进行钉钉专题培训多场,校内研讨多期。目前已遴选校级教学创新团队 10 个,打造校级课程思政教学团队 50 个。

课程思政建设工作培训会

第三章 六个育人：课程思政成果固化

◎范玲俐 邵新蓓

学院按照做足育人大文章，唱响育人最强音，使思政教育更有温度、思想引领更有力度、立德树人更有效度的工作标准，全面深化课程思政建设。在长期的探索与创新中，学院通过加强顶层设计，系统化开展课程思政示范课程评选、教学能力大赛、专项课题研究、专家讲座培训、特色教学实践、校园文化活动等工作，切实打开了课程思政建设的新局面。在学校党委书记的指导下，在课程思政研究中心的统筹部署下，校园建设氛围日益浓厚，显现出"课程门门有思政，教师人人讲育人"的喜人成效。

一、党建引领，形成了"大思政"育人格局

学院始终牢记为党育人、为国育才的使命，精准把握新时代青年学生的个性特征和成长中的需求，坚持党的领导，全面推进课程育人、文化育人、实践育人、服务育人、心理育人等育人体系。在创新实践中，党委统一领导、党政齐抓共管、教务处牵头抓总、相关部门联动、教师主体作用充分发挥的工作机制更加成熟稳固，做到课课有思政、人人讲育人，形成了"三全育人"的"大思政"育人格局。学院将思想政治教育融入育人全过程，从思政课程到课程思政，再到第二课堂思政，努力提升思想政治教育的实效，引导广大青年为实现中华民族伟大复兴中国梦贡献青春力量。

通过构建"三全育人"的"大思政"育人格局，学院丰富了校园文化内涵，完善了人才培养制度体系和运行机制，内部治理水平显著提升，实

现了跨越式发展。学院被教育部认定为国家优质专科高职院校,被批准为国家高水平专业群建设立项单位,综合办学实力在省内乃至全国同类院校排名中均实现大幅前移。

二、多维协同,积淀了课程思政育人文化

学院践行"红、绿、蓝"三色文化育人理念,大力营造时时有育人、处处可育人的良好环境,将显性教育和隐性教育相统一,形成了独具环院特色的育人文化。如教务处打造"课程思政学研共享平台",为教师营造易学、乐学、乐教的学研氛围,引导教师以学促教、以研促教、共建共生、协同发展;组织人事处的政治辅导员"133"模式,为每个班级增配政治素质较高的党员领导干部担任政治辅导员,实行"1 核"引领、把好"3 关"、立足"3 点"的工作模式;组织人事处、宿管中心的党建"四进"宿舍制度,在学生宿舍建立党支部工作站,实行党支部委员和专业教师党员值班制度;团委的第二课堂"1+6+N"实践育人体系,基于校园文化特色,实施"立雪""博雅""鲁班""一院一品"等品牌特色活动建设;学工部的辅导员工作"课程化"模式,帮助辅导员"回归"教师角色,落实辅导员职业定位,实施"人生导师"课程体系,增强大学生思想政治教育工作的实效性;心理健康中心"五位一体"心理育人模式,将心理健康教育与职业教育深度融合,编制精品心理活动手册,开展了良好的实践创新;创新创业学院的"三引擎"驱动创新创业教育模式,推动创新创业教育全方位、深层次融入人才培养全过程,形成了教育铸魂、竞赛强技、实践求真"三引擎"互相牵引的育人模式,促进大学生优质就业育人机制的形成和发展。

三、数字赋能,强化了课程思政育人内涵

依托网络教学平台,学院积极开展课程教学资源开发,打造融知识传授、技能培养、价值塑造于一体的职业教育精品在线开放课程,突出数字课程思政资源的开发和应用。依托国家、省级、校级三级联动精品在线开

放课程体系，建成室内装饰设计等 39 门国家级、省级精品在线开放课程，室内装饰设计等 7 门课程入选首批国家级优质课程。

校企双元合作开发职业教育教材，依托国家优质教材，巩固课程思政教研成果。学院立项"十三五"职业教育国家规划教材 4 部，国家林草局"十四五"规划教材 9 部，获江西省教育厅推荐参评"十四五"职业教育国家规划教材 7 部，建有新形态教材 40 余部。依托已有规划教材资源优势，结合课程实际，将育人元素融入教材，通过对教材的更新修订，将思政育人特色项目的微课资源、思政案例等融入教材内容，实现教材的呈现形式立体化，巩固课程思政育人成效。

利用学校网络教学平台和智慧课堂，建设公共基础课、专业课、实践类课程的校级课程思政数字化教学资源，创新课堂教学模式，推进现代信息技术在思政课程和课程思政教学中的应用，激发学生的学习兴趣，有效提高课堂教学的质量。获评疫情期间省级线上教学优质课程 4 门，全省高校"战疫思政课堂"优质课 4 门，"全国林业职业院校思政课程与课程思政'十佳教学案例'" 4 项，"2021 年职业院校外语课程思政优秀教学案例征集与交流活动"江西省优秀教学案例二等奖 1 项。

积极开展课程思政育人特色凝练，形成了系列育人成果。其中《高职院校"三化育人 知行合一"生态文明教育的探索与实践》《原中央苏区林业类专业"以产治学、由产至教"人才培养路径创新与实践》等 2 项教学成果获国家级教学成果奖二等奖，《高职院校"四维导师制"育人模式探索与实践》等 10 项教学成果获得江西省教学成果奖一等奖，《高职院校"三色文化"育人模式的构建与实践》等 28 项教学成果获得江西省教学成果奖二等奖。

四、以赛促教，打造了课程思政育人团队

学院鼓励教师参与教学能力大赛，通过大赛推动教学改革进程，提高

教师的师德践行能力、专业教学能力、综合育人能力和自主发展能力，推动示范性教学，促进"双师型"教师成长。近年来，教师获教学能力大赛国家二等奖 1 项、三等奖 3 项；省级一等奖 7 项，二等奖 13 项，三等奖 16 项。

学院辅导员工作课程化长期扎实开展，努力开发 20 门课程的教学资源，其中，3 篇教案获全国辅导员工作课程化模式学校联盟"优秀教案"，多篇论文在江西省高校辅导员工作优秀论文评选活动中获奖。有 1 人获评全国林业职业院校优秀辅导员、1 人获 2014 年全省高校辅导员年度人物提名。2021 年江西省高校"最美辅导员"评选中，学院专职辅导员曾慧成为本届唯一被授予该称号的高职院校教师。学院在江西省辅导员职业能力大赛中共有 7 人次获一等奖，5 人次获二等奖，1 人次获三等奖，所获奖项质量和数量位列全省高职院校首位。

学院立项国家级教师教学创新团队 1 个，为林业技术专业；立项江西省教师教学创新团队 6 个，分别为林业技术、环境监测技术、建筑室内设计、家具设计与制造、移动互联应用技术、现代通信技术专业；入选首批江西省职业院校校企合作"双师型"名师工作室两个，分别为刘郁林"双师型"名师工作室、鲁锋"双师型"名师工作室。

五、德技并修，增强了学校育人竞争力

（一）毕业就业质量高。学生综合素质与能力显著提升，人才培养得到了用人单位的一致好评，学院获评全国毕业生就业典型经验高校（全国就业典型"50 强"）和全国职业院校就业竞争力示范校；自 2016 年起，连续5 年学院毕业生半年后就业率均在全省排前列，并获评江西省"就业优秀等级学院"和"就业先进单位"。

（二）技能竞赛摘金奖。在第 45 届世界技能大赛中，曾璐锋同学代表中国斩获水处理技术项目金牌，这是我国在该项目的首枚金牌。在中华人民共和国第一届职业技能大赛暨第 46 届世界技能大赛全国选拔赛中，我校

学生李德鑫和彭洪君包揽家具制作项目金银牌，并获木工、精细木工、水处理技术和园艺等 4 个项目的优胜奖，参加上述项目的 5 名选手还入选国家集训队。

在 2014—2021 年全国职业院校技能大赛中，学校共获一等奖 7 项、二等奖 20 项、三等奖 24 项，其中大气环境监测与治理技术、园林景观设计与施工、艺术插花、工程测量、汽车检测与维修等赛项均斩获一等奖。在第二届至第四届全国职业院校林草技能大赛中，共获一等奖 2 项、二等奖 5 项、三等奖 6 项，其中园林景观设计赛项蝉联第三届和第四届大赛的一等奖。在 2017—2021 年江西省职业院校技能大赛中，共获一等奖 22 项、二等奖 41 项、三等奖 58 项。

（三）"双创"教育结硕果。学校形成了以培养学生创业品质和创业能力为重点、具有环院特色的实验实践教学和创新创业教育体系。近年来，学生积极参加中国"互联网 +"创新创业大赛、挑战杯大学生创业大赛等赛事，并获得国家级、省级奖项，学生的创新精神不断丰富、创业意识不断增强，创新创业能力不断提升。截至 2022 年 8 月，学院学生在中国国际"互联网 +"大学生创新创业大赛中，共获得国赛金奖 3 项、银奖 2 项，国际赛道铜奖 2 项；获得省赛金奖 8 项、银奖 10 项、铜奖 21 项。学生在第十二届"挑战杯"中国大学生创业计划竞赛中斩获 1 金、1 银、1 铜，在第十七届"挑战杯"全国大学生课外学术科技作品竞赛"揭榜挂帅"专项赛中荣获全国二等奖 1 项，在第十三届"挑战杯"江西省大学生创业计划竞赛中获 2 金、2 银、1 铜。

（四）实践育人出成效。学院广泛组织动员师生开展"三下乡"社会实践活动，使学生得到了锻炼和成长。近年来，学院学生及学生社团组织获得综合素质类奖项近千项，如获得全国青年岗位技术能手、全国"百强社团"、全国"百强校媒"、全国"三下乡"社会实践优秀团队等荣誉。据全国学校共青团研究中心统计，2019 年度至 2021 年度，学院第二课堂活动人均创建数量连续 3 年排名全国第一，同时，学院第二课堂成绩单活动数量位居全国第一。

六、研展并举，提升了学校育人影响力

（一）科研服务水平大幅提升。一是科研项目助力实践育人。立足学院实际，结合学生成长需求，着眼于创新学生思想政治教育的工作模式、体制机制、方式方法、平台途径，依托教育部及省、市各级人文社科课题，设立校级课程思政改革科研项目，鼓励广大师生积极开展思想政治工作相关课题研究，系统性开发专业和课程的思政主题，树立新理念，开创新思路，打开新局面，切实提高大学生思想政治教育的针对性和实效性。近年来，共获批教育部人文社科专项项目 1 项，省级以上科研项目 247 项，其中，以"立德树人""三全育人"为研究核心的相关课题近百项。二是学术论文繁荣校园学术文化，营造百花齐放的科研育人氛围。学院积极营造科研氛围，引导全校师生开展学术论文交流，繁荣校园学术论文研讨文化，近 5 年发表省级期刊以上论文 1500 余篇，其中有 469 篇论文紧密围绕立德树人根本任务的。

（二）社会声誉获得高度认可。学院特色办学得到了国内媒体的广泛关注，近 5 年来，人民日报、中央电视台、新华社、中国教育报、人民网、新华网等播、发有关学校的新闻 6800 多篇次，被关注频率在江西高校中名列前茅。学院的发展也得到了上级部门的高度认可，先后被评选为江西省高校思政理论课教指委副主任单位、江西省高职高专思政理论课分教指委主任单位、全国高职高专思政理论课建设联盟理事单位和全国高职党委书记论坛副主任单位。

第四章　案例打造：多课联动守正创新

◎ **专业建设类**

案例1

立德树人担使命，以林为根育新人

——林业学院课程思政建设工作案例

张维玲　游彩云

一、课程思政建设概述

为全面贯彻落实立德树人根本任务，强化懂林业、爱农村、爱农民的一流人才培养，为乡村振兴发展和生态文明建设提供有力的人才支撑，服务美丽中国建设，林业学院始终坚持把立德树人作为中心环节，把思想政治工作贯穿教育教学全过程。以引导学生树立和践行"绿水青山就是金山银山"的理念为核心，面向林业农村现代化，把思想政治教育和职业素养教育贯穿于林业人才培养全课程、全过程，逐步形成了以"油山精神"为红魂，以"生态文明"为绿根，以"科技兴农"为蓝蕴的林业人"三色"思政教育理念。

二、课程思政建设举措

（一）专业建设上始终坚持"兴林兴农"根本任务

林业学院在专业设置上，以"四个有利于"为遵循开设专业：一是有利于生态建设，二是有利于林业产业，三是有利于农民增收，四是有利于科技兴林。因而设置的专业分别为促进生态保护与建设的林业技术专业、水土保持技术专业；促进林业产业发展和农民增收的林业技术（油茶方向）专业、中草药栽培与加工专业；促进科技兴林的林业信息技术应用专业、工程测量技术专业、测绘地理信息技术专业。在学院的专业规划中，也始终围绕"四个有利于"开展专业优化与调整，力争办成"以林为根、以农为基、科技赋能、致力生态"的高职学院。

（二）课程建设上始终坚持"又红又专"林业基调

为落实立德树人根本任务，学院将课程建设作为落地"最后一公里"，坚持把"最后一公里"作深做实。在公共课上，借力马克思主义学院的优秀师资队伍，针对林业学院专业思政教育的要求，开展了基于专业的思政课程教育改革。通过改革，两门在林业学院实施的思政课程获得省级教学能力大赛奖项。同时，在思政课程老师引导下，辅导员积极参与课后思政教育。2021年，为了庆祝中国共产党百年华诞，激发青年学子学习党的理论和历史知识的积极性，营造学党史、知党情、勇担当的浓厚氛围，林业学院在学术报告厅举行了"不忘初心、牢记使命"党的基本知识竞赛。林业学院专职组织员裘亮云、新生班辅导员以及2020级新生代表共计200余人

林业学院举行2020级新生党的基本知识竞赛

参加活动。林业学院围绕党史、新中国史、改革开放史、社会主义发展史等内容开展班级研讨活动，邀请马克思主义学院教师现场指导，提升学生的党史知识素养。学生撰写的思政学习心得被《赣南日报》专刊转载。

为进一步将思政教育融于学生学习的全过程，学院全面开展专业课程思政建设。目前已经建成校级课程思政示范课2门。该示范课尤其注重结合课程实践，注重知农爱农情怀培养。林业学院围绕党史学习教育，积极开展"我为群众办实事"活动，聚焦油茶、竹类等林业产业发展技术难题，由游彩云、宋祥兰等教师组建林业科技服务团，带领林业学院学生党员和入党积极分子到上犹、信丰等地开展科技服务活动，为林农、林企、林业基层服务部门解决实际问题，为百姓办实事，助力乡村振兴。

开展林业科技服务下乡

中医药是中华民族优秀传统文化，为了弘扬中草药文化，发挥学院在林业栽培技术方面的优势，结合中草药栽培与加工技术专业优势，林业学院钟培星老师指导学生成立学院中草药协会，教学中，他经常把课堂设在山上，手把手教学生认识中草药，掌握中草药栽培、加工技术，促使学生增强求学的热情与对传统文化的热爱。

（三）在师德树立上坚持"以身作则"教育作风

林业学院注重教师的职业发展，同时，不断加强德育引导，在教学管理中严格规范落实。学院涌现出一批优秀的教师党员，廖彩霞老师就是其中的一位。她在工作中严谨细致、一丝不苟，上课时严格要求学生，是学生口中的"女魔头"；在外授课中，遇到山陡路滑时，自己站在危险处，扶着学生一个个走到安全位置，反复提醒学生注意安全，自己则是最后一个下山。生活中，廖彩霞老师对待学生和蔼可亲，是学生心目中的"知心姐姐""彩霞姐姐"。在疫情防控期间，她做起了学生的"快递员"，用电动车一趟又一趟地为返校学生取运快递。

廖彩霞老师引导学生树立正确的人生观、价值观，帮助他们克服困难，解答学习、就业和情感中的疑问，用实际行动带动学生强身健体。综合实训期间，她"随叫随到"，在教室、宿舍，甚至在食堂为学生答疑解惑，指导学生。

三、课程思政建设成效

林业学院坚持以习近平新时代中国特色社会主义思想为指导，始终把思想政治工作贯穿于教育教学全过程，围绕学校"红色引领、绿色发展、立足生态、服务地方"的办学理念，通过全程育人、全方位育人的举措，培养以林为根、德技双修的高素质林业技术技能型人才，育人成绩硕果累累。

（一）课程思政教育内涵不断升华

党的十八大以来，课程思政以习近平总书记关于思政课建设的重要论述为指导，不断升华教学理念，尤其是"立德树人""课程思政""大思政课"等理念的提出及具体运用，彰显了新时代思政教学的鲜明特征和实践品格。林业学院通过引导教师在教学过程中站位要高、格局要大、内容要丰富，在课堂中融入中国共产党为什么能带领全国人民走上民族复兴之路等内容，帮助学生增强"四个意识"、坚定"四个自信"、做到"两个维护"，铸牢思想之魂，争做林业行业的开路先锋和技术创新引领者。

（二）课程思政教学方法不断创新

在疫情防控十分严峻的形势下，利用信息化技术，通过智慧课堂、腾讯会议等平台，线上课堂与线下课堂共同发力，将新形势下的思想政治教育融入课堂，开展线上线下混合式课程近百种。同时，因地制宜、因材施教，利用情景教学、项目教学等方法，将课程开到林场、开到企业，提高了教学效果。

（三）课程思政教学成效显著提升

近年来，通过课程思政教学，学生的学习满意度与获得感不断提升，参与暑期教学改革以及技能竞赛热情高涨，获得全国高职院校测绘技能大赛、"互联网＋"大学生创新创业大赛等竞赛一等奖 3 项、二等奖 4 项；2021 年，学院发展学生党员 69 人。

四、课程思政建设展望

经过几年的课程思政教育教学摸索，林业学院虽然取得了一些成绩和经验，但还须朝以下三方面努力：

一是建立课程思政教学团队，完善课程思政评价体系；

二是以林业技术"双高"专业建设为抓手，深化课程思政教学内涵；

三是总结课程思政成果，积极申报课程思政教学项目及思政教材。

案例 2

深耕"红土地"，打造"新鲁班"

——家具学院课程思政建设工作案例

鲁锋

一、课程思政建设概述

为全面落实立德树人的根本任务，培养担当民族复兴大任的时代新人，家具学院以习近平新时代中国特色社会主义思想为根本指导，以全面贯彻党的教育方针为总要求，立足地方产业发展，突出专业办学特色，强化课程育人功能,从专业定位、课程建设、课堂教学、教材建设、教师队伍、学生实践等各个层面,全力打造"三全育人"大格局下的课程思政体系建设,全面提高人才培养能力和质量。

通过课程思政建设,学院形成了以"深耕红土地,打造新鲁班"为课程思政建设总方向,以"传承红色基因,厚植家国情怀,弘扬工匠精神,树立文化自信"为课程思政建设总主线,以培养数以万计具备社会主义核心价值观的"爱家具、擅设计、会智造、能营销、懂管理"的新鲁班为课程思政建设总目标的育人模式,在3个专业修订了人才培养方案,修订了55门专业课程标准,建设了1门省级在线开放课程、4门校级在线开放课程、1门校级课程思政示范课程、2个校级课程思政典型案例,打造了1支由学生队伍组成的"新鲁班"社会实践团队,开展了50余场志愿实践活动,同时依托校地共建的南康家具产业学院,实施"2+0.5+0.5"的分段培养,打造了"三化合一"的育人环境,将校园文化、产业文化和企业文化三者有机结合,构建了浸润式的课程思政育人环境。

"新鲁班"社会实践团队开展党史学习教育实践活动

家具专业学生在南康家具学院开展项目化教学

二、课程思政建设举措

家具学院围绕课程思政建设的总方向、总主线和总目标，按照"点、线、面、体"的进阶逻辑，通过抓课堂点、优课程线、拓专业面以及建专业群体等建设举措，以任课教师、课程负责人、专业教研室主任、专业群负责人为主要建设主体，层层进阶，步步落实，深入推进课程思政与思政课程同向同行、同频共振，努力营造"课程门门有思政、教师人人讲育人"的良好氛围，全力构建全员、全过程、全方位育人新格局。

1.点的推动——抓准课堂育人点

以课程思政典型案例建设为抓手，做到"一课堂一主题"。围绕课堂教学内容，精心设计思政案例，做到有机融入红色基因、家国情怀、工匠精神、优秀文化以及社会主义核心价值观等思政元素，比如家具史课程通过讲述东西方家具的变迁，阐释了中国的造物文化，引导学生树立文化自信；家具结构设计课程通过讲述中国传统家具榫卯结构设计，讲述鲁班巧夺天工的故事，引导学生弘扬工匠精神；家具设计课程讲述床类家具设计，引用北京冬奥会智能床的设计案例，引导学生厚植家国情怀等。

2.线的衔接——优化课程育人线

以课程思政示范课程建设为抓手，做到"一课程一主线"。结合教师的专业方向，组建课程团队，实施课程负责人制，通过明确课程目标、凝练思政元素、遴选课程育人点、构建课程育人主线、实现课程育人目标等5步，完成课程思政建设。在课程育人主线优化方面，课程负责人带领课程团队成员，结合课程特点，围绕"深耕红土地，打造'新鲁班'"的思政总方向进行个性化设计。在课程思政元素选取方面：一是讲好红色故事，引导学生传承红色基因；二是围绕乡村振兴和产业转型升级，引导学生厚植家国情怀；三是讲述大国工匠，引导学生弘扬工匠精神；四是讲好家具相关的历史故事，引导学生树立文化自信。

3.面的集聚——拓宽专业育人面

以专业人才方案修订为抓手，做到"一专业一特色"。成立专业建设委员会，邀请政、校、行、企四方专家共同参与人才培养方案的修订，瞄准产业发展趋势和未来岗位需求，明确各专业定位；家具设计与制造专业面向智能制造，培养家具工程师，以工匠型人才培养为特色；家具艺术设计面向个性化设计，培养家具设计师，以设计型人才培养为特色；智能产品开发与应用专业面向智能家居，以数字化人才培养为特色。同时，学院构建"岗课赛证融通"的课程体系，依托世赛团队、科研团队、社会服务团队以及"新鲁班"社会实践团队，全面提升学生的综合素养和实践能力。

4.体的融合——建设专业群育人体系

以打造高水平专业群为抓手，构建共建、共享、共赢的育人格局。对接赣州首位产业——现代家居产业，以及江西省14个重点产业链之一现代家具产业链，通过依链建群，打造了以家具设计与制造专业为核心的现代家居类专业群，依托校地共建的南康家具学院，实施"2+0.5+0.5"分段培养，即2年在校内学习，0.5年在产业学院开展项目化教学，最后0.5年在园区企业开展岗位实习，实现了校园文化、产业文化和企业文化三者有机结合。自 2018 年以来，学院已连续开展 5 期的项目化教学，近三分之二的学生留在了当地企业实习就业，得到了当地政府和企业的高度认可。

三、课程思政建设成效

1. 课程思政定位特色鲜明

学院形成了以"深耕红土地，打造'新鲁班'"为课程思政建设总方向，以"传承红色基因，厚植家国情怀，弘扬工匠精神，树立文化自信"为课程思政建设总主线，以培养数以万计具备社会主义核心价值观的爱家具、擅设计、会智造、能营销、懂管理的"新鲁班"为课程思政建设总目标的育人模式，全面提高人才培养能力和质量。

2. 课程思政体系基本形成

学院通过课堂教学，以课程思政典型案例建设为抓手，实现了"一课堂一主题"；通过课程建设，以课程思政示范课程建设为抓手，实现了"一课程一主线"；通过专业建设，以专业人才方案修订为抓手，实现了"一专业一特色"；通过专业群建设，以打造高水平专业群为抓手，构建了共建、共享、共赢的育人格局。

3. 课程思政育人成效显著

学院包揽了首届中华人民共和国职业技能大赛家具制作项目金银牌；获全国工业设计职业技能大赛家具设计师赛项全银奖各 1 项；获中国轻工业联合会轻工技能人才培育突出贡献奖。依托南康家具学院，构建了"三对接、三融合"的人才培养模式，2021 年家具学院"打通教育人才培养链，助推现代家具产业链"的做法获评江西省职业教育典型案例。

四、课程思政建设展望

1. 深耕红色土地，赓续红色血脉，培养新时代的红色青年

深耕红色土地，挖掘优质育人资源，开发一批优质的课程思政典型案例，建设一批课程思政示范课程，打造课程思政资源库，同时，通过"新鲁班"社会实践团队，开展形式多样、主题丰富的社会实践活动，全面提升课程思政的育人效果。

2.赋能富民产业，厚植家国情怀，铸造新时代的大国工匠

立足赣南首位产业和富民产业——现代家居产业，依托南康家具学院，充分发挥政、校、行、企四方协同育人功能，培养一批产业急需的能工巧匠和大国工匠，厚植学生的家国情怀，引导学生留在赣南、服务赣南，用专业服务家乡发展。

3.服务国家战略，助力乡村振兴，打造高水平的教师团队

依托课程思政建设，打造一支有理想信念、有道德情操、有扎实学识、有仁爱之心的"四有"好老师队伍，引导教师以德立身、以德立学、以德施教，不断提升自身的学识能力，服务新时代革命老区振兴。

案例3

崇技创新强特色，思政铸魂育新人
——环保学院课程思政建设工作案例

申露威

一、课程思政建设概述

习近平总书记指出，高校思想政治工作关系培养什么样的人、如何培养人以及为谁培养人这个根本问题。要坚持把立德树人作为中心环节，把思想政治工作贯穿教育教学全过程，实现全程育人、全方位育人，努力开创我国高等教育事业发展新局面。

党的十九大报告提出，必须树立和践行"绿水青山就是金山银山"的理念，坚持节约资源和保护环境的基本国策。2018年，第十三届全国人大第一次会议通过宪法修正案，生态文明正式写入国家根本法。生态文明建设事业对环保人才的培养也提出了更高的要求。

环保学院根据教育部《高等学校课程思政建设指导纲要》文件精神，

在学校统一部署下，积极推动课程思政教育教学改革。在国家大力推进生态文明建设的背景下，环保学院坚持红色文化铸魂、绿色文化培根、蓝色文化强技"三色文化"育人办学特色，积极弘扬工匠精神和创新精神，引导学生崇尚技艺，培养学生创新思维，全面提高学生的技能水平和创新意识。同时，学院也鼓励教师强化育人先育己的理念，要求教师在理论和实践教学、竞赛、社会服务等方面广泛开展课程思政教学探索；在工作上要敢于迎难而上、奋勇拼搏，积极参与各类示范课评选和教学能力竞赛，以赛促教，不断提升思政育人能力，成为课程思政的坚定执行者和学生学习的引路人。经过3年的积极探索与实践，环保学院在课程思政建设方面取得了初步成效。

二、课程思政建设举措

1. 专业层面

以环境工程专业为试点，制定专业思政建设方案。环境工程技术专业以习近平生态文明思想理念为引领，紧紧围绕立德树人根本，结合学校"三色文化"育人特色和环境工程技术专业优势，以环境工程相关岗位思政素质需求为导向，确定专业思政育人总目标，并将其融入专业人才培养方案。围绕专业思政育人总目标，结合各专业课程特点，把专业思政育人总目标有选择性地逐层分解至各专业课程，确定各专业课程思政育人子目标，明确各专业课程思政的建设重点和方向，制定环境工程专业思政建设方案。

2. 课程层面

根据环境工程专业思政建设方案，明确各专业课程思政育人子目标，修订课程标准。在修订过程中，在课程定位、课程教学目标、课程设计思路、教学资源运用、教学方法与手段、课程评价等方面，注重课程思政育人子目标的体现、凸显和融入，形成思政目标明确、显性教育和隐性教育相融通的课程标准，打造以专业基础课、专业核心课和专业拓展课并驾齐驱的专业思政课程教学体系。

3.学生层面结合

学校育人特色和环保行业岗位需求，重点培养学生的工匠精神和创新意识。环境工程技术专业是实践性很强的学科，它不仅要求学生具备良好的理论知识，还要有丰富的实践动手能力。同时，随着社会的发展，环境污染问题层出不穷，因此也要求环境保护从业人员具备创新思维，用新方法、新技术、新理念解决新的环境污染问题。

为此，环境工程专业在培养学生的政治认同、家国情怀、诚实守信等素质素养的基础上，结合学校育人特色和环保行业岗位需求，在教育教学过程中，积极引入国家技能强国战略、创新驱动发展战略及杂交水稻之父袁隆平院士农业领域科研成果等思政元素，以及学院世界冠军曾璐锋奋斗点亮青春故事，引导学生崇尚技艺、开拓思维，重点培养学生的工匠精神和创新意识。

4.教师层面

鼓励教师以赛促教，提高思政育人能力。提升课程思政效果，关键看教师。因此，要实施课程思政，教师除了具备对课程思政的高度认识、责任感、道德操守之外，还应具备相应的教学能力。因此，学院出台激励政策，鼓励教师参加各个级别的课程思政示范课堂、典型案例和教学能力竞赛，以赛促教，切实提高教师教学业务能力，从而在授课过程中，将思政元素巧妙地融入教学内容中去，真正做到春风化雨、润物无声。

三、课程思政建设成效

1.明确环境工程专业思政育人目标，形成专业思政建设方案

第一，以环境工程专业思政建设方法为样板，确定各专业课程思政育人子目标，明确各专业课程思政的建设重点和方向，解决了专业课程思政育人目标不明确和各门课程之间"各自为战"问题，形成各专业课程协同育人局面。

第二，通过实施环境工程专业思政建设，总结经验和做法，以点带面，

带动学院其他专业思政建设，推动课程思政走深走实，全面提高学院人才培养质量。

2. 建立各类课程协同育人的教学体系

根据环境工程专业思政建设方案，结合各专业课程思政育人子目标，修订并形成思政目标明确、显性教育和隐性教育相融通的课程标准，打造以专业基础课、专业核心课和专业拓展课并驾齐驱的专业思政课程教学体系。

3. 课程思政润物无声，学生竞赛成绩取得突破

课程思政的大力推进，在院内营造了崇尚技艺的学习氛围，学生参加技能竞赛的热情高涨，结合专业课程的实践教学，学生技能水平得到显著提升。2021 年，环境工程技术专业参加学校"立雪杯"技能竞赛的学生数达到 312 人次，比 2020 年增加 124 人次；污水处理职业技能等级证书考试通过率从 2020 年的 72% 提高到 2021 年的 92%；国赛选手陈荣相在 2021 年全国职业院校技能大赛大气环境监测与治理赛项的激烈角逐中，以良好的竞技状态和水平荣获一等奖，实现学院全国职业院校技能竞赛环保类赛项一等奖零的突破。"芬清科技"竞赛团队荣获第七届中国国际"互联网＋"大学生创新创业大赛职教赛道总决赛金奖，成为学院首个环保类题材的国家级大学生创新创业大赛金奖。

学生陈荣相获国赛一等奖（颁奖现场）

"芬清科技"竞赛团队

4.教师以赛促教，教学成果再创佳绩

学院教师积极参与课程思政示范课堂、典型案例评选，取得丰硕的教学成果。水污染控制技术、环境影响评价、环境监测、环境保护概论、化学分析、基础化学、大气污染控制技术等课程先后被评为学校课程思政示范课程；"水质化学需氧量的测定""生态系统与资源保护""分析化学的性质、任务和作用""基础化学""生态系统与资源保护""水质化学需氧量的测定""环境空气 $PM_{2.5}$ 的测定"等案例先后被评为学校课程思政典型案例；2021年，肖璐、刁新星、申露威三位老师申报的校级课程思政教学改革研究课题成功立项。

此外，学院在教师教学能力竞赛方面更是取得了新突破。经过三年的努力和沉淀，环境工程技术专业"湖泊水质检测"参赛团队喜获2022年江西省职业院校技能大赛教学能力比赛一等奖，也是本年度该比赛资源与环境大类方向的第一名。

"湖泊水质检测"参赛团队

四、课程思政建设展望

1. 优化课程思政实施效果的评价体系。课程思政实施效果评价的研究已成为当前的研究热点，但在评价的效度、评价工作的开展难易度、评价指标的设定等方面还存在着很大的探索空间。

2. 鼓励教师主持或参与课程思政系列专业教材的编写。通过编写教材，教师全面系统地梳理课程内容和思政元素，并注重两者的融通融合，提高课程思政教学能力。

3. 引导教师申报各类课程思政教学改革研究项目。对课程思政教改项目的研究，有助于教师理解课程思政的形式、本质、理念、结构、方法和思维，提升课程思政育人的理论水平和实践能力。

案例4

春风化雨，以文化人，培育家国情怀

——旅游与外语学院课程思政建设工作案例

吴学群　陈煜文

一、课程思政建设概述

旅游与外语学院坚持以习近平新时代中国特色社会主义思想为指导，

165

严格贯彻落实《高等学校课程思政建设指导纲要》的精神，坚持把立德树人作为根本任务，推动教师承担起课程思政的主体责任，深入挖掘课程的德育内涵，充分发挥专业课程的育人功能，将思想政治工作贯穿于教育教学全过程。春风化雨，以文化人，学院将借此培育学生的家国情怀，构建全员、全程、全方位育人格局。

二、课程思政建设举措

1.思想上高度重视，切实加强学习培训

旅游学院积极参加学校教务处组织的课程思政教育专题学习，要求学院所有教师加入超星"学习通"课程思政学研共享平台加强学习，并把此项工作纳入学院教师的考核项目。学院邀请叶超飞副校长、教务处范玲俐副处长等做专题讲座指导，提升教师课程思政建设能力。学院组织教研室主任、优秀教师罗敏开展"如何撰写规范教案"培训，进一步规范课程思政教案撰写。此外，学院每学期制定课程思政公开课计划表，分管校领导、学院班子成员带领并督导教研室教师听课，将课程思政落实到课堂，形成全方位思政教育合力。

叶超飞副校长做专题讲座

2. 方法上深挖思政元素，将课程思政有机融入课程建设

学院将课程思政作为课程设计和教学资源建设的重要内容，落实到每门课程的教材编写与选用、教学内容设计、教学环节安排、教学资源建设和交流研讨等各方面，贯穿于课堂授课、教学研讨、实验实训和考核等各环节；教师是课程思政建设的关键，学院要求教师将思想政治教育元素贯穿在课程实施全过程，坚持思想引领与知识传授有机结合，引导教师结合不同课程特点将思政素材巧妙融入课程建设全过程；各教研室成员集中讨论，深入挖掘课程思政元素等。通过以上举措，以文化人，课堂成为培育爱国情怀，传播正能量的主阵地。

3. 行动上狠抓落实，全专业推进课程思政建设

学院根据课程思政建设要求，修订了 7 个专业的人才培养方案、159 门课程标准，构建了"全专业推进、全课程融入、全过程贯穿"的课程思政教学体系，以文化人，培育家国情怀；对所有专业课程进行梳理，分类推进课程思政建设。同时，为深化思政教学，引企入教，产教协同育人，各专业教研室积极行动，课程思政建设亮点纷呈。

如旅游管理专业以红色故都瑞金作为教学现场，通过组织学生对景区进行深入调查，收集相关红色故事，师生共同策划与实施"中小学生红色研学活动"等方式，进行爱国主义和革命传统教育，淬炼旅游管理专业学生的红色信仰；以校企合作单位全国森林康养基地大余丫山为教学现场，进行生态旅游及康养开发前景教育，增强学生对"绿水青山就是金山银山"的理解与认识，鼓励学生服务国家乡村振兴、健康中国战略。

酒店管理与数字化运营专业作为省级现代学徒制试点专业，以实践教学改革为主导，引导学生开展技能训练，结合美育和劳动教育环节，开展第二课堂活动和志愿服务等，提升学生综合素质和职业精神。

高速铁路客运服务专业以获评 2020 年上饶市劳动模范的毕业生代表李房辉的故事作为课程思政典型任务案例，增强学生的职业责任感。

学生赴瑞金接受爱国主义教育

　　学前教育专业采用教师、学生小组、园长考核以及比赛、晚会、汇报表演实践考核的"3+1"考核模式，将引导、欣赏、讨论与实践融入课程思政元素。比如声乐课程以"用音乐传递家国情怀，用歌声讲好中国故事"为思政主线，达到春风化雨、润物无声的作用。

李房辉获评 2020 年上饶市劳动模范

三、课程思政建设成效

近年来，在旅游与外语学院的高度重视下，在学院教师的积极参与下，课程思政建设取得了较好成效，主要表现在以下几方面。

1. 课程思政示范课程成绩突出

在学校 2020 年课程思政示范课程（共 10 门）和典型案例（共 10 个）评选中，旅游学院入选 3 门示范课程和 2 个典型案例；在 2021 年课程思政示范课程（共 30 门）和典型案例（共 49 个）评选中，旅游学院入选 5 门示范课程和 9 个典型案例。

旅游学院"课程思政"示范课程获奖情况一览表

年度	序号	课程名称	课程类别	课程负责人
2020	1	高等数学	公共基础课	徐慧星
	2	声乐——红色经典歌曲欣赏与演唱	专业课	黄娟
	3	模拟导游	专业课	李雅霖
2021	1	全国导游基础知识	专业教育课	彭佳慧
	2	餐饮服务	实践课	许良慧
	3	茶文化与茶艺	实践课	刘燕
	4	乐理视唱	专业教育课	朱晨慧
	5	大学语文	公共基础课	罗媛

旅游学院"课程思政"典型案例获奖情况一览表

年度	序号	典型案例名称	课程名称	课程类别	负责人
2020	1	描绘壮丽山河，歌颂我的祖国	"声乐——红色歌曲欣赏与演唱"之歌曲《我的祖国》欣赏与演唱	专业课	黄娟
	2	以中国白酒为主的鸡尾酒	调酒与咖啡	专业课	罗敏

续表

年度	序号	典型案例名称	课程名称	课程类别	负责人
2021	1	山川明志 大地铸魂	全国导游基础	专业教育课	彭佳慧
	2	舌尖上的思政	全国导游基础	专业教育课	彭佳慧
	3	酒水服务	餐饮服务	实践课	许良慧
	4	节拍、节奏和节奏型	乐理视唱	专业教育课	朱晨慧
	5	五线谱记谱法	乐理视唱	专业教育课	朱晨慧
	6	像山那样思考	大学语文	公共基础课	罗媛
	7	狱中上母书	大学语文	公共基础课	罗媛
	8	茶文化与茶艺	茶文化与茶艺	实践课	刘燕
	9	白茶盖碗冲泡技法	茶文化与茶艺	实践课	刘燕

2. 专业内涵建设不断深化

旅游专业建有 6 门省级在线开放课程，教师主编并公开出版国家林业和草原局规划教材《森林旅游》，主编江西省"五好"讲解员培训教材《瑞金市全国红色旅游经典景区标准讲解词》《萍乡市安源路矿工人运动纪念馆标准讲解词》，主编《旅行社经营与管理》，参与编写《旅游管理学》《旅游客源地与目的地概况》等教材（任副主编）。"高职院校旅游类专业课程思政教学改革研究——以'江西地接导游'课程为例"立项为江西省高校教改课题，"地接导游实务"获批校级课程思政教改项目。

3. 专业实践教学改革特色鲜明

学前教育将党史学习、党团班级活动、比赛演出等融入专业课教学，不仅提升了学生的专业素养及实践能力，更是潜移默化地将思政教育入脑入心。为推动声乐课程思政教育走深走实，教学团队立足专业特色，通过开展"唱红色歌曲、舞百年风华、绘百年历程、行革命路线"等系列活动，将党史学习教育引入专业课堂、贯穿主题活动、融入实践平台，推动专业教育与专业建设深度融合，被媒体广泛宣传报道。学前教育专业在省、市级声乐比赛中荣获奖项20余项。

四、课程思政建设展望

1.坚定思政教学目标，加强学生素养教育

积极引导教师在课程中将社会主义核心价值观、中华优秀传统文化融入教学，在课程中培养学生的政治认同和文化认同，传承中华优秀传统文化的核心思想理念，培育文化自觉和文化自信，厚植爱国情怀，让课堂教学成为落实素质教育的良好平台。

2.拓宽校企合作，深化产教融合

结合不同专业特点与相关企业进行合作交流，结合行业特点及岗位需求等凝练思政元素，注重综合素质的培养。遴选专业课程教材中的知识点与案例，拓宽思政教学素材的收集范围，巧妙地运用思政元素春风化雨，巩固与夯实学生的专业技能。

3.拓宽课程思政应用范围，提升思政教育实效

构建多专业背景师资团队，充分发挥党员教师和思政课教师政治引领作用、专业课教师教学主导作用、行业专家实践协同作用，精心设计教学方案，充分挖掘思想道德教育要素，通过教师之间的"同向同行、协同育人"来保障课程教学的"同向同行、协同效应"，实现立德树人目标。

案例5

"铸魂育人、立德塑形"

——工业与设计学院课程思政建设工作案例

曾传柯　欧俊锋

一、课程思政建设概述

工业与设计学院在学校的统一部署下，积极推动课程思政教育教学改

革，倡导教师在课堂教学、实践教学、社会服务、创新教育等方面，广泛开展课程思政教学探索，引导学生自觉传承和弘扬中华优秀传统文化，全面提高学生的审美和人文素养。在此基础上，学院形成了以"铸魂育人、立德塑形"为课程思政建设主线，以培养学生的世界观、价值观与人生观为总体目标，将家国情怀、法治教育、职业精神素养等元素与专业知识紧密结合的思政教学策略，实现专业课程的价值引领。

在课程思政建设中，学院根据4个专业的教学大纲和60门专业课课程标准对课程进行了修订，将课程思政贯穿于课堂授课、教学研讨、实验实训、作业论文的各环节。同时，打造了一支"三叶草"实践团队，开展了60余次志愿实践活动，并依托赣州市室内装饰协会，实施"2+0.5+0.5"的分段培养，打造"三化合一"的育人环境，将校园文化、产业文化和企业文化三者有机结合，构建了浸润式的课程思政教学环境。

二、课程思政建设举措

1. 启动重点专业思政育人目标，确定课程思政目标，辐射其他专业课程思政建设方案

依托国家级专业教学资源库平台，学院确定建筑室内设计专业思政总目标，专业内各课程围绕专业思政目标确定课程思政子目标，促使育人目标实现同向同行，最终形成协同育人的局面。学院通过实施该专业思政建设，总结经验和做法，辐射引领其他专业课程思政建设，推进课程思政建设走深走实，全面提高人才培养质量。目前，学院对其他3个专业的专业思政标准和60门专业课课程标准也均进行了修订与完善，构建起了各专业课程思政体系。

2. 开展"教学能力提升年"活动，全面推进课程思政建设

学院开展"教学能力提升年"活动，全面推进课程思政建设，包括利用两年完成专业所有课程思政示范课，课程团队结合专业思政育人目标确立课程思政主题，梳理专业知识点，挖掘思政教学元素，完成基本文案材料，革新思政教学方法及设计思政教学案例等。

3. 组建"三叶草"实践团队,将课程思政与实践活动结合起来

学院组建了"三叶草"实践团队,将专业课程思政建设内容融入实践活动中。组织青年师生带领"三叶草"实践团队深入实践基地研学,同时依托赣州市室内装饰协会,实施"2+0.5+0.5"的分段培养,打造"三化合一"的育人环境,将校园文化、产业文化和企业文化三者有机结合,构建了浸润式的课程思政教学环境。

三、课程思政建设成效

通过以上措施,任课教师将专业知识与思政元素有机融合,能充分挖掘专业课程中蕴含的思政教育元素,并将课程思政教学的设计理念、实施路径、实施成效等方面有机地融合到专业课程教学中,实现了知识传授与价值引领相统一,教书与育人相统一。

经过 3 年的积极探索与实践,设计学院在课程思政建设方面取得了初步成效。建成国家级、省级专业教学资源库各 1 个,校级专业教学资源 1 个;精品在线开放课国家级 1 门、省级 4 门、校级 2 门,国家级一流课程 1 门、优质课程 5 门;校级课程思政示范课 4 门、典型案例 4 门;校级课程思政课题 2 项,国家规划教材 2 部,另有省教育厅推荐教育部参评"十四五"规划教材 3 部。学生的学习满意度与获得感不断提升。体现在课程上,主要为:

1. 模型设计课程

结合专业课程,学院组织青年师生到赣州市章贡区第九保育院开展"同塑共筑中国梦"主题活动,制作了八一南昌起义纪念塔,瑞金红井革命旧址群、红军烈士纪念馆、中华苏维埃共和国临时中央政府旧址群及于都中央红军长征出发纪念碑等一批江西红色建筑模型。通过这一活动,青年学生和小朋友们接受到红色教育的熏陶和洗礼,大家进一步坚定理想信念。该活动也受到了省林业局和江西教育网的高度认可。

2. 构成艺术课程

学院将省级文创技能大赛、"互联网 +"技能竞赛和艺术公益活动融入

走入章贡区第九保育院开展"同塑共筑中国梦"主题活动

教学，在艺术探索和创造中发现自然、生活、心灵的美；通过构成作品案例鉴赏，发现生活中的艺术形象，探寻挖掘更多的创作元素，了解作品的构成方法与原则，将以"文化自信"为主题的构成作品作为案例做方法解析，学生品味并加深了对中国文化的理解，树立文化自信。

3. 餐饮空间设计课程

餐饮空间设计课程为弘扬传统文化、传承伟大精神开展了多次校外实践活动，对赣南地区的传统建筑风貌和元素进行了充分的挖掘与提炼，将传统文化元素融入设计中，恢复、传承和发展老赣南的风貌。

4. 广告设计课程

为深入践行习近平生态文明思想，进一步唱响鄱阳湖国际生态品牌，宣传好第一届"国际观鸟周"，课程组深入开展鄱阳湖文创产品设计实践活动，同时，向候鸟迁徙地和栖息地的群众普及候鸟生态价值和候鸟保护知识，提高群众爱鸟护鸟的意识。

5. 标志设计课程

勤俭节约，与绿色发展理念高度契合，意味着节约集约利用资源，推动资源利用方式的根本转变，为生态文明建设注入正能量。标志设计课程认真贯彻落实习近平总书记关于制止餐饮浪费行为的重要指示精神，切实培养学生的节约习惯，引领文明消费新风尚，将"皖中有米"实际案例导入课堂，使师生们深刻感受厉行节约、杜绝"舌尖上的浪费"的重要性，促使广大师生形成绿色生活方式。

6. 服饰专题设计课程

授课教师通过主题确立、效果图展现、实物制作、综合展示等环节，将中国传统文化元素巧妙地转化为服饰语言，并结合赣南客家当地特色建筑进行拍摄展示，在弘扬中国传统文化的同时，有效地传达文化自信。

7. 社团社会实践

为践行习近平总书记关于"把红色资源利用好，把红色传统发扬好，把红色基因传承好"的重要指示精神，引导和帮助广大青年学生上好与实践相结合的"大思政课"，在社会课堂中受教育、长才干、做贡献。学院

"三叶草"社会实践队赴多地开展暑期"三下乡"社会实践活动

"三叶草"社会实践队赴多地开展暑期"三下乡"社会实践活动，深入基地一线开展了60余次实践活动，荣获国家级成果3项、省级成果8项等，社会实践活动成果丰硕。

四、课程思政建设展望

1. 进一步加强组织领导，落实落细学院及教研室、课程组课程思政建设的主体责任，充分结合专业特点，分类推进课程思政建设。

2. 进一步发挥课程思政中心的引领作用，加强课程思政的经验总结和理论提升，协同推进课程思政的内涵建设。

3. 进一步科学设计课程思政教学体系，将研究与实践结果融入人才培养方案、课程教学大纲及教学考核与评价体系。

在学习中不断总结凝练学习成果，在实践中检验学习成效，大力推广课程思政建设的经验和做法，学院已形成广泛开展课程思政的良好氛围。

◎课程教学类

案例1

林兴生态，良种先行
——林木种苗生产技术课程思政教学案例

授课教师：陈叶

所属学院（部）：林业学院

一、课程基本信息

课程简介：林木种苗生产技术是农林职业院校林业技术专业的核心课，该课程涵盖了良种选育、苗圃建立、种实生产、播种育苗、无性繁殖育苗、大田管理、苗木出圃等内容。通过课程学习，学生可以熟练掌握并应用林木种苗生产的基本知识和技能，提升综合素质和职业能力。在教学过程中，通过加强思政教育和价值观引导，学生能够在学习专业技能的同时，增强专业自信，强化责任担当，激发爱国主义情怀，提高"学林、爱林、护林、造林"的热情，甘愿为林业生产和生态文明建设做贡献。

授课对象：林业技术专业大一学生

教学章节：第一章

教学课时：2课时

二、课程思政设计

课程思政元素：爱国情怀、服务乡村振兴、责任意识、锲而不舍精神

融入知识点：林木良种的概念、良种的重要性、良种选育程序

融入方式：案例分析、启发讨论、探究式学习

三、思政育人目标

通过学习林木育种家锲而不舍、始终如一的奋斗精神，脚踏实地、潜心钻研的科研精神，激发学生的爱国热情，增强学生的责任意识，培养学生的大国"三农"情怀，引导学生以强农兴农为己任，增强学生服务乡村全面振兴的使命感和责任感。

四、教学实施过程

1. 播放视频，知识导入

课堂活动：播放大型纪录片《种子种子》中已选取的片段。在北京，首次亮相的国家作物种质库能满足未来50年、5000个物种、150万份种质资源的安全保存；在新疆，垦丰种业制种团队的"中国速度"可在10天内完成14000亩玉米制种地去雄任务；在湖南，袁隆平团队讲述超级稻高产攻关背后的秘密；在南京，85岁高龄的"大豆院士"盖钧镒教授依然在探索野生大豆的奥秘。教师引发学生思考良种是什么，继而引出良种的概念。

设计意图：①结合学生学情分析，通过播放视频，即时抓住学生的注意力；②通过视频中强调良种与国家粮食安全之间的密切关系的内容，引导学生关注国家粮食安全问题，融入课程思政；③通过视频内容引出良种的概念这一知识点，引导学生认识良种。

思政融入：种子的质量是粮食安全与否的关键。习近平总书记强调，要

坚持农业科技自立自强，从培育好种子做起，加强良种技术攻关，靠中国种子来保障中国粮食安全。应在课堂上强调，农业种质资源是国家战略性资源，种业事关全民粮食安全命脉。许多人对此可谓"日用而不知"，可借此将"粮安天下，种子为基"的观念深入学生心中，唤醒学生参与到中国粮食从"多多益善"到"天天向上"的奋进历程中，激发学生斗志，培养学生的大国"三农"情怀。今天，中国自主选育的品种种植面积已经占到95%以上，良种对我国粮食生产的贡献率超过45%，中国育种锐意争锋、奋力追赶的脚步永不停歇，以对良种概念及其发展现状的阐释，激发学生的民族自豪感。

2. 典型事件，知识探讨

课堂活动：教师讲述典型事件，让学生了解到杉木是我国南方特有的用材树种，其之于林业的重要性，相当于水稻之于农业的重要性。"世界杉木看中国，中国杉木看洋口。"60年的坚守，让福建洋口国有林场从名不见经传的小林场，成为全国唯一的国家杉木种质资源库，杉木育种领跑全国。建场伊始，洋口林场就秉持科技立场的理念，把"良种良法、适地适树"造林放在一切工作的首位。1973年，洋口林场就实现了杉木良种化造林。多年观测数据显示，使用第一代良种苗木造林，比一般杉木增产15%到20%，最优家系子代可增产60%至70%，良种效益明显。由此，引导学生探讨林木良种的重要性。

设计意图：(1)通过水稻之于农业的重要性顺利引出林业重要树种杉木；(2)通过教师讲述福建洋口国有林场对于杉木的研究进展，引导学生进行探讨，引出良种的重要性知识点；(3)通过学生探讨，培养学生自主学习能力，提升课堂氛围；(4)通过这个"六十年坚守，书写洋林精神"的事件，融入课程思政。

思政融入：为改变传统"有种就撒、有苗就栽"的粗放造林方式，洋口林场杉木育种科研团队科研人员自己爬树采种、采穗条，自己套袋、授粉，自己测树高、量胸径、钻木心，日复一日，进行嫁接培育、杂交制种、观察记录、子代测定等工作。他们白手起家，几代人扎根林场，薪火传承，坚守杉木育种科研与推广应用，培育出持续领先世界的杉木良种，逐步形成了"久久为功守初心，一棵杉木做到底"的"洋林精神"。我们应学习林木育种家锲而不舍、始终如一的奋斗精神，脚踏实地、潜心钻研的科研精神。

3. 人物故事，知识提炼

课堂活动：教师讲述油茶博士陈永忠的故事，结合陈永忠的个人经历讲述油茶良种选育的程序，学生绘制良种选育程序思维导图。

设计意图：（1）通过油茶博士的故事引出林业重要树种油茶，加深学生的专业认识；（2）通过教师讲述油茶专家育种故事，提高学生的学习兴趣，提升学习效果；（3）通过学生绘制良种选育程序思维导图，提高学生的总结归纳能力；（4）通过"陈永忠：油茶博士的助农情"的故事，融入课程思政。

思政融入：培育出高产优质的油茶新品种，不是一朝一夕的事。"水稻一般每年可以种两季，但油茶一年只有一次。从种子到开花结果再到盛产果期，还有嫁接、实验设计等，育一个品种起码十多年。"陈永忠说。为了实现这一梦想，陈永忠数十年如一日，默默坚守。有志者，事竟成。经过不断地实验，进行上千种的组合与淘汰，陈永忠团队最终培育出"湘林"系列优良品种，相较传统品种，增产 10 倍以上，亩产值近万元，"露水茶"变成了林农们的"摇钱树"。"把论文写在大地上"是陈永忠一直以来的坚持，几十年如一日，扎根油茶生产一线，无偿为农户、企业提供技术指导，既不拿工资，也不持股份，还时常自己搭路费。陈永忠用科技染绿荒山，把富裕带给乡亲，创建了一套完整的油茶"良种＋良法"模式，深受南方山区人民群众的爱戴。通过人物故事的推进，不断引导学生以强农兴农为己任，增强学生服务乡村全面振兴的使命感和责任感。

4. 寻根溯源，知识总结

课堂活动：学生小组查阅、了解、讨论林木良种繁育现状及发展趋势并汇报。教师总结归纳。

设计意图：（1）学生通过小组讨论，寻根溯源，并汇报，一方面可以提高学生的沟通表达能力，另一方面能够加深学生对专业的认识；（2）教师通过梳理总归纳，进行知识总结，帮助学生掌握相关知识。

五、教学成效与反思

1. 教学成效：在本教学单元课程思政的效果评价方面，不直接对思政教育内容进行结果性考核，而是在教学过程中以课前准备、课中参与、课后活动的形式进行过程性评价。课前准备注重齐全度、完整度、精准度检查，关键是通过提问检查学生参与的程度，课中参与阶段要特别注重对学生参与过程的态度与情感等内在指标的评价，课后活动阶段要特别留心学生的积极性。此外，通过对班风和学风的考察，也可以在一定程度上了解学生的思想、品德和行为是否出现了积极的变化。本课具有难理解的特点，通过思政的有机融入，可激发学生的学习热情。正如学生所说，这次课令其深入认识了林业，了解了林业人的使命，深感道阻且长，行则将至。

2. 教学反思：本节课主要内容为讲述林木良种的概念及其重要性。课程内容重点明确，知识点容易理解，且蕴含十分丰富的课程思政元素，有些知识点本身就是课程思政点。总结起来，该节课运用的思政元素包括以下几个方面：大国"三农"和"知农强农"的家国情怀；中华民族自豪感和林业自信的素材；林木育种家锲而不舍、始终如一的奋斗精神，脚踏实地、潜心钻研的科研精神。在总体上，该课设计充分挖掘了教学内容中的思政元素，思政内容贴合知识点，教学过程中将思政元素与知识点有机融合，做到"不离专业讲思政，渗透思政讲专业"，达到对学生进行价值塑造、思想浸润的思政效果。

六、特色与创新

1. 依据课程特点因章制宜，最大限度地彰显思政教育特点；

2. 通过播放视频、讲述林业典型事件及林业育种人物故事等教学活动设计，有效带动课堂氛围，做到浓缩思政元素，润"思"于无声；

3. 有效结合行业特点，充分利用行业特色，挖掘思政素材，将思政元素与隐性知识点有机融合。

案例2

"新时代北斗精神"

——测量基础课程思政教学案例

授课教师：周冬梅

所属学院（部）：林业学院

一、课程基本信息

课程简介：测量基础是高职工程测量技术专业的专业基础课，是专业学习的启蒙课，主要学习测量基本理论、基本知识、基本方法和基本技能。内容包括测量学基本知识、水准测量、角度测量、距离测量、方向测量、测量误差基本知识、小区域控制测量、大比例尺地形图测绘及地形图的应用。

授课对象：工程测量技术专业大一年级学生

教学章节：项目七小地区控制测量任务5 GNSS概述

教学课时：1课时

二、课程思政设计

课程思政元素：热爱祖国、新时代北斗精神

融入知识点：北斗卫星导航系统

融入方式：课前在学习通平台推送北斗卫星导航系统官方宣传片《北斗》，并发布讨论主题"北斗知识，你懂多少？"

课中采用导入式教学，观看新闻时事报道《习近平出席建成暨开通仪式并宣布北斗三号全球卫星导航系统正式开通》，吸引学生的注意力；采用参与式教学，引发学生交流思考。

课后在学习通平台发布主题讨论"关于新时代北斗精神，你是如何理解的？"，提升思政育人效果。

三、思政育人目标

点燃学生的爱国热情，增强学生对中国科技、中国道路的信心。

四、教学实施过程

（一）教学引入

结合 GNSS 概述知识点，以中国北斗系统为切入口，通过观看新闻时事报道的方式开启对知识点的学习。

（二）教学展开

1. 复习＋新课引入（5 分钟）

教学方法：导入式教学。

设计意图：利用新闻时事报道吸引学生的注意力，帮助学生进入课堂学习状态。

教学内容：

（1）复习上节课的重点内容。

（2）引出本节课的学习内容。观看新闻时事报道《习近平出席建成暨开通仪式并宣布北斗三号全球卫星导航系统正式开通》。

北斗三号全球卫星导航系统建成暨开通仪式于 2020 年 7 月 31 日上午在北京举行。中共中央总书记、国家主席、中央军委主席习近平出席仪式，宣布北斗三号全球卫星导航系统正式开通并参观北斗系统建设发展成果展览展示。

2. 三家全球卫星导航系统（8 分钟）

教学方法：讲授法、播放 PPT 内容

设计意图：了解 GPS、GLONASS、GALILEO 3 种全球卫星定位系统，为接下来对中国北斗系统的讲解做铺垫。

教学内容：GNSS 是 Global Navigation Satellite System 的缩写，译为全球导航卫星系统，包括美国的 GPS、俄罗斯的 GLONASS、欧洲的 GALILEO、中国的北斗卫星导航系统等。展开介绍 GPS 系统。

3. 中国北斗系统（15 分钟）

教学方法：问题导入法。提出问题：刚才我们介绍了 GPS 的组成部分，那么北斗系统的组成部分又包括哪些呢？

设计意图：通过提出问题，引发学生思考，激发其学习兴趣和求知欲望。

教学内容：

（1）中国北斗卫星导航系统（BeiDou Navigation Satellite System ）简称 BDS，是中国着眼于国家安全和经济社会发展需要而自主建设运行的全球卫星导航系统，是为全球用户提供全天候、全天时、高精度的定位、导航和授时服务的国家重要时空基础设施。

（2）北斗卫星导航系统由空间卫星部分、地面监测部分和用户接收设备三部分组成。空间卫星部分截至 2020 年 7 月为止一共有 55 颗卫星。地面监测部分包括主控站、时间同步 / 注入站和监测站等若干地面站，以及星间链路运行管理设施。用户接收设备包括北斗兼容其他卫星导航系统的芯片、模块、天线等基础产品，以及终端产品、应用系统与应用服务等。

（3）中国北斗系统的特点。

①北斗系统空间段采用的是三种轨道卫星组成的混合星座，与其他卫星导航系统相比，高轨卫星更多，抗遮挡能力强，尤其低纬度地区的性能优势更为明显。

②北斗系统提供多个频点的导航信号，能够通过多频信号组合使用等方式提高服务精度。

③北斗系统创新融合了导航与通信能力，具备定位导航授时、星基增

强、地基增强、精密单点定位、短报文通信和国际搜救等多种服务能力。

4. 北斗系统建设的重要阶段（5分钟）

教学方法：播放微视频+PPT内容讲解。

设计意图：利用视频的画面、声音及音乐效果，冲击学生心灵，使其感悟北斗系统建设成长之路，为北斗发展历程的介绍起到热身的作用。

教学内容：北斗系统的建设分"三步走"：2000年年底，建成北斗一号系统，向中国提供服务；2012年年底，建成北斗二号系统，向亚太地区提供服务；2020年，建成北斗三号系统，向全球提供服务。

5. 交流讨论"北斗"精神（5分钟）

教学方法：参与式教学，分组讨论。

设计意图：将视频及北斗系统的建设知识点介绍完后，以学生为主体，采用参与式教学，让学生参与开放式主题讨论。教师引导、肯定、鼓励大家发言，增加学生愿于表达、敢于表达的自信心。

教学内容：4人组成1小组，共同讨论在中国北斗系统建设过程中"北斗人"身上的精神有哪些？讨论3—4分钟后请2—3名学生代表回答。

6. 新时代北斗精神内涵（5分钟）

教学方法：案例教学法。

设计意图：融入新时代北斗精神，点燃学生的爱国热情，增强学生对中国科技、中国道路的信心。

教学内容："自主创新、开放融合、万众一心、追求卓越"的新时代北斗精神；以国为重是北斗精神的核心价值观。

（1）自主创新。中国始终坚持自主建设、发展和运行北斗系统。研制团队首创星间链路网络协议、自主定轨、时间同步等系统方案，填补了国内空白。北斗导航卫星单机和关键元器件国产化率达到100%。

（2）开放融合。北斗系统鼓励开展全方位、多层次、高水平的国际合作与交流，提倡与其他卫星导航系统开展兼容与互操作。

（3）万众一心。北斗三号全球卫星导航系统的建成开通，充分体现了我国社会主义制度集中力量办大事的政治优势。2014年6月，习近平总书记在两院院士大会上说："我国社会主义制度能够集中力量办大事是我们成就事业的重要法宝。我国很多重大科技成果都是依靠这个法宝搞出来的，千万不能丢了！"

（4）追求卓越。中国的北斗、世界的北斗、一流的北斗，这是北斗系统的发展理念。北斗三号卫星采取了多项可靠性措施，使卫星的设计寿命达到12年，达到国际导航卫星的先进水平。

7.课堂小结（2分钟）

教学方法：讲授法总结提炼。

设计意图：巩固知识点，帮助"盐"的吸收。

教学内容：对知识点的回顾。

（三）教学总结

1.精心设计教学内容，采用导入式教学、参与式教学和案例法教学，在传授知识的同时找准切入点，顺其自然地融入思政教育内容。对思政教育时间的把控适中，既能够达到育人的效果，又不会令学生感到思政内容太多或生硬。

2.把课堂教学从时空上拓展到课前、课中、课后，有助于知识点的巩固和思政内容的吸收。

五、教学成效与反思

1.帮助学生理解新时代北斗精神的内涵及其以国为重的核心价值观；

2.培养学生热爱祖国、科技报国的家国情怀；

3.如何有效地评价思政育人效果，还需进一步认真思考与探索。

六、特色与创新

采用导入式教学，以新闻时事报道开启课程的学习内容，吸引学生的注意力，采用参与式教学，以学生为主体参与开放性主题讨论。北斗系统是中国自主研制的全球卫星导航系统，在北斗的组成、北斗的建设过程、北斗的特点等专业知识的讲解过程中，介绍的是专业知识点，但也是思政教育的融入，因为北斗系统是中国的北斗系统，也是一流的全球卫星导航系统，能很好地体现出"北斗人"热爱祖国、科技报国的家国情怀和新时代的北斗精神，能点燃学生的爱国热情，增强学生对中国科技、中国道路的信心，从而起到较好的思政育人效果。

案例3

生态系统与资源保护

——环境保护概论课程思政教学案例

授课教师：胡靓

所属学院（部）：环保学院

一、课程基本信息

课程简介：环境保护概论是环境类专业的一门专业基础课。课程主要包括生态系统介绍，自然资源概述，大气、水、土壤等环境要素的污染与保护，固体废弃物利用，物理污染防护，绿色能源开发利用等内容。通过该门课的学习，环境类专业的学生可对环境问题的产生原因、解决方法，以及资源开发利用、可持续发展，相关法律法规有所认知和了解，为后续专业核心课程的学习打下基础。

授课对象：环保学院大一全部专业

教学章节：第二章

教学课时：2课时

二、课程思政设计

课程思政元素：习近平生态文明思想、总体国家安全观、依法治国理念。

融入知识点：

1.通过讨论，发表对新冠疫情的认知和感想，提出人与自然和谐共生的环保意识。

2.通过分析引起生态平衡失调的人为因素，进而引出生态文明建设的意义。

3.通过生物安全案例，引出总体国家完全观。

4.通过《野生动物保护法》及《中华人民共和国生物安全法》，强调树立全面践行依法治国理念，做到知法于心，守法于行。

融入方式：交流讨论、案例分析。

三、思政育人目标

1.能够树立环境保护意识；

2.能够理解生态文明建设的内涵及意义；

3.能够了解总体国家安全观。

四、教学实施过程

（一）教学引入

通过播放新冠疫情相关视频引出学生对疫情的感触与交流，从而引出：

1.经此一疫，人们更加清醒地认识到追求人与自然和谐共生的环境保护意识的重要性。（融入思政内容。）

2.人与自然的交流无时无处不在。即使是在科技如此发达的当今社会，我们对重大传染病和生物安全风险依然不可掉以轻心。（融入思政内容。）

3.面对人类生存的严峻挑战，无论人们身处何国、信仰如何、是否愿意，实际上都已经处在一个命运共同体中，因为我们都处在一个以人类为中心的生态系统中。引出本课程内容是生态系统、生态平衡及生态安全。

（二）教学展开

1.生态系统及其功能：

了解生态系统的概念、生态系统的组成和结构、生态系统的能量流动及物质循环。

通过生态系统概念引出"生物圈"概念：如果我们把地球上所有生存

的生物和周围环境条件看作一个整体，那么这个整体就称为"生物圈"。"生物圈"是地球上最大的生态系统，系统各成员间有机地组织在一起，具有同一的整体功能。

引出思政点：习近平总书记关于人与自然和谐共生的重要论述强调，自然是生命之母，人与自然是生命共同体，人类必须敬畏自然、尊重自然、顺应自然、保护自然。保护自然就是保护人类，建设生态文明就是造福人类，这一生态观逐步成为国际共识。生态环境没有替代品，用之不觉，失之难存。保护生态环境，功在当代，利在千秋。

2. 生态平衡

了解生态平衡的概念及基本特征、生态平衡失调的标志及因素、维持生态平衡的途径。

通过分析生态平衡失调的因素引入人为因素，以我国某地区生态失衡为案例，说明我国早期因不合理开发利用自然资源带来了森林草原退化、土壤沙化等问题。

引出思政点：我国提出了生态文明建设，这是中国特色社会主义事业的重要内容，关系中华民族永续发展。2015 年 3 月 6 日，习近平总书记在参加江西代表团审议时强调，环境就是民生，青山就是美丽，蓝天也是幸福。要像保护眼睛一样保护生态环境，像对待生命一样对待生态环境。对破坏生态环境的行为，不能手软，不能下不为例。

3. 生物入侵和生物安全

了解生物入侵及生物安全内容。通过分析生物安全的危害，树立学生总体国家安全观。

引出思政点：《中华人民共和国生物安全法》于 2020 年 10 月 17 日第十三届全国人民代表大会常务委员会第二十二次会议通过。该法强调其出台是为了维护国家安全，防范和应对生物安全风险，保障人民生命健康，保护生物资源和生态环境，促进生物技术健康发展，推动构建人类命运共同体，实现人与自然和谐共生，进而强调要树立全面践行依法治国理念，做到知法于心、守纪于行。

4.课后活动：通过观看全面禁食野生动物的视频，对《野生动物保护法》的修订进行讨论，组织学生做"禁止食用野生动物"的相关问卷及宣传等课后活动。

（三）教学总结

1.学生在能够在了解本章课程内容的同时，明确生态文明的思想含义，树立环境保护意识。

2.学生掌握生态系统中的能量流动，能够分析食物链（网）中的能量流动，能够分析生态工业与生态农业的运行模式，能够理解生态文明建设的内涵及意义。

3.学生了解自然资源保护内容及方式，明确生物入侵的危害及生物安全的重要性，理解总体国家安全观，通过对《野生动物保护法》及《中华人民共和国生物安全法》的讲解，引导学生树立全面践行依法治国理念，做到知法于心、守法于行。

五、教学成效与反思

1.随着我国对生态环境越来越重视，相关法律法规也在不断完善，所以我们要不断完善生态教育教学资源，不断更新教学案例，使内容与时俱进，贴合实际。

2.要加强发挥学生的主体作用，以行动教育为导向，多用教学讨论、案例分析、课外活动等教育手段，增加学生的学习积极性。

六、特色与创新

1.本课程坚持素质教育，注重德育优先，旗帜鲜明地加强思想政治教育、品德教育，加强社会主义核心价值观教育，引导学生自尊、自信、自立、自强。

2.本课程坚持评价模式多维化，通过即时、延时和情感等评价模式，激发学生的学习兴趣和提高课堂活跃度。

3.本课程坚持以学生为主体，因材施教，而不是简单照本宣科，教师通过结合学生实际，运用自己的智慧，灵活地对教材进行重组、整合，设计出切合实际的教学程序与内容。

4.本课程坚持从实际出发，结合当下时事热点、最新法律法规，不断完善教学资源，更新教学案例，使内容更与时俱进，贴合实际。

案例4

环境空气 $PM_{2.5}$ 的测定

——环境监测课程思政教学案例

授课教师：肖璐

所属学院（部）：生态建设与环境保护学院

一、课程基本信息

课程简介：环境监测课程是面向环保类专业开设的一门专业核心课程，为理、实一体化课程，主要采用理论教学和实训练习的形式授课。课程拟在教学过程中实现思政教学目标，以实现全过程全方位育人，不断提高人才培养质量。

授课对象：大学二年级学生

教学章节：模块二水质监测

教学课时：4课时

二、课程思政设计

课程思政元素：爱国情怀、环境保护意识。

融入知识点：

1.$PM_{2.5}$ 的定义及危害

学生课前查找近五年来我国环境空气质量变化情况、$PM_{2.5}$ 变化趋势，课上师生共同讨论空气质量变化原因，立足课程本身，培养学生的爱国主义精神及环境保护意识，厚植学生的专业使命感。

2.$PM_{2.5}$ 的测定

实验操作采用学生先做—教师指导—教师示范操作—学生再练习—教

师再指导的模式进行教学。在实操环节中，规范学生操作，强化学生正确处理实验室废弃物的职业素养。

3. 实验数据处理

在数据处理环节，培养学生及时填写实验室记录表的习惯，强化学生实事求是、诚实守信的工作态度。

融入方式：

1. 教法：师生讨论、示范教学；学法：比较学习、自主学习、实操练习。

2. 教学手段：

课前让学生先自主查阅我国近年来环境空气质量情况，让学生在查找的过程中感受我国的环境空气质量变化情况，激发学生的环境保护意识。课上采用学生讲解、教师引导、师生讨论的形式，让学生主动参与到课程思政的环节中来，让学生从"接受者"变为"设计者"。

三、思政育人目标

1. 职业理想——帮助学生树立爱国情怀、环境保护意识；

2. 职业品德——强化学生诚实守信、科研严谨的工作态度。

四、教学实施过程

（一）教学引入

近年来，在党中央、国务院坚强有力的领导下，各地区各部门深入贯彻《打赢蓝天保卫战三年行动计划》，完善政策措施，狠抓责任落实，全面完成各项治理任务，超额实现"十三五"提出的总体目标和量化指标，确保蓝天保卫战圆满收官。

（二）教学展开

1. $PM_{2.5}$ 的测定

由于课前教师通过超星"学习通"平台发布课前预习任务：完成仿真 $PM_{2.5}$ 的测定任务，学生已经完成课前预习任务。因此，课堂实验操作采用学生先做—教师指导—教师示范操作—学生再练习—教师再指导的模式进行。在本环节中，教师通过示范操作、指导学生规范操作，在教学中培养学生正确处理实验室废弃物的职业素养。

2. 实验数据的处理

讲解实验记录表的填写要点及 $PM_{2.5}$ 测定结果的数据计算、处理评价，指导学生进行记录表的填写，发现并纠正学生数据处理、结果评价中的问题，培养学生及时填写实验室记录表的习惯，强化学生实事求是、诚实守信的学习态度。

（三）教学总结

1. 通过讨论我国历年环境空气质量变化情况，培养学生爱国主义精神，提升学生环节保护意识，激发学生的专业使命感。

2. 在实验操作环节，强化学生的规范操作，提升学生监测技能水平，全程强化学生正确处理实验室废弃物的职业素养。

3. 在数据处理环节，培养学生及时填写实验室记录表的习惯，强化学生实事求是、诚实守信的工作态度。

五、教学成效与反思

（一）通过开展课程思政取得下列成效

1. 通过讨论我国历年环境空气质量变化情况，培养了学生爱国主义精神，提升了学生环节保护意识，激发了学生的专业使命感。

2. 在实验操作环节，强化了学生的规范操作，提升了监测专业技能水平，全程强化学生正确处理实验室废弃物的职业素养。

3. 在数据处理环节，培养了学生及时填写实验室记录表的习惯，强化学生实事求是、诚实守信的工作态度。

（二）学生相关学习成果

1. 学生原始记录表；

2. 学生实验报告。

（三）教学反思

目前，环境监测课程的思政教育内容较为固定，教学方式较为单一，在后续的教学中，要依据《高等学校课程思政建设指导纲要》的指导思想，深挖课程的思政元素，并不断完善、丰富思政案例的内容和教学形式，建立思政典型案例线上资源库，在提升学生专业技能的同时，培养出符合中国特色社会主义需求的高素质、综合型技能人才。

六、特色与创新

本次思政教学结合环境监测课程的特点，选用我国历年来环境空气质量变化情况，与学生一起探讨空气质量逐年向好背后的原因。在教学过程中渗透了社会主义核心价值观的重要——爱国主义精神、环境保护意识，帮助学生树立专业使命感。由于课前教师通过超星"学习通"平台发布课前预习任务——完成 $PM_{2.5}$ 的测定任务，学生已经完成课前预习任务。因此，课堂实验操作采用学生先做—教师指导—教师示范操作—学生再练习—教师再指导的模式进行教学。实验操作环节，强化了学生的规范操作，提升学生监测专业技能水平，全程强化学生正确处理实验室废弃物的职业素养；数据处理环节，培养了学生及时填写实验室记录表的习惯，强化学生实事求是、诚实守信的学习态度。

案例5

化学分析与衣食住行
——化学分析课程思政教学案例

授课教师：杨丹红

所属学院（部）：环保学院

一、课程基本信息

课程简介：本课程是三年制高职高专环境监测与评价专业的一门实践性非常强的专业基础课程，对理论知识的掌握以够用为度，重在通过化学分析的学习，培养学生实践操作技能以及对实际问题分析与解决的能力，进而挖掘、培养学生创新潜质。

本课程将整个教学内容项目化，每个项目学习任务通过若干个子项目共同完成，将必须掌握的理论知识串入具体的子项中，学生能够在做中学、学中做，达到理论指导实践、实践验证理论的效果，为后续环境监测、水污染控制技术等专业课程的学习打下基础。

授课对象：大一学生

教学章节：项目一　化学分析概述

教学课时：2 课时

二、课程思政设计

课程思政元素：爱国情怀、科学态度、社会责任感、标准意识。

融入知识点：化学分析的作用、特点及方法，化学分析的过程。

融入方式：播放 PPT、新闻图片展示、启发式、讨论法。

三、思政育人目标

1. 激发学生的爱国情怀、社会责任感和奉献精神；

2. 培养严谨的科学态度和一丝不苟的工作作风；

3. 树立标准意识。

四、教学实施过程

（一）教学引入

以当前社会热点问题"新冠病毒的检测"为切入点，拓展到衣食住行密切相关的各个领域，如农药残留检测、水质和空气质量监测、住房甲醛检测、化妆品重金属含量检测以及酒驾酒精测试等化学信息的获取。设计互动问题，引入分析化学的概念，为后面的案例融入做铺垫。

（二）教学展开

1. 案例一：分析化学在新冠肺炎检测中的应用。新冠病毒的结构和组成，以及作为新冠病毒重要检测方法之一的核酸检测，都需要大量利用分析化学的理论和技术。如新冠病毒属 β 冠状病毒，其蛋白成分包括结构蛋白和非结构蛋白，就是利用了分析化学中的结构分析；核酸的纯化就是利用了分析化学的分离技术；荧光检测更是分析化学中一种重要的仪器分析方法。我国的技术专家发展的新冠肺炎分析检测技术，在我国的疫情防控中功不可没。（激发学生学习兴趣和科技报国的社会责任感。）

引入分析化学的概念：分析化学是研究获取物质化学组成和结构信息的分析方法及相关理论的科学，是化学学科的一个重要分支。分析化学的主要任务是鉴定物质的化学组成（元素、离子、官能团、化合物）、测定物质的有关组分的含量、确定物质的结构（化学结构、晶体结构、空间分布）和存在形态（价态、配位态、结晶态）及与其物质性质之间的关系等。

拓展：分析化学其实渗透到了我们衣食住行的方方面面。分析化学在环境、新材料、资源和能源、医学、生命科学、空间科学等的研究及工农业生产、国防建设中都起着重要的作用。分析化学作为一门独立的学科，是目前化学学科中最活跃的领域之一，其发展水平亦成为衡量国家科学技术水平的重要标志之一，对于发展国民经济、改善生态环境、促进社会进步有着重要意义。依此阐明学习分析化学课程的意义和重要性。

2.案例二：氩气发现史。19世纪末，英国物理学家雷利在测量空气中各种气体的密度时，用燃烧法除去氧气并测量剩余气体的密度后，发现每升质量为1.2572克，认为这就是氮气的密度。利用其他方法提取纯氮气，结果发现每升质量为1.2508克，两次的结果相差为0.0064克，他没有放过这一点点的差错，通过光谱分析，发现了氩气。人们将氩气的发现称为"第三位小数的胜利"。

通过上述案例，学生明白了化学分析不仅要准确地进行各种检测和记录实验数据，还要具有严谨的科学态度和一丝不苟的工作作风，只有这样才能完成任务，才可能有新发现。

分析化学是一门以实验为基础的科学，在学习过程中一定要理论联系实际，提高分析问题和解决问题的能力。在介绍分析与化学密切相关的实验时，通过强调实验安全、实验成本和实验设计的重要性，提升学生的安全意识、节约意识和环保意识。

3. 案例三：港珠澳大桥。在介绍准确度和精密度的时候，引出港珠澳大桥工程项目，培养学生精益求精的工匠精神和民族自豪感。

港珠澳大桥横跨伶仃洋，连接港珠澳三地，整个工程项目非常庞大。主体工程由桥、岛、隧三部分组成，其中岛、隧项目是工程的关键，也是难度最大的部分。海底隧道长约 6.7 千米，是我国建设的第一条外海沉管隧道，也是世界上最长的公路沉管隧道，更是世界上唯一的深埋沉管隧道。港珠澳大桥的沉管隧道对安放和对接的精准度要求极高，沉降控制范围在 10 厘米之内，高低差需控制在 15 毫米以内。

（三）教学总结

通过新闻图片观看、提出问题，引导学生积极思考，进而引入分析化学的特点和作用，激发学生努力学好专业知识的兴趣和爱国热情，提高社会责任感。通过对分析化学实验的讲解，引导学生树立节约意识和环保意识；通过对分析化学过程和结果表达的学习，引导学生建立准确的"量"的概念，培养严谨的科学态度和一丝不苟的学习、工作作风，教育学生树立标准意识。

五、教学成效与反思

运用 PPT 课件、短视频等多媒体信息化教学手段，通过课程思政教学改革，将思政元素渗透和贯穿在课堂教学中，以分享科学家的故事、数据等形式将思政内容与课程内容巧妙结合，并在教学过程中引导学生展开相关讨论，这样，课程内容更丰富、更生动，课堂气氛更活跃，学生的学习积极性大大提升。这有利于学生理解原本枯燥的仪器、化学结构和数据，帮助学生更好地理解分析化学的专业知识。将疫情相关内容有机融入教学过程，更是分析化学课程的独特优势。

课程中的德融教学，能够激发学生主动学习的良好学习习惯，训练学生的思辨能力，引导学生更加深入地思考，提高自身的社会责任感。

六、特色与创新

1. 在教学过程中，让学生在老师的引导下主动思考问题的答案，增强学生课堂参与度。

2. 根据知识点的特点及相关性，适时组织学生开展课堂讨论，讨论后教师进行总结，在过程中融入相关思政内容，效果较好，学生的接受度高。

案例6

园林之美源于生活

——园林制图课程思政教学案例

授课教师：王晓畅

所属学院（部）：园林与建筑学院

一、课程基本信息

课程简介：园林制图是园林技术专业专科层次统设必修的专业基础课。它阐述了园林工程图样的图示原理、阅读和绘制图样的方法以及相关的标准。本课程以工作过程为导向，采用任务教学法，主要培养学生的图示能力、读图能力、空间想象和思维能力，以及手工绘图的实际技能（如徒手画园林要素，使用工具画园林建筑形体的正投影图、立面图、剖面图、轴测图和透视图等），为园林工程和园林规划设计等专业课的学习打下坚实的基础。

授课对象：园林技术专业（高职三年制）大一学生

教学章节：项目一 绘制图线——园林制图基础知识

教学课时：2课时

二、课程思政设计

课程思政元素：园林之美、爱国情怀、"四勤""四多"，勤俭节约。

融入知识点：为什么要学习园林制图课程，我国工程图学发展历史，学习本课程的方法，制图工具的使用。

融入方式：讲授、举例、实物示范教学、图片展示。

三、思政育人目标

1. 意识到园林之美，继而懂得生活之美；

2. 培养爱国情怀；

3. 学好本课程及本专业，要做到"四勤"——脚勤、眼勤、脑勤、手勤；

4. 懂得爱惜制图工具，生活中要勤俭节约，不浪费。

四、教学实施过程

（一）教学引入

为什么要学习园林制图课程？（园林之美，生活之美。）

园林美是自然美、生活美、建筑美、绘画美、文学美的综合。现实风景中的自然美，通过提炼成为艺术美，最后上升为诗情和画意。园林建筑就是要把艺术中的美，把诗情画意搬回到现实中来。纵观古今优秀园林，无不得益于巧夺天工的人工山水，争妍斗奇的名花芳草秀木，玲珑多姿的园林建筑与路桥。可见，园林离不开园林建筑及工程。然而，有谁能用文字语言来精确描述一个工程物体的形状呢？没有，它需要一种特殊的语言——"工程图"。

以北京颐和园和苏州留园为例，结合图片展示，引导学生感悟园林之美与生活之美。

（二）教学展开

1. 讲述我国工程图学发展简介（爱国情怀——厉害了，我的国！）。

劳动创造了人类文明，在人类文明的发展史中，也凝聚着我国劳动人民的智慧。作为世界上工程技术发展最早的文明古国之一，我国的工程图学发展也有着悠久的历史。早在春秋时期的《周礼考工记》中，就有了对规、矩、水、绳、墨等制图工具的记载；迄今我国发现的最古老的一幅建筑施工图，是战国时期的一块"兆域图"铜版，它于1977年在河北平山的中山王墓中被发掘出土，其上用不同粗细的金属线画出了标有尺寸和文字说明的陵墓平面图，还使用了1：500的比例及正投影法和阶梯剖。由宋代的李诫所著的建筑工程巨著《营造法式》，在附图中绘制了大量的平面图、立面图、剖视图以及透视图和轴测图，仅附图就占了全书的六分之一。还有在明朝宋应星所著的《天工开物》一书中，也绘有大量的立体轴测图来表达各种器械的立体形状和结构。《营造法式》和《天工开物》这两部书至今还完好地保存在国家历史博物馆中。这些充分展现了我国古代高水平的制图技术。

对"兆域图"、《营造法式》和《天工开物》实物图片进行展示。

2.学习本课程的方法：

做到"四勤"——脚勤、眼勤、脑勤、手勤，"四多"——多走、多看、多想、多画。

介绍典型代表人物：美籍华人建筑师——贝聿铭。

3.介绍国家制图标准（图纸幅面及格式、比例及字体）。

4.介绍制图工具的使用方法（爱惜工具，勤俭节约不浪费）。

主要制图工具为：图板、丁字尺、三角板、比例尺、曲线板、圆规、铅笔、图纸及其他。

将任课教师在东林上学时用的制图工具及所画的图纸展示给学生，向学生讲述教师对上述工具的感情，让学生真正懂得制图工具只要保管好、爱惜好，是可以陪伴其很多年甚至是一生的。只有树立这样的信念才能画好图，并潜移默化地养成勤俭节约、不浪费的生活习惯。

（三）教学总结

绪论（我国工程图学发展简介，为什么要学习园林制图课程，园林工程图及其作用）、国家制图标准、制图工具的使用。

五、教学成效与反思

1.通过提问"为什么要学习园林制图课程"，学生积极思考，从而意识

199

到园林之美，继而懂得生活之美；

2.通过讲授我国工程图学发展简介，培养学生的爱国情怀；

3.通过介绍本课程的学习目标、要求和特点，学生深刻感受到了想学好本课程及本专业，必须要做到"四勤""四多"；

4.通过实物示范，教学讲解各种制图工具的使用方法，学生真正懂得了爱惜制图工具才能画好图，在潜移默化中养成勤俭节约不浪费的生活习惯。

六、特色与创新

1.通过"学习通"（学银在线）平台与学生充分互动，调动学生的学习积极性；

2.结合经典园林作品、名人举例、图片展示等相关讲授，使课堂更有趣；

3.制图工具实物示范使教学讲解更直观。

案例7

老年人居住需求分析
——室内装饰设计课程思政教学案例

授课教师：龚宁

所属学院（部）：工业与设计学院

一、课程基本信息

课程简介：室内装饰设计作为建筑室内设计专业的专业平台课程，是从理论到实践、从艺术到技术的专业训练课程，采用"教—学—做"的双循环递进式教学模式。为响应习近平新时代中国特色社会主义思想，基于我国当前的老龄化国情发展背景，本课程教学模块四设定为融合人文关怀的适老化空间专题设计。

授课对象：建筑室内设计专业大二学生

教学章节：模块四　适老化空间设计；老年居住需求分析；适老化环境建设

教学课时：2 课时

二、课程思政设计

课程思政元素：老龄化社会热点、养老政策、行业趋势、社会责任及使命担当。

融入知识点：

1. 讲授我国严峻的老龄化社会背景、我国的养老模式以及养老政策，加强学生对社会热点难点问题的关注、思考与实践。

2. 以赣州经济技术开发区携手龙湖公益基金会打造适老化改造项目"万年青计划"的社会新闻为切入点，引导学生思考、讨论当前时代背景下住宅空间适老化的新诉求，明确本专业与人们需求、国家发展息息相关，培养学生良好的社会责任和设计使命。

3. 课程倡导中华民族传承几千年的尊老、敬老、爱老的传统美德，使学生认识到，让每一位老人老有所养、老有所依、老有所乐、老有所安是全社会义不容辞的责任，增强学生对社会的关爱和人文关怀。

融入方式：以教师课堂讲授为主，采用多媒体课件教学，穿插启发式、讨论式等多种教学方法。

三、思政育人目标

1. 加强学生对社会热点难点问题的关注、思考与实践，培养学生良好的社会责任和设计使命；

2. 倡导尊老、敬老、爱老的传统美德，增强学生的社会关爱度和人文关怀；

3. 加强学生对行业趋势的了解，激发学生对行业的认同感和学习动力。

四、教学实施过程

（一）教学引入

以赣州经济技术开发区携手龙湖公益基金会打造适老化改造项目"万年青计划"的社会新闻为切入点，引导学生思考、讨论：我国适老的社会背景是什么？当前时代背景下住宅空间新诉求是什么？同学们各抒己见，课堂氛围活跃，老师因势利导，进入新授课。

（二）教学展开

新授知识：

（一）适老化背景

1. 人口老龄化

我国已于 2000 年正式步入老龄化社会。2020 年我国第 7 次人口普查结果显示，60 周岁以上老年人超过 2.6 亿，未来 5 至 10 年，我国将步入深度老龄化社会，形势十分严峻。

2. 我国的养老模式——居家养老模式

居家养老（或称"在家养老""在宅养老"）即为老年人在家居住、养老的模式，与机构养老（指老年人在养老院、福利院、老年公寓等养老机构中居住、养老）的模式相对应。

根据我国国情，为解决我国养老社会保障事业所面临的一些问题，2011年中国老龄事业发展"十二五"规划指出，要"建立以居家为基础、社区为依托、机构为支撑的养老服务体系"。

3. 适老化住宅空间诉求

我国 90% 的老年人将通过居家养老的方式在自家住宅内完成养老，然而普通住宅已不能满足老年人的养老需求，因此，对新建住宅进行适老化设计，对现有住宅进行恰当的适老改造，优化现有住宅的养老功能，使其满足老年人对住宅环境的需求，不仅符合社会发展的需要，符合可持续发展的要求，也是当前适老化住宅空间设计最合理的选择。

（二）养老政策（2017—2021）

2017 年，党的十九大报告提出，积极应对人口老龄化，构建养老社会环境，推进医养结合，加快老龄产业发展。

2018 年，《改革开放 40 年中国人权事业的发展进步》中提出，无障碍环境建设向精细化和系统化转变，加大老龄化、居家养老、社区养老及养老服务设施等在无障碍环境建设研究中的比重。

2019年，中共中央、国务院印发了《国家积极应对人口老龄化中长期规划》，党的十九届五中全会正式将积极应对人口老龄化上升为国家战略。

2020年，住房和城乡建设部、国家标准委和国家卫生健康委等多部门，分别发布了多项适老化无障碍环境建设政策和指导意见。

2021年3月，《中华人民共和国国民经济和社会发展第十四个五年规划和2035年远景目标纲要》发布，其中多次出现并重点提及"老年人"和"城市"，要求提升老年人的生活品质。

（三）重要意义

在经济发展水平、人民生活水平更高的背景下，满足人民美好生活需要的一个重点就是要关注庞大的老年人口的生活需要，以多种渠道满足人民群众的养老需求。从建筑室内设计层面到室外设计层面，通过住宅适老化设计课题研究，帮助构建养老、孝老、敬老的社会环境。

（四）环境建设

1. 养老住宅、养老建筑

（1）概念：供以老年人为核心的家庭居住使用的专用住宅。老年人住宅以套为单位，普通住宅楼栋中可配套设置若干老年人住宅。

（2）案例：瑞士养老建筑看护中心。

2. 养老社区、养老地产

（1）概念：养老社区是随着养老产业化的起步而出现的养老产业，它推动养老从过去的社会福利行业逐渐向市场商业模式转变。

（2）案例：泰康之家养老社区、上海亲和源老人公寓等。

3. 智慧养老（"互联网+"背景新形态）

概念：通过"互联网+"与现有社区养老服务相结合发展出的"互联网+"智慧养老服务平台，以及依托物联网技术、大数据分析技术的医养结合服务模式，智慧养老在市场需求和政策的双重加持之下应运而生。

（五）课堂小结与布置作业

1. 总结知识点，并给予互动积极、参与度高的同学加分肯定。

2. 作业：完成职教云发布的理论作业。

（三）教学总结

通过课程，学生深化了对室内设计内涵的理解，深刻理解其根本目的是满足人们对居住环境的美好生活需求，由此增强了学生的设计使命和行业认同。同时，学生认识到，使每一位老人老有所养、老有所依、老有所乐、老有所安是全社会义不容辞的责任，引导学生关爱社会，传递人文关怀。

五、教学成效与反思

1. 使用讨论式教学法和启发式教学法，有力地调动学生思考的积极性和主动性，课堂气氛活跃，学生各抒己见。

2. 思政元素与课程融入较好，学生的学习动力以及对课程的兴趣明显提升。

3. 授课教师个人对于时政内容理解不够深刻，政治理论素养有待提高。

六、特色与创新

以社会背景、行业趋势为切入点，融合人文关怀、社会道德，以爱心企业围绕老年人需求进行适老化改造为案例，将思政元素与课程内容紧密相连，导入自然，让学生在学习课程知识的同时，也能更好地理解思政目标。

案例8

助力赣南脐橙产业推广

——VI 设计课程思政教学案例

授课教师：何婧

所属学院（部）：工业与设计学院

一、课程基本信息

课程简介：VI 设计是广告艺术设计专业开设的必修课，是一门重要的设计专业课。通过本课程的教学，学生理解和增强了对 VI 设计的认识，增强从概念思维到表现能力的培养，挖掘个性设计素质，教育学生掌握主要的设计流程及实践中的运用操作能力。本课程能培养学生设计构思能力及设计感觉，提高设计表现技巧，使学生具有创造性的设计能力。

授课对象：广告艺术专业二年级

教学章节：模块四　VI 实践部分；第一章　庆祝赣南脐橙发展 50 周年系列之信丰脐橙形象标志设计

教学课时：4 课时

二、课程思政设计

课程思政元素：本土地域特产、助力本土产业、社会责任感。

融入知识点：通过对赣南脐橙标志设计的参与，提升标志设计技能。

融入方式：沉浸式教学、扎根于本地域文化传统、树立社会责任感。

1. 沉浸式教学：引用真实项目让学生实际参与完成。

2. 扎根于本地域文化传统：所选项目是赣南地区的传统产业项目。

3. 树立社会责任感：通过对本地域文化特色的了解，结合实际的参与，激发学生利用自己所学技能为赣南地区服务的热情。

结合实际项目，深挖思政理念，引导学生掌握课程知识点和技能点，培养学生根据本地区地域特点进行标志设计的能力，使其具有扎根于本地域文化传统和富有本地域文化特色的设计思想。标志设计作品要能够考虑社会反映、社会效果，力求设计的作品对社会有益。

三、思政育人目标

引导学生助力本土脐橙产业推广，展现赣南精神文化内涵与社会价值追求。

四、教学实施过程

（一）教学引入

每年 11 月初为赣南脐橙上市的时间，很多同学自发地为家里或亲戚好友转发脐橙销售信息，成为脐橙宣传员。本课程即以"信丰脐橙标志设计"作为设计主题。

（二）教学展开

1.了解信丰脐橙产业的相关背景

脐橙是赣州最具特色和竞争力的农业主导产业，最有绿色崛起潜力的生态产业和最能促进农民增收致富、乡村振兴的富民产业。多年来，赣州市委、市政府通过生态化开发、标准化管理、产业化经营、品牌化营销、社会化服务，把赣南脐橙打造成了全国乃至世界柑橘产业的一面旗帜。信丰县是世界脐橙最优主产区、中国脐橙之乡、赣南脐橙发祥地，中国唯一的脐橙标准化示范区、国家级出口农产品（脐橙）质量示范区，赣南脐橙产业发展50年再出发暨中国（赣州）国际脐橙节即由信丰县承办。为更好地宣传"赣南脐橙"品牌，信丰县向社会各界公开征集信丰脐橙标志设计稿。（通过此信息增强对本土产业的自豪感和责任感，激发学生对脐橙产业形象设计的兴趣。）

2.收集脐橙标志的设计元素

可以从脐橙及其首写拼音字母、信丰名称及其首写拼音字母、赣南名称及其首写拼音字母、50周年（数字）、赣州或信丰两地标志性建筑等元素展开联想，并提供相关素材。

互动环节：大家从以上给出的方向，自己收集相关素材展开讨论（用地方特色形象，引导标志设计方向）。

3.信丰脐橙标志的设计要求及设计手法

要求：以赣南脐橙产业发展50年为时代背景，设计具有鲜明的象征意义和脐橙产业文化元素，展现赣南脐橙50年来不断提升、发展、突破的历程。

表现：可以运用具象手法、首字母创意法、象征手法、抽象表现法、全名组合法等。

4. 布置任务

学生根据收集的素材，运用标志设计手法，对赣南脐橙产业发展 50 周年信丰脐橙标志进行设计。

5. 老师点评

对设计的标志进行讲评，提升标志设计感，使其进一步达到标志的设计要求。

6. 精细制作标志成稿

（三）教学总结

经过对信丰脐橙标志的设计，提升了学生的标志设计能力，设计出了一批脐橙标志。通过校园展出的方式，加深了学生对赣南脐橙的认识，激发了助力本土地方特色产业推广的积极性。更多的学生主动发朋友圈宣传赣南脐橙，为脐橙代言，对某些反面宣传的行为及时制止；作为赣南脐橙代言人积极展现自己的风貌，纠正了很多不良行为；展现了地方精神文化内涵与社会价值追求的责任感。学生也将通过自己的专业技术，成为助推脐橙产业发展的新生力量。

五、教学成效与反思

（一）优点和成功之处

本案例将课堂和本土产业结合，利用脐橙上市的契机，用项目驱动法引入当下真实标志征集案例作为课堂设计主题，让学生积极参与到赣南地方产业脐橙形象设计中；利用引导法启发学生积极思考标志设计元素；用互动教学法使教师和学生开展探讨，引导学生设计出一批具有鲜明的象征意义和脐橙产业文化元素，展现赣南脐橙产业 50 年不断提升、发展、突破的历程的标志设计；运用成果展示法激发了更多的学生为本土产业推广助力的责任心。

（二）缺点

1. 学生思考深度不够；

2. 老师应进一步加强课程和思政的紧密结合。

（三）改进方法

1. 对学生还要深入引导；

2. 加强思政学习。

六、特色与创新

本案例立足本土产业，利用当下真实标志征集案例作为课堂设计主题，使学生积极参与到赣南地方产业脐橙形象设计中来。学生有的是脐橙的种植者，有的是推广者、消费者，可以说，都直接或间接地参与到了脐橙发展的产业链环节当中，现在又作为了脐橙的形象设计者，设计出了具有鲜明的象征意义和脐橙产业文化元素。展现赣南脐橙产业 50 年不断提升、发展、突破的历程的标志设计，使学生坚定了为本土产业发展而努力的信念。本案例也成为课堂和本土产业结合的成功案例。

案例 9

像山那样思考
——大学语文课程思政教学案例

授课教师：王强

所属学院（部）：旅游与外语学院

一、课程基本信息

课程简介：大学语文是学校针对大一新生开设的一门公共基础课。作为对大学生进行人文素养教育的基础课程，大学语文课程引导学生在中学语文学习的基础上，进一步拓宽视野、启蒙心智、健全人格，提高审美鉴赏力和人文素养，同时，帮助学生进一步贴近文学，增强学生的阅读、表达和写作能力，提升学生的文化艺术修养和口语表达能力，引领学生树立文化自信，强化对中华优秀传统文化的认同。

授课对象：大一新生

教学章节：主题八　亲和自然；《像山那样思考》

教学课时：2课时

二、课程思政设计

课程思政元素：生态意识、绿色发展。

融入知识点：

1. 文章第七、第九两段写到狼被消灭之后带来的生态环境恶化的场面，借此，补充生态链和生态平衡的知识，融入课程思政元素——人与自然和谐共生的生态意识。

2. 文章第十段写了人类发展和生态环境的问题，融入课程思政元素——习近平总书记关于"绿水青山就是金山银山"的绿色发展理念。

融入方式：

1. 通过文中狼被消灭之后所引发的生态环境的恶化，补充生物链和生态平衡的知识，播放公益短片《大自然在说话》，引导学生思考人与自然的关系，学生逐步树立人与自然和谐共生的生态意识。

2. 结合第十段的内容，补充文章的写作背景——工业革命之后，因人类对自然的无限度索取从而对自然造成破坏，引发学生讨论、思考人类应该走一条怎样的发展之路，之后引用习近平总书记关于"绿水青山就是金山银山"的绿色发展理念的论述，帮助学生树立正确的发展观。

三、思政育人目标

1. 培养学生树立人与自然和谐共生的生态意识；

2. 培养学生树立"绿水青山就是金山银山"的绿色发展理念。

四、教学实施过程（附3—5张课堂教学照片）

（一）导入新课（5分钟）

展示狼的图片，并分组请同学们说出与狼有关的成语，看哪个小组说得最多。请同学们思考这些成语在感情色彩上有什么共性（贬义），为什么与狼有关的成语基本都是贬义，引出人们对狼的态度。

（二）知人论世（5分钟）

奥尔多·利奥波德（1887—1948），美国作家、生态伦理学家，"近代环保之父"。作品《沙乡年鉴》记录了作者对自然界中各种生命的思考和体悟，文笔优美，思想深邃，被誉为"绿色圣经"。

（三）初读文本（15分钟）

1.思考文章标题

谁思考？为什么要像山那样思考？带着问题进入课文。从标题入手，理解文意。

2.初读课文，归纳主题

明确：生态平衡、生态保护。

（四）深入文本

我们将分成三个小专题来探究文章的主题：

第一个小专题：哀嚎的狼（15分钟）

1.阅读第四段。

2.这段对狼的描写让我们感动吗？为了加深这种感动，引入毕淑敏的《仅次于人的动物》。

3.教师：这两则有关狼的故事让我们感动吗？谈谈理由。

4.小组讨论：自由发言。

5.教师总结：是狼的温情、母爱感动了我们。这只狼是为了自己的幼崽牺牲了自己的生命，这种牺牲使它的生命显得崇高，同样值得我们敬重。

动物也是有它生命的尊严的。因为一切生命从其本源意义上来讲都是源于自然，都是平等的，都应该受到有尊严的对待。

所以，狼嚎之中便有了第一层含义：生命意义——敬畏生命。

第二个小专题：当狼消失时……（25分钟）

210

1.阅读第七、第九两个自然段，思考：狼的消失，会给人类带来什么？

学生阅读文章，思考，讨论，自由发言。

明确：狼消失——鹿增加——灌木和树苗被吃掉——山秃、草原退化——鹿死。

2.教师：可以看出，当狼群消失时，等待人类的将是怎样的一种景象！在上一个小专题中，我们谈到狼嚎具有生命意义，让我们学会尊重生命，那么，此专题我们敬畏狼，又因为什么？

学生思考，讨论，自由发言。

3.教师总结：狼是生物链中的重要一环，失去了它，整个生态系统的平衡将被打破，人类生存的环境将不可避免地陷入恶化。所以，我们敬畏狼，还因为它具有生态意义，可以避免生态失衡。（融入课程思政：生态意识。）

4.观看视频：公益短片《大自然在说话》。

学生谈观后感（有何启示）。

启示：我们要树立人与自然和谐共生的生态意识。

5.拓展：人类中心主义——生态整体主义。

第三个小专题：在发展中反思（15分钟）

1.教师：接下来，让我们把目光拉回到人类自身，人类需不需要发展？采用什么样的方式发展？我们来研读最后一段，看看能不能找到答案。

2.请学生齐读最后一段。

3.为了更好地理解本段，教师提供一段背景材料。

介绍工业革命对世界环境造成的影响与危害。

4.思考：

（1）人类发展的目的是什么？

原文：为了安全、繁荣、舒适、长寿和平静。

（2）假如我们的发展仅仅是为了"这一代的和平"，会带来什么结果？如何理解？

原文："长远的危险"。人类如果仅仅从眼前利益出发，对自然进行掠夺式的开发，不注重维护生态平衡，靠牺牲生态环境来谋求一时的繁荣和幸福，这种发展将会带来长远的发展危机。

（3）所以，我们应该有一种什么样的发展观？（融入课程思政：绿色发展。）

习近平总书记关于"绿水青山就是金山银山"的重要论断，辩证地阐明了生态环境与经济发展的关系。

党的十九届五中全会强调，推动绿色发展，促进人与自然和谐共生。

（五）品味语言的魅力（7分钟）

利奥波德是一位生态伦理学家，同时他的文学素养也是很高的。他所使用的语言，文学性较强，是一种诗化的语言，充溢着诗意美。这就与他的自然万物平等的生态伦理思想融为一体，使全文融诗意美与思辨色彩于一体。

学生分享文中的诗化语言。

（六）课堂小结（3分钟）

"像山那样思考"，是作者对人类处理人与自然关系的良好建议，是这种建议的诗意表达。人并不是大自然的主人，从生态环境保护和生态伦理的角度来看，我们并不比一座山更高明。人类要像山那样思考，与自然和谐共处，保护我们赖以生存的地球。

五、教学成效与反思

本次课堂活动，通过人类消灭狼以致生态环境恶化的具体故事，分三个小专题进行教学，并融入生态意识和绿色发展观，使学生认识到自然万物都有其存在的价值和尊严，破坏自然生物链中的任何一环，将殃及人类文明及其生存空间；认识到我们要敬畏生命，要学会与自然和谐共处，要牢固树立绿色发展的理念。学生们表示要从生活中的点滴行动去保护环境、保护自然。

六、特色与创新

本课通过有效的教学设计，把人类灭狼的这一行为，进行了多重分析，并融入了生态观和发展观教育，学生能够形象生动感受到本堂课的思政元素。

案例 10

《碣石调·幽兰》与记谱法

——乐理视唱课程思政教学案例

授课教师：朱晨慧

所属学院（部）：旅游与外语学院

一、课程基本信息

课程简介：乐理视唱是学前教育专业核心课程具有较强的技能性与实用性，本课程的任务是掌握幼儿教师所必备的识谱、音高、节奏、调式、乐谱分析、旋律编创等音乐知识与技能，为幼儿歌曲钢琴弹奏、歌曲演唱、舞蹈表演等课程的学习及幼儿园教育活动的组织与实施提供必要的理论与技能支持，全面提升学生综合音乐素养，在课程学习过程中实现显性与隐性教育的有机结合。在课堂上对经典的音乐作品、名人名家、历史事件等内容进行学习与了解，让学生从中汲取养分，积极引导学生树立正确的国家观、民族观、历史观、文化观，从而为社会培养更多德智体美劳全面发展的人才。

授课对象：旅游与外语学院学前教育专业 2021 级全体学生

教学章节：模块一　项目二

教学课时：2 课时

二、课程思政设计

课程思政元素：增强文化自信、爱国主义情怀、责任意识、工匠精神。

融入知识点：

1. 讲解中国古代常用记谱法，了解中国传统记谱法的发展历史。

2. 分析文字谱记谱的古琴代表作品《碣石调·幽兰》，了解中国优秀传统音乐作品，感受中国传统文化的博大精深。

3. 对比五线谱记谱法和文字谱记谱的实际运用，并将其融入"增强文化自信"，厚植爱国主义情怀。

融入方式：在学习过程中，将讲授法、讨论法、示范法、练习法等教学方法贯穿始终，教师在教授五线谱定义的前提下，让学生在掌握五线谱记谱相关知识的基础上，学习中国古代常用记谱法，分析古琴作品，增强文化自信，在知识掌握与实际运用过程中培养专业的音乐素养和高尚的道德品格。

三、思政育人目标

增强文化自信：学习中国古代常用的记谱法，帮助学生了解中国传统记谱法的发展历史，重点讲述我国至今仅存的一首用原始文字谱保留下来的琴曲。通过对《碣石调·幽兰》作品的深入分析，全面了解我国古代文字记谱法，以提高学生对经典音乐作品的审美能力，增强学生对中华优秀音乐传统文化的认同感的同时，树立爱国主义情怀，培养学生专业的音乐素养和高尚的道德品格。通过感受历史的厚重沉淀，促进学生对中国优秀音乐传统文化的高度认同，培养学生的文化自信。

四、教学实施过程

（一）教学引入

教师导言：音乐是人类共同的语言。记谱法是指用符号、文字、数字或图表将音乐记录下来的方法，是音乐记录的重要形式和直接手段。五线谱则是用来记录这种音乐语言的符号，它是世界各国通用的一种科学记谱法，认识了它，不用翻译也能看懂世界各国的乐谱。

（二）教学展开

任务一：五线谱的定义与组成（10分钟）

教师讲解五线谱的定义，帮助学生写出线与间的正确名称；学生写出五线谱中所有线与间的正确名称，并根据教师的提问，画出并读出正确的加线与加间，从而正确掌握五线谱的定义与使用。教师对学生的回答进行补充和解说。

通过系统讲解五线谱的定义与组成，帮助学生树立正确的审美观念，加深对专业知识的理解，培养对音乐文化的热爱之情。

任务二：谱号的定义与分类（25分钟）

教师讲解谱号的定义和谱号的分类，学生根据教师的提示分别书写出正确的3种谱号，从而掌握谱号的定义分类及正确写法。学生写出五线谱中所有线与间的正确名称，并根据教师的提问，画出并读出正确的加线与加间，从而正确掌握五线谱的定义与使用。教师分别示范《弹奏视唱基础训练》练习五与练习六（书本第93页），随机提问个音在谱表中的具体位置。学生认真看谱例，将不确定的个音位置进行标记，随老师一起分析弹奏谱例，从而掌握谱例中的个音分别在高音谱表、低音谱表中的具体位置，并进行视唱。

发扬工匠精神：教师向学生讲解谱号的定义与分类，学生通过反复练习，发扬执着专注、精益求精、一丝不苟、追求卓越的精神，掌握五线谱基础知识的实际运用。

任务三：了解中国古代常用的记谱法（15分钟）

教师展示中国古代不同谱例图示，让学生感受中国古代记谱形式的多样性。我国古代记谱法主要分为文字谱、工尺谱、鼓谱、三弦谱、律吕字谱、铜锣经等多种形式。教师讲述常用记谱法的名称与定义，并展示相关谱例，学生做好记录。

学习中国古代常用记谱法，学生了解到中国传统记谱法的发展历史，增强了对中华优秀音乐传统文化的认同感，树立爱国主义情怀。

任务四：分析文字谱作品《碣石调·幽兰》（15分钟）

教师展示文字谱打谱谱例并讲解文字谱的由来和重要意义，让学生明确其宝贵的研究价值。教师展示兰花图片和相关诗句："气如兰兮长不改，心若兰兮终不移""寻得幽兰报知己，一枝聊赠梦潇湘"。与学生探讨兰花的花姿——有的端庄隽秀，有的雍容华贵，丰富多彩，强调兰花是高洁典雅的象征。

增强文化自信：在课堂上通过讲解作品的重要价值以及音乐所描述的

兰花品格，引导学生热爱中国传统音乐文化，重视对中国传统音乐文化的保护与传承，树立责任意识，感受历史的厚重沉淀，增强文化自信。

任务五：欣赏古琴音乐作品《碣石调·幽兰》（15分钟）

在教师的引导下分段赏析古琴作品《碣石调·幽兰》，同学们从乐谱结构、音乐情绪、全曲内涵多方面深入赏析，深入体会中国传统音乐文化。音乐情绪分析：第一段是引子，曲调深沉，有一种压抑的感觉，节拍较自由；其余三段是乐曲的主题。第二段与第三段采用了泛音与按音交替出现的音乐旋律，在音色上有较大的变化，体现了作者内心的感慨。第四段的音乐大部分都用清澈的泛音演奏，情调明朗，象征着光明即将来临，表达作者通过兰花的性格看到了一个充满了希望的未来。

作品内涵：在平缓的旋律与简洁的用音安排中，流露着中国古代文人的内心独白。此曲不仅描述了兰花的表面形态，更是体现了中国古代文人的一种内心文化结构。

通过全面欣赏古琴作品《碣石调·幽兰》，以美育人、以美化人，全面提高学生的审美和人文素养，加深学生对中华优秀传统音乐文化的热爱。

作业布置（5分钟）：

1. 通过微课视频与阅读文字，预习书本P16—17简谱记谱法的相关知识点内容。

2. 分组收集党史小故事。

（三）教学总结

本案例中，在掌握五线谱的定义、组成、分类等专业知识的基础上，通过讲解中国古代记谱法的发展历史，同学们对中国古代记谱法有了全面、清晰的认识。在重点分析中国现存最早乐曲——文字谱古琴代表作品《碣石调·幽兰》时，代入作者的创作情境，使学生感叹中国传统音乐文化博大精深的同时，增强保护与传承中华优秀传统文化的责任意识，厚植爱国主义情怀。通过感受作者借深山幽谷里葱郁馥香的兰花所抒发的自己生不逢时的心情，提高学生对经典音乐作品的审美能力，促进学生对中国优秀音乐传统文化的高度认同，培养学生文化自信。

五、教学成效与反思

教师结合讲授法、讨论法、练习法等教学方法的进行教学，使学生掌握五线谱、谱号定义与运用，掌握谱例中的个音分别在高音谱表、低音谱表中的具体位置。教师尽量采用生动有趣的示范和通俗易懂的语言，使学生在轻松愉悦的氛围下掌握音乐基础知识，并进一步巩固谱例视唱水平。知识点层层递进，整个学习过程围绕学生进行，充分调动了学生学习的积极性。课堂氛围热烈，教学效果和设计质量达到预期目标。

六、特色与创新

教师融入"增强文化自信"的思政元素，学习中国古代常用记谱法，帮助学生了解中国传统记谱法的发展历史，为了解中国优秀音乐作品奠定基础。重点欣赏古琴作品《碣石调·幽兰》，提高学生的音乐审美能力，树立爱国主义情怀，培养学生专业的音乐素养和高尚的道德品格。

案例 11

认识祖国大好河山
—— U3D 交互设计课程思政教学案例

授课教师：周梦洁

所属学院（部）：通信学院

一、课程基本信息

课程简介：U3D 交互设计是虚拟现实专业的专业核心课程，4 个学分，72 个学时。以"游戏引擎基础""面向对象编程"为先导，学习如何设计及实现以 PC 端键盘、鼠标为代表的传统人机交互逻辑，使学生能够独立开发 PC 端的交互小游戏，为调用外接 VR/AR 设备的 VR/AR 开发课程提供条件。

授课对象：2020 级虚拟现实技术应用班

教学章节：项目2　湖光山色

二、课程思政设计

课程思政元素：

1. 以热爱祖国大好河山为核心的爱国主义情怀；

2. 以爱岗敬业为核心的职业素养。

融入知识点：

1. 如何使用 U3D 引擎中的地形引擎工具及插件，刻画山川、湖泊、丘陵等地形结构；

2. 地编 VS 交互设计师的工作职责密切配合。

融入方式：

通过带领学生仔细观察祖国的大好河山，激发学生的民族自豪感，培养爱国主义情怀；培养学生的观察能力，引导学生建立健康向上的审美情趣，认识万物自然；最后把目标落实到对地形编辑的实践上，明确地编 VS 交互设计师的工作职责，以思政元素引导学生追求进步，为将来的爱岗敬业打下基础。

三、思政育人目标

1. 认识祖国的大好河山，增强学生的民族自豪感和自信心，培养学生的爱国主义情怀；

2. 在对祖国大好河山的仔细观察之后，把目标落实到对地形编辑的实践上，明确地编 VS 交互设计师的工作职责，培养学生爱岗敬业、团队合作的职业素养。

四、教学实施过程

（一）教学引入

通过全景视频，带领学生欣赏祖国的大好河山，学生在获得美的享受之余激发出学习热情。此时引出本案例的教学内容——湖光山色：地形编辑及其交互设计。

（二）教学展开

1. 展示珠穆朗玛峰、雅鲁藏布大峡谷、长江的图片或视频。

提问：图片或视频中的地点是哪里？具有哪些特点？你们有什么样的感想？

点评：我国是一个幅员辽阔的大国，地球上的五种基本地形类型的平原、丘陵、高原、山地和盆地，在我国都有广泛的分布。我国地形特征和地质条件极为复杂，从西向东总体地势呈现三级阶梯状，形成了非常多的"世界之最"，比如世界上最高的山峰珠穆朗玛峰，世界上最大最深的峡谷雅鲁藏布大峡谷，亚洲第一大河长江，等等，引出学生的民族自豪感和自信心，提升爱国主义情怀。

展示部分山峰及丘陵地带资料：

太行山：我国第二、三级阶梯的分界线，也是我国重要地形单元的分界线。位于我国华北地区，南北长度约为400千米，总体呈北高南低，海拔多在1200米以上，其中有些山峰的海拔在2000米以上，最高峰为北部的五台山，海拔约为3061米。太行山是我国山脉中具有重要分界线意义的山脉。太行山东西两侧的地势差异较大，东侧连接平原地形，地势落差大，起伏较为陡峭；西侧连接高原地形，地势落差小，起伏较为和缓。

庐山：位于江西省九江市庐山市境内。耸峙于长江中下游平原与鄱阳湖畔，主峰海拔1474米。山体呈椭圆形，系典型的地垒式断块山。河谷发育有多处水流，形成许多急流瀑布、湖泊。

东南丘陵：中国三大丘陵之首，世界主要丘陵地形区之一，主要包括江南丘陵、浙闽丘陵和两广丘陵三部分。东南丘陵的特点，是一列列葱茏峻峭的山岭同一串串红岩盆地及谷地镶嵌分布，翠岗红岩，山色壮丽。东南广大地区虽然以海拔500米左右的丘陵为主，但也有不少海拔达到甚至超过1000米的低山。除了南岭山脉以外，还有湘西的雪峰山、湘赣交界的罗霄山、浙西的天目山、皖南的黄山以及福建的戴云山、武夷山等，这些山岭大多呈东北—西南方向延伸，山势较为高峻，气势巍峨。

2. 引导学生回答及讨论，最后点评：我国每一种地形的形态都具有特殊的美，我们应该爱护她、维护她，通过自身的努力建设好她。以此引出学生的民族自豪感和自信心，提升学生的爱国主义情怀。

3. 进一步引导学生仔细观察高山、低谷的地貌特征，把目标落实到对地形编辑的刻画实践上。

4. 观察随坡度变化的地理纹理材质，形成仿真现实世界的雪山—植被—沙地的效果。

5. 通过以上学习，总结场景设计中地编的岗位职责：不仅包括创建仿真的地形地图，还要模拟环境光效，确定整个地图的风格。此外，还有模型、贴图、烘焙都需要完成。大型项目中这些职责会被进一步筛分，而在小型团队，地编则需要完成上述所有任务。而交互设计师的岗位职责则是与之对接，使得虚拟世界的载体能够发挥出仿真的交互效果，共同开发出完整的项目。以此引导学生学习团队合作精神，使学生在业务能力上精益求精。

6. 最后介绍此次课程的技能评估——"立雪杯"虚拟现实应用与交互设计大赛，要求学生分组合作，完整地实践团队合作，培养学生爱岗敬业的职业情操。

（三）教学总结

通过观察、讨论，学生的学习热情被激发，学生在良好的氛围下自然而然地产生爱国主义情怀。在以对祖国大好河山的热爱之情为中心的爱国主义情怀感染下，学生树立起以建设祖国为己任的理想，逐渐养成爱岗敬业的职业情操。

五、教学成效与反思

1. 观察力得到提升，使用引擎的能力得到提高；

2. 培养先观察、后模仿的学习习惯；

3. 学习热情和集中度得到提高；

4.完成了对爱国情怀和职业情操的培养。

六、特色与创新

通过图片、短视频、VR 全景等技术的展示，学生获得了更好的观察效果，对祖国河山有了更清晰的认识；通过对学生爱国情怀和职业情操的引导，学生获得了更佳的学习体验。

案例 12

魅力赣州
——智能手机 UI 设计课程思政教学案例

授课教师：李彩云

所属学院（部）：通讯与信息学院

一、课程基本信息

课程简介：通过对本课程的学习，学生能认识到界面设计作为现代传媒的重要途径，其合理性与美观性直接影响用户的评价，从而促使学生提高界面的设计技能。通过人性化设计的方法来进行手机、网站用户界面设计，并掌握相关的设计软件的操作，学生能够独立完成图标，以及手机、网站页面等界面的设计，以适应社会对本职业能力的要求。

授课对象：移动互联应用技术、软件技术、物联网应用技术专业二年级学生

教学章节：UI 界面设计中的首页详情页设计

教学课时：6 课时

二、课程思政设计

课程思政元素：工匠精神、红色文化、社会责任。

融入知识点：绘图工具、钢笔工具、图层的应用、图层样式的使用方法，UI 界面设计中屏幕尺寸规范，UI 界面设计中字体规范，首页和详情页的含义及逻辑关系，首页和详情页设计。

融入方式：以学生关注的实事为切入点，做延伸性学习。在教学设计

中将思政元素融入案例，促进思政与专业相长，达到事半功倍的育人效果。

三、思政育人目标

通过"魅力赣州"App设计，培养学生的职业规范意识及精益求精的工匠精神，让学生感受红色文化，传承革命精神，使学生了解赣州、宣传赣州、建设赣州，增强社会责任感。

四、教学实施过程

（一）教学引入

11月正值赣州脐橙丰收的季节，学生时时在谈论脐橙，这是当下的热点。此外，2021年12月中旬也是赣深高铁通车的日子，这对赣州意义非凡。基于此，让学生在智能手机UI设计课程中制作"魅力赣州"App，让学生全面了解赣州。

（二）教学展开

教学实施过程：

1. 素材选择

课前布置任务，引导学生全面地搜集有关赣州的素材，包括赣州的历史、风土人情、经济发展、旅游景点、特色美食等。

学生提交的素材很全面、很丰富，学生参与度很广，85%的学生都提交了素材，素材类型有文字、图片和视频。经过筛选整理，将素材分为6类，分别为赣州概况、长征出发集结地于都、客家文化、经济发展、赣州脐橙和赣州景点。根据素材的分类，总结出6个参考导航"菜单"，分别为红色故都、江南宋城、客家摇篮、生态家园、世界橙乡、赣州速度，将上述"菜单"作为界面首页的导航"菜单"，并将这些素材上传至学习通。

2. 课堂实施

首先复习界面设计中屏幕尺寸规范、UI界面设计中字体规范，演示界面设计中的左右留白尺寸，分类内容之间的间距尺寸，讲解首页和详情页的逻辑关系。

接下来布置任务，根据素材和相关网站，学生自行设计"魅力赣州"App的首页和详情页。教师进行个别指导。

学生接受实训20分钟后，有些学生没有思路，教师可提供参考界面，供学生仿作，教师还可演示参考界面中的关键技能点。

最后学生提交作品，师生点评。

3. 课后提升

根据主题，让学生再设计两个详情页。

（三）教学总结

通过本节课的学习，学生熟练地掌握了UI界面设计的屏幕尺寸和规范，理解了首页和详情页的逻辑关系，并能完成布局合理、色彩搭配协调、内容详细的界面。同时，在搜集、整理、使用素材的过程中，学生能够更全面地了解赣州的历史文化、风土人情、经济发展、美景美食。

五、教学成效与反思

本次教学中选取的案例贴近生活，增强了学生的学习兴趣。通过此案例，提炼出了课程思政元素——工匠精神、红色文化、社会责任。课程结束后，老师收到很多优秀作品。学生也在学习过程中增强了设计技能，更深入地了解了长征精神、赣深高铁的意义，同时感受了赣州的美景。

在本次教学的课程内容中融入了课程思政内容，师生通过搜集、整理素材，形成了共同学习的良好氛围。

学生对课程的专注度提高了，学习的主动性得到了提升，学生参与活动的面有了扩大。

通过本案例的设计，师生对赣州的历史文化、经济发展、风土人情等有了更深入的了解，同时也增强了担负起宣传赣州、建设赣州的社会责任感。

六、特色与创新

立足本区域的红色文化教育，贴近学生的生活。

案例 13

驱疫雷火信，神山调铁军，装配建筑显神通

——装配式建筑工程基础课程思政教学案例

授课教师：刘世豪

所属学院（部）：园林与建筑学院

一、课程基本信息

课程简介：装配式建筑工程基础课程是高职院校工程造价、建筑工程技术等专业开设的一门重要的专业教育课。这门课程无论从专业学科角度还是从工程的角度都占有重要地位。而本案例中的绪论部分是正式教学开始前的前导课，在整个学科的教学中具有特殊的教学地位和意义。

授课对象：工程造价、建筑工程技术专业大二学生

教学章节：绪论

教学课时：2 课时

二、课程思政设计

课程思政元素：中国速度、爱国情怀、工匠精神、爱国爱家爱党。

融入知识点：装配式建筑概念、特征、发展历程和趋势。

融入方式：案例教学、启发教学、对比教学。

三、思政育人目标

激发学生的家国情怀、文化自信；培养科学严谨，有责任担当的工匠精神；培养学生爱岗敬业的工程职业道德精神；立足所学专业，培养学生对人生长远规划的意识和能力。

四、教学实施过程

1. 研究学情，课前准备

教师活动：课前在"学习通"发布学习任务：分享参观国家首批、江西首家装配式建筑产业化示范基的心得体会，寻找国内典型装配式建筑案例。

学生活动：利用课余时间前往模型楼参观并扫码学习；在网络平台预

习绪论部分，上传收集预制构件及配件的图片设计意图；实体比例教学模型楼是用真实材料按1:1比例建设而成，学生在课前自主探究，初步了解预制混凝土构件的外观连接和固定方式。

网络平台资源含课件视频动画、规范图集等，学生通过平台预习、自主学习。网络平台会记录学生访问情况，教师借此实时了解学生课前学习情况。

思政元素：培养学生学习自主性。

2.案例导入，思政启发

教师活动：播放火神山、雷神山科普短片，介绍武汉火神山医院（主要采用装配式建筑）的建造过程，引出装配式建筑的概念。

学生活动：学生认真观看、倾听。

设计意图：2020年1月，在全国疫情全面爆发的时期，10天时间，从设计到交工，火神山医院的建设展现了世界第一的中国速度。在疫情影响下，每一个简单的环节都成为艰巨的挑战。来自全国各地的"逆行者们"火速驰援武汉，见山翻山、遇河搭桥，共同创造了这个史诗级的工程奇迹。

思政启发：火神山医院采用装配式建筑方案，展现了工程人的工匠精神，向世界展示了中国速度，也体现了祖国怀抱的温暖以及中国共产党以人民为中心的执政理念，始终把人民的生命安全放在首位，不忘初心，体现出中国特色社会主义制度的优越性，激发了学生对党和国家的热爱。同时，在火神山医院建造过程中，来自各地的平凡人都贡献出了自己的力量，也涌现出了一大批抗疫典型人物，他们的精神值得我们学习，中华民族的伟大精神将永放光芒。

3.理论讲授，师生共探

教师活动：教师播放装配式建筑科普小短片，详细讲解装配式建筑的概念及分类。装配式建筑与传统现浇式建筑相比，有哪些特点？提出装配式建筑"六问"（装配式建筑抗震吗？防水吗？快吗？贵吗？图审难吗？验收行吗?)

学生活动:学生观看、倾听、做笔记。

设计意图:视频资料以有趣的动画方式介绍了某装配式建筑的整个施工工艺流程,专业知识的学习从感性认识开始,以便于学生更快吸收。

4.对比教学,巩固新知

教师活动:介绍国内外装配式建筑的发展历程,对比我国装配式建筑发展历程。

学生活动:学生观看、倾听。

设计意图:装配式建筑在我国经历过辉煌期,也曾因为其诸多弊病差点被市场淘汰,但经过技术革新后的装配式建筑又迎来了发展的曙光。各行各业都有创新的空间,只要坚定信念,坚守初心,不急功近利,就有可能成就一番事业。

思政元素:强调创新意识,实现自己的人生价值和社会价值。

5.头脑风暴,教学提升

教师活动:在智慧课堂发布头脑风暴,你能说出多少国内装配式建筑项目?结合本课程,谈谈你未来三年的专业学习规划。

借助信息化手段提升教学效果;通过头脑风暴活动巩固新知、提升课堂氛围。

学生活动:完成头脑风暴活动,赚取学习积分。

6.寻根溯源,归纳小结

教师活动:总结回顾本次课堂所讲授的知识点,再次强调本课程的重要性,教导学生要温故而知新,在今后的学习生活当中要开拓创新,积极进取。

学生活动:(1)预习下一项目的知识点;(2)完成学习通发布的课前学习测评;(3)完成学习通发布的视频任务,并发表观后感。

五、教学成效与反思

成效:课程思政融入装配式建筑工程基础等专业课程,是润物细无声的，它影响着学生的思想、学习、生活等方面，将是一个漫长而复杂的过程。因此，本案例提出应注重过程性评价和发展性评价，注重动态考核，在校期间可通过访谈和调查问卷了解教学成效，学生毕业之后可通过用人单位回访等多种形式来检验教育教学成果，将评价指标从单一、静态的维度向多维、动态的维度延伸。通过评价体系来看，学生对本课程的教学内容和教学效果是比较认可的，同时也反映出该案例对学生的思想和行为产生了一定的影响。有学生在学习感悟中写道："看着那一栋栋拔地而起的绿色装配式建筑，我突然明白匠人精神的重要意义，那种专业、专一、细致、追求极致的美，一次又一次震撼着我的内心。很幸运能学习到装配式建筑工程基础这门课，未来三年里，我要好好学习专业知识，好好加油，希望在未来某一天，也能成为大国工匠里的一员。"通过学生的评价，可见该案例的课程思政效果已初见成效。

反思：在本次教学活动中，为加强学生的学习效果，更好地将思政元素融入知识点的学习当中，教师创设了良好的课堂情境导入，激发了学生的学习兴趣，采用了多种教学方法，结合当前国内与国际的热点事件，将专业课的知识与时代背景相结合，让学生切实感受到知识的作用，如期达到了各项教学目标。为更有效地将课程思政融入装配式建筑工程基础课程，结合学生课堂反应和课后评价，对此次教学活动存在的问题进行了反思并总结如下：

1.为更好地保证思政元素的融入，教师应加强自身的思想政治素养，做到言传身教，为人师表。

2.思政元素的融入要适度、适量，不能占用太多专业知识点教学的时间，避免本末倒置。

3.思政元素的挖掘应参照岗位职业标准并结合专业人才的培养目标。

4.教师应深入研究教学内容，多挖掘课程内容与思政元素的结合点。

5.要优化课程考核体系。课程按过程考核和终结考核的形式考核。过程考核主要从课堂出勤、课堂参与度、课后作业几个方面进行评价；终结考核以闭卷考试的形式进行，适当加入思政成绩的比例。

六、特色与创新

1. 设置情景模拟，增强学生的体验感，深化学生对装配式建筑的认识。

2. 以案例为载体，以问题及任务为驱动，通过层层推进的教学活动，有效激活了课堂氛围，充分体现了学生为主体、教师为主导的教学原则。

3. 结合课前调研，针对学生认识及行为开展引导与纠正教学，使专业课教学更具有针对性。

案例 14

小小凭证不简单

——基础会计课程思政教学案例

授课教师：王婷婷、邱哲彦

所属学院（部）：商学院

一、课程基本信息

课程简介：基础会计是大数据与会计专业的专业基础课。该课程主要阐述会计学的基本理论、基本方法和基本技能，具有理论性、实践性和技术性的特点。其任务是培养学生熟练地运用会计符号和语言反映经济业务的能力，对实务中企业披露的信息能予以理解和利用。该课程是财务会计等专业课的基础，也是学生获取助理会计师证书的必考内容。

授课对象：大一新生

教学章节：项目三　处理凭证——填制和审核原始凭证

教学课时：2 课时

二、课程思政设计

1. 课程思政元素：文化自信、遵循法律法规、职业素养、会计职业道德。

2. 融入知识点：票据的发展史；伪造、变造、销毁原始凭证的处罚条例；空白凭证的实操；重庆华业资本出具假发票导致退市的案例。

3.融入方式：播放视频、多媒体资源展示、情景模拟。

三、思政育人目标

课程思政目标旨在帮助学生从国家、社会及各级行政组织层面认识会计工作的重要性，激发学生对国家和民族的责任感和使命感，引导学生形成爱岗敬业、廉洁自律的职业道德，培养诚信为本、操守为重、坚持准则、不做假账的价值理念和关注细节、精益求精的工匠精神，成为具有经世济民情怀的社会主义建设者。

四、教学实施过程

（一）教学引入

1.通过学习通在线平台推送《票据的发展史》视频，引导学生从日升昌票号的故事领略中华民族的智慧，认识中华民族悠久的历史和灿烂的文化，从而增强学生的民族自豪感和文化自信。

2.通过课前发布课件、任务单等学习资料，帮助学生预习新课，并汇总出学生的疑惑。

（二）教学展开

1.通过学习通平台检查学生的预习情况，选取关于原始凭证的四组思维导图，并进行点评。

2.设问：与生活息息相关的原始凭证，同学们回答问题。

3.PPT展示现代票据，讲授原始凭证的定义、种类，由学生通过"一封情书"来总结原始凭证的内容。

4.以短视频的形式向学生展示优秀会计人员的工作日常，告诉学生处理票据业务要细心精确，独立公正。要求学生尝试归纳出相应的会计职业道德内容，并体会"诚"的可贵、"准"的重要等。

5.分组发放空白凭证，学生进行实操并上传至学习通平台，使学生感受到会计人应具备的关注细节能力及精益求精、求真务实的工匠精神。

6.通过对重庆华业资本反面案例的学习，从实践上对"不做假账"的含义有一个明确的认识，培养求真务实的工作作风和敬业态度。

（三）教学总结

针对原始凭证的6个关键点进行总结，针对课前收集的学生疑惑进行解答，在基础会计实训平台布置任务，通过上述教学活动，引导学生遵纪守法，作为会计人必须具有经世济民的情怀，要将个人学到的财经知识奉献国家，将个人的成才抱负融入为最广大人民造福之中。

五、教学成效与反思

（一）教学成效

基础会计思政教育成效显著。

1. 塑造了学生专业技能

学生的课程成绩均分从2020年的78分到2021年86分，"1+X"证书的通过率从91%提升到99%，技能竞赛获奖由2项增加至6项。

2. 打造了教师教学能力

教师连续五年获校级教学能力大赛一等奖，近两年参加省级教师教学能力大赛取得三等奖的好成绩。

3. 提升了人才培养质量

从近两年的数据来看，会计专业学生入党积极分子占比从6%提升为8%，专业对口就业率从70%提升至80%，用人单位好评率从90%提升至98%。

（二）教学反思

1. 学生思想上存在个体差异性，课堂效果深化度不够，后期课程思政的过程中需关注个体差异，兼顾不同学生的学习需求。

2. 课程思政资源还不够丰富，后期需进一步完善。

六、特色与创新

（一）利用课程平台设"财眼观天下"专栏

在课程平台设"财眼观天下"专栏，采取学生主讲、老师引导的方式，并在平时成绩中给予加分。该专栏主要为：从过去一周的新闻中选取一条财经信息，引导当期主讲学生从会计角度解读，提高师生互动性和学生的提炼总结能力，增强思政教育的鲜活性，鼓励学生个性化发展。

（二）专业教师与思政教师共上一堂课

例如，原始凭证模块教学。首先由思政课教师介绍工匠精神的含义、发展的历史特点及其对经济社会发展、行业发展的影响；然后以小组为单位进行空白票据的填制，锤炼认真严肃、一丝不苟的工匠精神；最后，由会计专业课教师讲解会计专业学生及从业人员应该具有的匠心精神。通过交叉教学及同学们的互动，更好地将工匠精神融入会计专业知识当中，让学生对会计职业中的工匠精神理解得更透彻，从而学以致用。

（三）建立学生诚信档案

本次基础会计课程思政改革以0352101班为试点，将班级分成6个小组，以小组为单位建立诚信档案，以政治诚信、学习诚信、生活诚信、经济诚信为主，设立个人成长诚信档案，将学生日常行为折算为"诚信分"，小组成员之间根据平时的诚信行为相互打分。诚信分纳入基础会计课程考核，将诚信教育融入学生日常学习和生活中，固化基础会计课程的育人作用。

案例 15

中国空间站之"一臂之力"

——工业机器人技术基础课程思政教学案例

授课教师：焦锡岩

所属学院（部）：汽车机电学院

一、课程基本信息

课程简介：工业机器人技术基础课程是工业机器人技术专业的一门专业基础课程，学生通过学习可以了解工业机器人的发展历程、发展方向及对未来工业创造的巨大潜在价值；熟知工业机器人的工作原理、基本组成等知识；掌握工业机器人机械结构、运动分析、控制和使用的技术要点以及基础理论知识，同时学习工业机器人基础实践操作技能。

授课对象：工业机器人技术专业二年级学生

教学章节：模块一　工业机器人基础知识　工业机器人认知

教学课时：2课时

二、课程思政设计

课程思政元素：科学精神、职业使命感、民族自豪感、家国情怀。

融入知识点：工业机器人的定义。

融入方式：通过信息化教学资源，结合课堂讨论，以交互式、探究式、发现学习、合作学习等方式引导教学。

三、思政育人目标

注重科学思维方法的训练和科学伦理的教育，培养学生探索未知、追求真理、勇攀科学高峰的责任感和使命感。强化工程伦理教育，培养学生精益求精的大国工匠精神，激发科技报国的家国情怀和使命担当。

四、教学实施过程

（一）教学引入

播放一段新闻案例：2021年6月18日播出的《新闻1+1》节目中，中国载人航天工程总设计师周建平接受白岩松专访时表示，这些机械臂最大承载能力达25吨，是中国空间站在轨建造能力水平的重要标志。

课堂讲述中国航天工程中"天和"核心舱外的一对大型机械臂，引出本次课程的教学知识点——工业机器人的定义。介绍该机械臂为我国首个具有7个自由度的机械臂，是我国目前智能程度最高、规模与技术难度最大、系统最复杂的空间智能制造系统。通过中国航天机械臂的发展历程及与国外同类产品技术比较，激发学生爱国情怀，增强民族自豪感，培养学生务实的科学精神，树立良好的学习习惯及职业使命感。

（二）教学展开

1.组织学生展开讨论

谈谈你对工业机器人的认识？

结合案例视频讲解，在教学平台开展课堂互动。设计问题讨论环节，调动学生学习积极性，利用网络资源收集关于工业机器人的相关信息。

根据词云信息，分析工业机器人的基本特征。

2."机器人"的由来

1921 年，捷克作家卡雷尔·恰佩克发表了新剧作《罗素姆的万能机器人》，"Robot"成为人造人、机器人的代名词。

"机器人"最初是由舞台剧假想出的一词，是人类对特殊功能机器的一种期望。组织学生分组讨论，定义"机器人"，以此培养学生的合作精神及分析问题、解决问题的能力。

3.典型"机器人"应用案例讲解

教师：引导学生分析机器人的主要功能及特点。

学生：正确描述机器人的应用场合、使用功能、结构外形等信息，思考其具有哪些特点。

4.工业机器人定义

美国机器人协会对工业机器人的定义是：一种用于移动各种材料、零件、工具或专用装置的，通过程序动作来执行任务，具有编程能力的多功能操作机。

日本机器人协会对工业机器人的定义是：一种带有存储器件和末端操作器的通用机械，它能够通过自动化的动作替代人类劳动。

中国对工业机器人的定义是：一种自动化的机器，具备一些与人或其他生物相似的能力，以及高度灵活性的自动化机器。

5.讨论工业机器人的优势：

干人不愿意干的工作；干人干不好的工作；干人干不了的工作。

结合工业机器人在工业领域的广泛应用，增强同学们对专业学习的热情，端正学习态度。

6. 工业机器人基本操作演示

培养学生团队协作精神、精益求精的工匠精神、安全意识。

（三）教学总结

工业机器人是典型的机电一体化装置，它不是机械、电子的简单组合，而是机械、电子、控制、检测、通信和计算机的有机融合，是一项综合性很强的新技术集合体。工业机器人技术专业属于典型"新工科"专业，相对于传统的工科人才，未来新兴产业和新经济需要的是实践能力强、创新能力强、具备国际竞争力的高素质复合型"新工科"人才。"新工科"人才不仅要能运用所掌握的知识去解决现有的问题，还要有能力学习新知识、新技术以解决未来发展出现的问题；不仅要在技术上优秀，还要兼具良好的人文素养。因此，在课程教学上，需要结合课程内容融入思政教育内容，培养学生具备科学精神和良好的职业素养。

通过本次课程学习，学生了解了工业机器人的定义、基本功能与典型应用，对我国在工业机器人领域的发展有一个感性认识，激发了学生学好专业的信心，通过课堂活动的开展，培养学生分析问题、解决问题的能力。

五、教学成效与反思

通过全新的教学设计，利用教学平台结合课堂教学内容开展教学活动，学生全程主动参与学习，自主学习性明显提高。课堂讨论热烈，学生对信息数据的收集整理能力及表达能力有所提升。

学生通过对课程教授知识点的学习，对专业有一个全新的理解，初步培养学生的科学精神、团队协作等职业素养，以及家国情怀、工匠精神等思政素养。通过课程学习，提升学生对本专业学习的兴趣。

学生通过前期学习，已经初步掌握一些专业基础知识，但在本课程教学前，他们所有的知识都是片段式的，虽然学生对很多理论基础知识很熟悉，对实践操作的过程也很感兴趣，但对知识的表述不够严谨，忽视理论基础知识的系统掌握。对此，在后续教学过程要加强引导，注重理论与实践相结合。在相关讨论环节中，要引导学生正确疏导、理性使用网络信息资源，加强学生分析问题、解决问题的能力。

六、特色与创新

以中国航天机械臂作为思政素材，结合时事，贴近专业，引导学生树立科学技术强国理念，同时提升学生的家国情怀，激发民族自豪感、使命担当意识，使学生从技能和思想方面都得到全面提升。

案例 16

从汽车大国迈向汽车强国

——新能源汽车整车控制技术课程思政教学案例

授课教师：吴启帆

所属学院（部）：汽车机电学院

一、课程基本信息

课程简介：新能源汽车整车控制技术是新能源汽车技术专业的核心课程。本课程要求学生了解电动汽车的主流控制技术及其检修方法，掌握新能源汽车整车控制器的基本工作原理、常见故障诊断方法等方面知识，使学生获得新能源汽车整车控制系统检修、整车控制系统 PDI 检测、电动空调控制系统检修、电动真空泵控制系统维护与检修、电动助力转向系统维护与检修、冷却系统检修的能力，是一门理论与实际操作紧密结合、知识与技能并重的综合应用性课程。

授课对象：新能源汽车技术专业大二学生

教学章节：项目一 新能源汽车整车控制系统检修

教学课时：4 课时

二、课程思政设计

课程思政元素：环保意识、民族自豪感、安全意识、工匠精神、团队合作意识。

融入知识点：

1. 课程导入讲解——为什么要发展节能和新能源技术。

2. 讲解整车控制器的结构与应用时，讲述我国自主新能源汽车品牌的整车控制器的发展。

3. 讲解整车控制器的拆装步骤时，讲述机械行业生产安全事故案例。

4. 整车控制器拆装检修小组实操训练。

融入方式：

案例式教学、引导式教学，通过项目案例演示、事故案例分析的方式进行。

三、思政育人目标

1. 树立环保意识，让学生遵循可持续发展理念。

2. 了解我国新能源汽车的发展，激发民族自信，增强对自身所学专业的热爱。

3. 教育工作中提升安全意识，注意保护自己，珍爱生命。

4. 树立团队合作意识，懂得换位思考，提升工作效率。

5. 树立工匠精神，工作一丝不苟，注重细节。

四、教学实施过程

（一）教学引入

1. 习近平总书记指出，发展新能源汽车是我国从汽车大国迈向汽车强国的必由之路。请问同学们，你们知道为什么我们国家要大力发展新能源汽车吗？

2. 新能源汽车的三大核心技术是电池技术、电机技术、电控技术，请问同学们，你们知道新能源汽车中的电控技术能实现哪些功能吗？

（二）教学展开

1. 讲解我国发展新能源汽车的意义：很多国家和企业计划在 2025 年—2050 年之间取消燃油车的销售，我国计划在 2025 年前，乘用车新车平均燃料消耗量要下降至 4L/100km。新能源汽车是未来汽车发展的方向，因此，国家大力发展新能源汽车产业，是建设环保、节能主题的必由之路。赣州建立了新能源汽车科技城，在新能源汽车领域需要大量的技术人才和后市场服务人员。为此，我们学院建立新能源汽车技术专业，为行业、社会培养新能源汽车技术人才，以顺应社会、市场需求。

2. 讲解电动汽车整车控制系统的概念：由控制器通过汽车运行过程中各部件的运行状态，合理控制车辆的能量分配，协调各部件工作，以充分发挥各部件的性能，在保证汽车正常运行的前提下，实现汽车的最佳运行状态。

3. 讲解整车控制器的功能：

（1）接收、处理驾驶人的驾驶操作指令，并向各个部件控制器发送控制指令，使车辆按驾驶期望行驶。

（2）与电机、DC/DC 变换器、蓄电池组等进行可靠通信，通过 CAN 总线（以及关键信息）的模拟量进行状态的采集输入及控制指令量的输出。

（3）接收处理各个零部件信息，接收动力电池管理系统提供的当前动力电池的状态信息。

（4）系统故障的判断和存储，动态检测系统信息，记录出现的故障。

（5）对整车具有保护功能，视故障的类别对整车进行分级保护，紧急情况下可以关掉电机并切断母线高压系统。

（6）协调管理车上其他电器设备。

4. 讲解吉利 EV300 的整车控制器的结构，让学生了解我国国产新能源汽车在整车控制系统领域的发展，激发民族自信心，培养对于所学专业的热爱。

5. 讲解整车控制器的拆装方法：（1）打开车门，安装三件套。（2）确保起动开关关闭，拉动前机舱盖拉手。（3）打开前机舱盖，安装翼子板布、前格栅布。（4）取下蓄电池负极，可靠搭铁。（5）拔下整车控制器插接器插头。（6）拆下整车控制器 4 个固定螺栓。（7）取下整车控制器。（8）更换新的整车控制器。（9）安装整车控制器4个固定螺栓。（10）安装整车控制器连接插头。插接时注意"一插、二响、三确认"。（11）安装蓄电池负极。（12）取下翼子板布、格栅布。（13）关闭前机舱盖。（14）取下三件套。

讲述机械行业生产安全事故案例，以提升学生安全意识，使之懂得珍爱生命，注重保护自己、保护设备。

6.分小组实训，对整车控制器进行拆装检修。在此过程中激发学生的团队合作意识，养成团队合作的良好习惯，培养换位思考与为他人服务的品质，提升团队合作能力。

7.项目总结。总结项目中存在的问题；让学生感受到发展新能源汽车是我们的骄傲。

（三）教学总结

多个思政目标针对不同学生有不同的影响，多角度引发思考。从学的角度考虑教的设计。课堂上，老师大胆地"放"，充分给学生以自主学习的机会，让学生以小组合作探究的方式，自己去凭借旧知探索新知，找到新旧知识之间的内在联系。老师尽量少讲，留更多的时间让学生自己去感悟和总结，从而找到一条适合自己的解决问题的最佳途径。

五、教学成效与反思

教学成效：

1.引导学生深入了解和认识节能与新能源技术以及我国的战略发展，树立环保意识。

2.使学生掌握新能源汽车整车控制系统的作用、结构以及检修方法，了解我国整车控制系统的发展，树立民族自信心。

3.使学生完成整车控制器的检修实训，培养团队意识、传承工匠精神。

4.帮助学生即便在生活中也能学会换位思考，站在对方的角度观察和分析问题，减少矛盾。

5.加强了学生学习的自主性，养成良好的职业素养。

教学反思：

1. 思政目标之间的衔接：本项目涉及五个思政育人目标，贯穿项目始终，但衔接不是特别顺畅，思政素材单薄。

2. 教学效果展示：思政育人目标中的环保意识、团队意识有比较直观的展示，思政育人目标中的安全意识的效果展示不明显，需增加思政课堂交流环节，针对各思政目标让学生进行互动交流，谈收获、说感想，并将这一点纳入过程考核评价。

六、特色与创新

1. 在新能源汽车课程中融入思政。利用新能源汽车类课程的特殊性，开展环保意识、新技术强国意识等思政教育，增强学生民族自豪感与国家自豪感。

2. 在技能实践中融入思政。让学生不仅在理论课堂中能得到思政教育，更重要的是在技能实训时对思政内容感同身受。

3. 利用碎片化时间进行思政教育。在课间及课后融入"5S"教育，教导学生养成整理工位等做事有始有终的习惯，培养学生职业素养。

案例 17

商以载道，文以化人
——商业文化与素养课程思政教学案例

授课教师：范玲俐

所属学院（部）：商学院

一、课程基本信息

课程简介：商业文化与素养课程是商科院校的通识教育课程，是工商管理类专业的专业基础课。课程内容根据商科人才培养标准设置，围绕学生应具备的人文素养、职业道德、"双创精神"等开展教学，主要包括中国商史、商人、商路、商帮、商道、商业规则、职业素养等。课程旨在帮助学生丰富商业文化知识储备、提高文化审美、传承文化精髓、遵循商业规范，增强文化自觉与自信。该课程适用于市场营销专业全日制中高职、职业本科学生，及商贸从业人员、商业文化爱好者等。

授课对象：商学院市场营销专业大一学生

教学课时：32课时

二、课程思政总体设计内容

序号	模块（项目）	知识点	思政育人元素	思政教学素材
1	模块一 商史：华商历史，灿烂辉煌	中国古代商业起源（商部落及商代商业、商文化）	文化传承	学习强国视频：商丘华商文化广场；"三商之源，华商之都"
		中国古代商业发展（商业政策、重要商路、商业场所、货币金融）	商业智慧	图片：铜贝、交子；学习强国视频：《诗中游长安》清明上河图、郑和下西洋
		重商与抑商（代表人物李悝、商鞅、韩非、管仲、桑弘羊、刘晏、叶适等）	文化自信	学习强国资料：管仲《国富论》；高考语文卷"论管鲍之交"

（续表）

序号	模块（项目）	知识点	思政育人元素	思政教学素材
2	模块二 商人：货殖有道，商以报国	华商始祖王亥：历史尊称、商业思想、商业事迹、对后世影响	创新精神	网络视频：服牛驯马，长途贸易，技术创新
		商圣范蠡	家国情怀	学习强国资料：三致千金；《史记·货殖列传》
		商业哲学启蒙者计然	文化自信	网络资料：计然七策；《史记·货殖列传》
		儒商始祖子贡	家国情怀	学习强国视频：端木遗风；《史记·货殖列传》《论语》
		良商代表白圭	职业操守	网络资料："人弃我取，人取我与"；"智勇仁强"四字箴言
		官商大家吕不韦	家国情怀	学习强国资料：《吕氏春秋》；奇货可居
		女商始祖巴寡妇清	家国情怀	网络图文："保家卫国，人人有责"；捐银万两修长城

（续表）

序号	模块（项目）	知识点	思政育人元素	思政教学素材
3	模块三 商路：商品显赫，商路通达	丝绸之路：历史成因、主要商品、商业故事、对后世影响	开拓进取	学习强国资料：张骞出使西域；司马迁《史记》"凿空西域"
		海上丝绸之路	文化传承	学习强国视频：中国名片（丝、瓷、茶）；"一带一路"
		茶马古道	开拓进取	学习强国视频：古道马帮；抗日战争时期的驿运与抗战
		京杭大运河	文化传承	学习强国视频：中国第46个世界文化遗产项目
4	模块四 商帮：商帮荟萃，开拓进取	晋商：发源地、经营业务、贸易范围、会馆建筑、经商格言、商帮影响	贾而好儒	晋商｜乔致庸经商与治家之道；平遥古城、日升昌
		徽商	诚信经商	徽商｜胡庆余堂"戒欺"匾额；徽商故里；徽骆驼精神
		陕西商帮	家国情怀	陕西商帮｜"三硬商人"；以商事国马合盛
		山东商帮	文化传承	山东商帮｜"一孟皆善"孟洛川；瑞蚨祥老字号

（续表）

序号	模块（项目）	知识点	思政育人元素	思政教学素材
4	模块四 商帮：商帮荟萃，开拓进取	江右商帮	家国情怀	江右商帮｜爱国实业家黄文植；万寿宫；郁孤台文化街区
		福建商帮	拼搏进取	福建商帮｜歌曲《爱拼才会赢》；爱国华侨陈嘉庚
		广东商帮	创业精神	广东商帮｜"敢为天下先"；实业兴邦张弼士；改革开放
		宁波商帮	拼搏进取	宁波商帮｜"敬教助学"朱葆三；甬商博物馆
		洞庭商帮	家国情怀	洞庭商帮｜张謇实业救国；荣氏家族
		龙游商帮	包容精神	龙游商帮｜热心公益汪笃卿；龙游民居苑
5	模块五 商道：商道铸魂，引领未来	中华商道 （商道本质、商道内容、传承商道）	商业伦理	学习强国视频：企业家精神；"新商道"
		商业规则 （商业道德规范、商业法律法规）	社会主义核心价值观	新闻报道："守德成功、失德失败"；《民法典》
		职业素养 （职业道德、职业意识、职业习惯、职业技能）	社会主义核心价值观	学习强国视频：公益广告、职业素养冰山模型

三、思政育人目标

培养学生关注商业文化、尊重商业历史的文化自觉，培养学生主动传承中华优秀传统文化的意识，引导学生学习古人商以报国的家国情怀，传承中华商道，建立正确的义利观，坚定文化自信，增强商业伦理精神，弘扬社会主义核心价值观。

四、教学实施策略

（一）思政教学素材选择要点

1.素材选择原则

结合学校"红绿蓝"三色文化育人理念，立足商科专业与历史文化课程的双重课程特性，通过融入传统文化、渗入家国情怀、凸显地方特色、凝练商科专业素养，挖掘古代商业蕴含的文化标识、文化内涵、民族精神，引申出商业从业者的职业素养，并将之融入商史、商人、商路、商都及商道五大模块的课程教学任务中，采用文技双线教学策略，达到润物无声的育人效果。

2.素材选择要点

历史典籍类：《史记·货殖列传》，专门记叙从事"货殖"活动的杰出人物传记；《史记·仲尼弟子传列》，主要选取与子贡有关内容；《论语》，主要选取反映孔子义利观，以及与子贡有关的内容。通过重温典籍，引导学生提升文化修养，更好地理解商业文化。

商业人物类：主要包括明清十大商帮代表人物、各历史时期代表性商业人物、现代有影响力的商业名人等。通过讲述人物故事，引导学生从商业人物身上学习为人为商的品质。

文化景点类：主要包括商帮会馆，如晋商会馆、江西会馆等；商业古城，如山西平遥、江西景德镇、河南商丘等；文物保护单位，如祁县乔家大院、泉州世遗名城、赣州郁孤台文化街区等。通过展示上述文化景点，引导学生热爱商业文化遗产，增强文化自信。

学习强国资源类：充分利用学习强国平台，选取与商业文化相关的视频、图文等资源，如纪录片《诗中游长安》《河西走廊》《一带一路》《大国崛起》等，丰富课程思政教学素材。

（二）教学展开

以学生为中心，基于信息化教学平台，构建课前导学、课中探学、课后拓学三阶递进学习模式。在教学实践中，教师陪伴和训练学生，给予学生肯定和鼓励，引导学生自主探究，激发学习原动力与潜能。通过课堂内外教学体验，将课程思政元素自然融入知识点，引导学生认识和理解商业文化精神，掌握商业文化规律，传承中华商道，提升职业素养，培养学生文化自觉和自信，实现价值塑造、知识传授、能力培养"三位一体"的人才培养目标。

1.课前导学。利用学银在线课程平台，发布预习资源和讨论话题，通过设计蕴含德育元素的预习任务，引导学生建立正确的价值取向。如在学习杰出商人范蠡时，布置预习任务语音打卡《陶朱公商训》，思考并讨论"如何为人为商"；学生在讨论区打卡留言，教师适时点评引导，使学生在相互激发的过程中获得"为商先为人"的价值认知。

2.课中探学。课中围绕学习任务，引导学生自主探学，并将思政育人元素自然融入模块知识点，通过合作研学、展示赏学、互检评学、重点讲学等路径提升课堂效率，充分发挥专业课思政教育价值引领的育人功能。如在学习著名商路时，让学生分组研究、小组展示汇报、组间互评，最后由教师进行点评，对学生引用的思政素材进行画龙点睛式的归纳总结，对重点知识予以强化讲解，在师生合作中完成课堂学习任务。

3.课后拓学。课后布置制作思维导图、拍摄视频等作业任务，充分挖掘学生潜能，进行个性化拓学。如"商业名人故事分享"视频制作、商业文化旅游线路设计、商业文化知识卡片制作等，优秀作业将在课程平台展示，以实现学生信息化技能与思政素养的双提升。

五、教学成效与反思

1. 学生感悟深刻。学期末开展总结汇报，学生普遍反映收获大、感悟深。以童玲娜同学为例，她说："我收获到很多商业文化知识，了解了商业发展中的困难及解决的方法，还有坚持不懈的精神。今后我会把商业文化知识讲给弟弟听，我也会学习古人的创业精神，敢于挑战、尝试创新，回馈社会和国家。我想对老师说，我觉得老师您给人很有正能量的感觉，会鼓励我们，我会好好学习，天天向上。"后续将持续深入开展学习总结，以学生的所获所悟来考查思政目标达成度。

2. 学生参与度深。本课程采用线上线下混合式教学，线上设置有课堂主题讨论、抢答、测验等活动，同时设置有拓展性任务，如思维导图作业、小组任务、商业名人故事分享等，完成率均达100%。线下开展文化场馆现场教学、小组汇报展示、学习汇报等，学生积极性高，参与率达100%。通过任务驱动、深度参与，学生学习成果显著，作业视频、PPT、思维导图等均在学习平台展示。

3. 课程辐射深远。本课程在学银在线运行4期，选课人数近2000人，涵盖院校近40所。本课程被超星集团收录为"示范教学包"，供外校教师教学引用。后续将继续深耕校内教学，加强商科通识教育，开展第二课堂教育等。

六、特色与创新

1. 产教融合，校企共育，凸显地方文化。与郁孤台文化街区、"客家瓷画"非遗项目等开展交流合作，校、行、企共同挖掘地方商业文化历史，将古赣州商业印记、宋城文化等融入"江右商帮"模块内容，加强省情教育，涵养家国情怀。

2. 技术赋能，文技融合，创新教学模式。对接新商科人才培养标准，结合数字经济发展趋势，创新教学模式。依托学银在线平台，开展翻转课堂教学；依托新媒体工具，开展信息化项目实践，不断增强学生的适应性、创新性与发展性。

案例 18

带您打开程序世界的大门

——计算思维课程思政教学案例

授课教师：王凯

所属学院（部）：通讯与信息学院

一、课程基本信息

课程简介：计算思维是移动互联应用技术、物联网应用技术等专业开设的专业基础课，是一门有助于学生形成程序设计思路、开展代码编写的重要课程。其任务是依托 App Inventor 平台，通过积木块的编程将抽象的计算思维具体化，培养学生的计算思维，将学生从现实世界带入计算机世界，让其能够开展变量定义、控制语句编写、事件设计与实现、算法流程设计等程序设计工作。课程采用成果导向的团队项目式教学模式，通过通俗易懂的方式快速带领学生融入程序，让学生在项目讨论、项目推进和项目汇报中得到锻炼和提升。

授课对象：移动互联应用技术三年制、五年制学生

学时：64 课时

二、课程思政总体设计内容

序号	模块（项目）	知识点	思政育人元素	思政教学素材
1	项目一 计算思维入门	1.计算思维的概念 2.计算思维与各学科发展的关系 3.计算思维能力的提升途径	家国情怀、职业素养	中国移动互联网的飞速发展、中美贸易战中的"中国芯"
2	App Inventor 初认识	1.App Inventor 开发环境 2.App Inventor 调试方法	程序员求真务实、认真负责的精神	优秀学长案例

（续表）

序号	模块（项目）	知识点	思政育人元素	思政教学素材
3	项目二 猜猜我是谁	1. 按钮组件的使用 2. 屏幕的使用 3. 音效组件的使用 4. 对话框组件的使用 5. 加速度传感器的使用	家国情怀、工匠精神	移动互联软件开发技术的发展动态、赣州红色文化
4	"猜猜我是谁"项目汇报与拓展	1. 项目文档编制 2. 程序实现过程 3. 项目汇报过程	职业素养、求真务实、工匠精神、沟通整合	"猜猜我是谁"项目开发与汇报
5	项目三 神奇的画板	1. 利用画布实现绘图功能 2. 采用球形精灵组件和计时器组件实现动画效果 3. 处理触摸和划屏行为 4. 颜色的合成、多个屏幕间的调用和数据传递	职业素养、求真务实精神、长征精神	闪闪的红星
6	"神奇的画板"项目汇报与拓展	1. 项目文档编制 2. 程序实现过程 3. 项目汇报过程	职业素养、求真务实、工匠精神、沟通整合	"神奇的画板"项目汇报与拓展
7	项目四 地鼠来袭	1. 多屏幕的切换 2. 任意组件模块的使用 3. 画布与精灵的坐标 4. 计时器在游戏中的应用 5. 过程模块的操作方法	批判启发精神、规则意识	"地鼠来袭"、计时器、保卫家园
8	"地鼠来袭"项目汇报与拓展	1. 项目文档编制 2. 程序实现过程 3. 项目汇报过程	职业素养、求真务实、工匠精神、沟通整合	"地鼠来袭"项目汇报与拓展

（续表）

序号	模块（项目）	知识点	思政育人元素	思政教学素材
9	项目五 趣弹琴	1. 使用单个音效组件来播放不同的声音文件 2. 使用计时器组件测量时序	工匠精神、吃苦耐劳精神	世界钢琴大师、革命年代的文工团
10	"趣弹琴"项目汇报与拓展	1. 项目文档编制 2. 程序实现过程 3. 项目汇报过程	职业素养、求真务实、工匠精神、沟通整合	"趣弹琴"项目汇报与拓展
11	项目六 通讯助手	1. 使用短信收发器组件发送短消息 2. 使用短信收发器组件处理接收到的短消息	沟通整合、学习创新精神	华为5G
12	"通讯助手"项目汇报与拓展	1. 项目文档编制 2. 程序实现过程 3. 项目汇报过程	职业素养、求真务实、工匠精神、沟通整合	"通讯助手"项目汇报与拓展
13	项目七 一起去旅行	1. 界面和组件设计 2. 指南针的实现 3. 地图 4. 日记簿的设计与实现 5. 拍照	家国情怀、问题解决能力	永远的罗盘
14	"一起去旅行"项目汇报与拓展	1. 项目文档编制 2. 程序实现过程 3. 项目汇报过程	职业素养、求真务实、工匠精神、沟通整合	"一起去旅行"项目汇报与拓展
15	项目八 天气随时查	1. 基于Web服务的行为实现 2. 同时查询多天天气 3. 增强版的设计与实现	职业素养、科学探索	郑州暴雨事件
16	"天气随时查"项目汇报与拓展	1. 项目文档编制 2. 程序实现过程 3. 项目汇报过程	职业素养、求真务实、工匠精神、沟通整合	"天气随时查"项目汇报与拓展

三、思政育人目标

通过成果导向的团队教学，培养学生团队协作精神；通过融入思政元素的案例，培养学生的家国情怀、求真务实的精神；通过项目功能完善，培养学生团结协作能力、工匠精神、职业素养；通过功能拓展，培养学生开拓创新能力、沟通表达能力、科学探索精神。

四、教学实施策略

（一）思政教学素材选择要点

1.根据不同知识点的特点和内涵，从项目载体上选择课程思政元素。比如，"神奇的画板"项目中，画多边形的案例可以使用程序绘制正方形、六边形及其他多边形，但是在选取五角星时，引入红军帽子上的红星，加入赣南特色，如此一来，在画多边形的过程中能够进一步加深学生对长征精神的理解。项目开展过程中不仅引入了数学知识，而且引入计算机图形学知识以及红色文化，让学生对赣南苏区有更好的认识，对红军长征精神有更深的理解。又比如，"一起去旅行"项目，结合赣南特色，充分调动学生的积极性，搜集和挖掘赣州旅游名胜，让学生对赣南深厚的文化有更深的认识，让学生更加有家国情怀，增强民族自豪感。尤其是项目开展的过程中，在"如何去开展赣南旅行"环节中加入罗盘的知识，这是对优秀传统文化的宣扬。

2.从教学方法上选择思政元素。计算思维课程开展的过程中，注重PBGS团队项目的开展。团队负责人带头，团队成员分工明确，进行项目实施和项目展示。教师开展课堂设计，学生按照教学要求，担任不同的角色，各司其职，培养学生的责任意识。学生在自己的角色中，通过沟通交流，稳步推进项目，增强学生的团队协作能力，在团队项目拓展过程中培养学生的开拓创新精神。

（二）教学展开

1.课程思政教学案例设计

设计具有课程思政元素的计算思维知识结构。课程设计中融入情感、态度、价值观，形成与课程知识点对应的教学思政案例，设计的案例覆盖课程技能点，把教学思政案例分解落实到每节课堂中。比如郑州暴雨事件融入"天气随时查"案例中；赣南特色景点融入"一起去旅行"项目中；闪闪的红星，将红军的长征精神融入"神奇的画板"项目中；等等。

2.OBE 理念下的实践环节设计

首先开展实践项目教学案例的设计。针对每个技能点的特点，将思政元素有效融入，通过 OBE 和 PBGS 模式，保障实践教学环节的高效。每个学生都要在项目中学习、在项目中成长，通过角色互换、团队分工、项目汇报等多个环节，实现学生在做中学、学中做，不断培养学生的开拓创新精神、团结协作精神和责任意识。通过项目的有效开展，培养学生严谨的思维、态度及钻研精神，引导学生不断拓展项目，提高分析和解决实际问题的能力。在开展实践课堂的过程中，实行学生组内和组间监督，培养学生诚信精神。教师全程关注学生学习过程和学习效果，推动学生课程技能的提升。

3.课外技术交流，提升整体素养

教师要从易到难不断优化和丰富教学内容，构建逐级递进的项目资源体系，利用智慧职教平台，采用"课外交流、课内外结合、因材施教、分层培养"的模式开展教学。通过学生工作室、学生技术交流论坛等多种方式，培养学生开放、创新、分享的精神，提高学生自主学习和钻研的能力。通过采取教师和优秀学生帮助学习更慢的同学这一帮扶教育方式，提高班级整体学习成绩。在学习过程中，教师注重培养学生团队合作精神、自主学习能力及分析解决问题的能力。

4.立德树人，评价合理，课程思政评价反馈设计

将立德树人理念与课程考核机制融合，课程考核采用"职教云线上学习情况 40%+ 平时线上线下项目完成情况 40%+ 考勤平时表现 20%"的分数比例，考核学生团队项目任务完成情况，关注项目任务完成质量，通过抽查组员、开展代码讲解，关注和检查学生的项目是否独立完成以及是否

有违规、作弊等失信行为，督促学生端正学习态度。如此，考核更加客观、合理，能更好地反映学生的真实状态，形成良好的竞争氛围。

五、教学成效与反思

校内外同行：教学团队积极开展基于 OBE 学习模式，通过 PBGS 项目化教学开展全方位的课程思政和技能培养，通过讲解融入课程思政元素的典型案例，学生提升了对计算思维的价值认识水平，更加注重课程技能和课程目标的学习，以更好地推进课程进度，提升自我修养和技术技能。通过推广和讲解，物联网教研室的大多数教师开展了该模式，将课程思政的建设与 OBE 紧密结合，提升了课程思政的育人效果。

学生评价：学生的参与度得到很大的提升，课堂氛围更加浓厚。社招班的学生听了该模式下的课程，称赞老师把枯燥无味的课程讲得生动有趣；专升本的学生称赞老师的课讲得透彻有意思，对课堂印象深刻。

通过 OBE 和 PBGS 的融入，教师对学生的组织更加有效，如开展分组，为每个组员设置特定角色，赋予特定任务；每推进一个项目，小组分工重新调整轮换，每个学生都得到了锻炼，增强了获得感。

六、特色与创新

1.从项目中找课程思政点。结合本地特色开展项目设计，在将课程思政有机融入项目的过程中，实现项目知识的传授，提高项目的灵活性。学生不仅能够提高思想意识，而且强化了知识技能，做到一举多得。

2.OBE 和 PBGS 教学模式的选择。根据课程特点，采用团队项目化教学模式，提高了课程的实施效果。成果导向教学模式注重学生学习成效，既有对课程思政的学习成效考查，也有对技术技能的学习成效考查，考查点比较全面。

3.项目拓展。对于任何项目都不能浅尝辄止，要能够开展项目的拓展与升华，培养学生的学习创新和科学探索精神。

案例 19

茶，一片树叶的故事

—— 茶文化与茶艺课程思政教学案例

授课教师：刘燕

所属学院（部）：旅游与外语学院

一、课程基本信息

课程简介：茶文化与茶艺课程是酒店管理与数字化运营、旅游管理、高速铁路客运乘务专业的拓展课程。根据茶艺师岗位职业能力要求，课程涵盖茶文化基础知识、茶技艺、科学饮茶及茶叶冲泡四大模块共九个项目。本课程在教学过程中紧紧围绕"精、美、敬、和、俭"的育人元素来确定教学目标；在实现茶艺知识和技能专业课程相结合的教学目标的同时，让学生去践行"精"、体验美、表达"敬"并养成清廉俭德的品质，实现专业课程思政育人的目标。

授课对象：2021 届酒店管理与数字化运营专业学生

教学课时：64 课时

二、课程思政总体设计内容

序号	模块（项目）	知识点	思政育人元素	思政教学素材
1	茶之历史	茶的起源、茶的发展、茶的传播、茶的习俗	爱国情操、文化自信、民族自豪感	纪录片《茶，一片树叶的故事》、微电影、线上平台教学视频
2	茶之基础	茶树的生长、茶叶的分类、茶叶的加工、中国茶区分布	吃苦耐劳、民族自豪感	纪录片《茶，一片树叶的故事》、线上平台教学视频

（续表）

序号	模块（项目）	知识点	思政育人元素	思政教学素材
3	茶之用水	水的分类、泡茶用水、名泉佳水	吃苦耐劳、爱国情操、勤俭节约	纪录片《茶，一片树叶的故事》、线上平台教学视频
4	茶之用具	茶具的起源与发展、茶具的分类、茶具的选配	职业素质、审美意识、爱国情操	纪录片《茶，一片树叶的故事》、微电影、线上平台教学视频
5	茶之礼仪	仪容仪态、服务礼节、化妆技巧、茶席设计	文化自信、爱国情操、职业素质、工匠精神	纪录片《茶，一片树叶的故事》、线上平台教学视频
6	茶之技艺	茶艺编创、审评要求、审评程序、评茶术语	团队合作意识、创新意识、审美意识、精益求精	历代茶艺表演作品、我院参赛的茶艺表演作品、线上平台教学视频
7	茶之评鉴			
8	茶之品饮	饮茶基本知识、饮茶误区、茶叶的成分、茶叶的功效、饮茶禁忌	文化自信、爱国情操、职业素质、审美意识、工匠精神	饮茶健康相关论文及数据、线上平台教学视频
9	茶之健康			
10	茶之销售与选储	茶的销售、茶的鉴别、茶的储存	文化自信、爱国情操、职业素质、审美意识、工匠精神	历代茶馆经营理念、不同的茶叶图片或实物、线上平台教学视频
11	不发酵：绿茶盖碗、玻璃杯冲泡技法	绿茶盖碗冲泡技法、绿茶玻璃杯冲泡技法	文化自信、爱国情操、职业素质、审美意识、工匠精神	教师现场演示过程、微电影、历年国赛茶艺作品、线上平台教学视频

（续表）

序号	模块（项目）	知识点	思政育人元素	思政教学素材
12	微发酵：白茶、黄茶盖碗冲泡技法	白茶、黄茶盖碗冲泡技法	文化自信、爱国情操、职业素质、审美意识、工匠精神	教师现场演示过程、线上平台教学视频
13	半发酵：乌龙茶（闽南乌龙茶盖碗冲泡技法）	闽南乌龙茶盖碗冲泡技法	文化自信、爱国情操、职业素质、审美意识、工匠精神	教师现场演示过程、历年国赛茶艺作品、线上平台教学视频
14	半发酵：乌龙茶（闽北乌龙茶盖碗冲泡技法）	闽北乌龙茶盖碗冲泡技法	文化自信、爱国情操、职业素质、审美意识、工匠精神	教师现场演示过程、历年国赛茶艺作品、线上平台教学视频
15	半发酵：乌龙茶（广东乌龙茶盖碗冲泡技法）	广东乌龙茶盖碗冲泡技法	文化自信、爱国情操、职业素质、审美意识、工匠精神	教师现场演示过程、历年国赛茶艺作品、线上平台教学视频
16	全发酵：红茶瓷壶冲泡技法	红茶瓷壶冲泡技法	文化自信、爱国情操、职业素质、审美意识、工匠精神	教师现场演示过程、历年国赛茶艺作品、线上平台教学视频
17	后发酵：黑茶紫砂壶冲泡技法	黑茶紫砂壶冲泡技法	文化自信、爱国情操、职业素质、审美意识、工匠精神	教师现场演示过程、历年国赛茶艺作品、线上平台教学视频
18	再加工茶（紧压茶、花茶的冲泡技法）	紧压茶、花茶的冲泡技法	文化自信、爱国情操、职业素质、审美意识、工匠精神	教师现场演示过程、历年国赛茶艺作品、线上平台教学视频

三、思政育人目标

我国茶文化中蕴含着丰富的思政教育资源，中国茶道精神所倡导的中庸和谐、修身齐家、天人合一、以俭育德等高尚品质、处世哲学和爱国思想都是本课程思政课教育的重要内容。思政育人目标如下：

1. 体会求真务实的科学精神，养成吃苦耐劳、一丝不苟的学习态度。

2. 增强民族自豪感，厚植爱国主义情怀。

3. 传承中国传统茶文化，坚定文化自信。

4. 培养创新、敬业、守法的品质，养成并保持学习的能力，提高茶艺素养。

5. 培养谦恭、无私奉献、淡泊名利精神以及先苦后甜的处事心态。

6. 增强艺术感和审美能力，养成专注、用心、精益求精的工匠精神。

四、教学实施策略

（一）思政教学素材选择要点

1. 茶圣陆羽的《茶经》为世界第一本茶叶百科全书。

2. 展示习近平总书记在进博会期间与法国总统马克龙夫妇茶叙的图片及一系列茶事外交的图片，了解茶叶的复兴，坚定道路自信。

3. 引导学生观察习近平总书记茶叙中使用的茶具，并重点观察习近平总书记与美国前总统奥巴马饮茶方式的不同，引出本节课所使用的茶具——盖碗。

4. 对比图片中美国前总统奥巴马的饮茶方式，演示盖碗饮用的正确手法。

（二）教学展开

1. 课前思政融入。通过与茶相关的典型人物、历史事件、名人名言、经典作品、职业情景、社会热点等拉开教学序幕，学生学习的专注让每节课都充满了仪式感，由此，学生可以慢慢体会茶道精神，感受中国传统文化的魅力。

2. 课中思政融入。各类茶的冲泡环节是学习的重点。茶艺技能实训课程以立德树人为教学宗旨，从政治认同和国家意识、品德修养和人格养成、学术志向和专业伦理等三个层面对学生进行价值引领。

3. 课后思政融入。每节课结束后，教师给学生的课后作业都是回家泡杯茶给自己、给家人、给朋友，培育学生的感恩意识，并让学生在学习平台上分享冲泡一杯茶的感悟。业广惟勤，学生多个场景的反复练习，使教师在教学中收到的反馈也颇多，这是师生共同收获的人生感动。

五、教学成效与反思

（一）教学成效

1. 学生的诚信度提高。名优茶假货泛滥，课程要求学生拒绝购买、出售假货，做诚信、守法公民。

2. 学生的技艺提高。从投茶量、茶水比、水温、出汤时间等方面要求学生认真专注、精益求精，培养学生追求完美、不断创新的职业素养和敬业精神。

3. 学生的思想观念有所转变。茶的包容性强，清饮、调饮俱佳，得到了世界人民的喜爱。借助课程，教育学生学会包容，努力使自己成为受欢迎的人。

4. 学生的创新意识增强。茶汤入口先苦后甜，人生亦如此，鼓励学生努力奋斗，未来可期。

（二）教学反思

1. 在教学中充分融入课程思政元素，如民族自豪感、文化自信、爱国主义情怀、工匠精神和科学探索精神。

2. 案例教学评价与思政标准契合度不够，德育教育效果不明显。

3. 专业课程育人教学规范、评价标准和课程思政教学指南还需进一步修改与完善。

六、特色与创新

本课程融入思政内容，将中国茶文化与思政教育融会贯通，丰富了课程的教育教学，突显课程特色，使学生无形中感受到中国传统文化的魅力。

1. 深入挖掘茶文化在高校育人中的德育功能，增强大学生的民族自豪感，厚植爱国主义情怀，坚定文化自信、道路自信。

2.茶人、茶道精神和茶德思想蕴含做人处事的基本原则和道德修养，有利于大学生更加深入客观地认识自己，不断实现自我成长和自我发展；也可以对大学生的思想和行为起到引导和约束作用，从而帮助大学生树立正确的人生观和价值观。

3.泡茶、品茶的过程都是极为认真和讲究的，这种对细节的专注及精益求精的要求，可以培养学生追求完美、不断创新的专业素养，也十分契合我们铸造大国工匠精神的要求。

4.帮助学生养成求真务实的科学态度，吃苦耐劳、一丝不苟的工作作风；提高学生的分析、总结能力，以及团队协作及沟通、管理能力；养成较强的创新意识和高品位的茶艺素养；增强浓厚的爱国情怀和传承敬业、精益、专注、创新的工匠精神。

案例20

精在得宜，巧于匠心
——园林施工图设计课程思政教学案例

授课教师：郭玲

所属学院（部）：园林与建筑学院

一、课程基本信息

课程简介：园林施工图设计课程为"双高"专业的核心专业课，是一门集园林建筑材料、施工工艺、绘图标准及规范于一体的综合性课程。课程内容与行业岗位需求、实际工作紧密结合。课程设计以培养学生绘图能力为目标，以完成项目任务为载体，充分体现以工作过程为导向的课程开发与设计理念。

授课对象：风景园林设计、园林技术专业学生

教学课时：64课时

二、课程思政总体设计内容

序号	模块（项目）	知识点	思政育人元素	思政教学素材
1	项目一：园林施工图设计概述	1.1 园林施工图设计的内容及要求	缅怀中国著名古建筑园林艺术学家改革开放以来对园林工程事业付出的艰辛与不易，增强学生民族意识和民族自豪感	回顾园林工程发展历程；同济大学教授陈从周坚持从事保护、发掘古建筑工作相关案例
2		1.2 园林施工图设计相关规范和标准	具有严格的规范意识与不懈追求完美的精品意识	解读《室外环境工程标准图集》
3		1.3 园林施工图目录及设计说明	坚定自己的政治方向，坚定致力于自己未来的园林景观事业	国家"十四五"规划对园林行业的指导性建议
4	项目二：施工总图设计	2.1 总平面施工图设计	在实际工地现场看到施工工人在寒风、烈日下工作，让学生了解选择了园林行业就必须具备吃苦耐劳精神	园林景观施工现场参观学习工程施工概况
5		2.2 总平面索引图设计	提升家国情怀、理想信念和社会责任感	通过对整个区块的分区导向，厘清红色文化历史，感悟当今幸福生活来之不易
6		2.3 总平面竖向图设计	让学生认识到道路工程设计中面临的水资源、水环境和水生态问题。福寿沟是赣州古城地下的大规模古代砖石排水管沟系统	由 2021 年河南郑州特大暴雨事件引申竖向排水设计，介绍利用地势高差，连通城内坑塘水系蓄洪，通往城墙处的水窗，使赣州有"千年不涝"之称的福寿沟
7		2.4 网格、尺寸、坐标定位图设计	将工匠精神引申到园林行业，培养学生一丝不苟、精确到一毫米的精益求精的工匠精神	"现代鲁班"王振华，工匠精神的代表。

（续表）

序号	模块（项目）	知识点	思政育人元素	思政教学素材
8	项目三：园路与铺装施工图设计	3.1 健康步道施工图设计	培养学生正确的设计理念及精益求精的绘图习惯，弘扬敬老的传统美德；培养学生一丝不苟的工匠精神以及树立以以人为本为核心的科学发展观	播放热点新闻《健康步道的真相》，挖掘不同景观要素的分析能力，体现社区记忆、人文关怀
9		3.2 人行与车行园路施工图设计	树立生态排水系统设计与雨水资源利用之可持续管理的思想；解读美国艺术与科学学院院士俞孔坚等著的《海绵城市——理论与实践》	
10		3.3 场地铺装施工图设计	学会利用"习惯的力量"，就能让人生与事业脱胎换骨	推荐阅读耶鲁大学历史系学士、哈佛大学企业管理硕士查尔斯·都希格的《习惯的力量》
11	项目四：园林砌体施工图设计	4.1 树池与花坛施工图设计	坚持以人为本的设计理念，营造舒适而美丽的生活环境	切入人体工程学的尺度概念
12		4.2 挡墙与台阶施工图设计	新时代"工匠精神"的基本内涵包括自觉自愿的敬业、脚踏实地的专注、富于创造的执着和匠心独运的求美	从不同景观砌筑体材料中延伸到传统行业中的木匠、石匠，再到现代职业分类中的建筑师、工程师，感受深厚的工匠传统
13		4.3 廊架施工图设计	从中了解、熟知中国传统园林建筑特点及所象征的中国传统文化和设计内涵，增强民族意识和民族自豪感	与古为新：冯纪忠和他的何陋轩

（续表）

序号	模块（项目）	知识点	思政育人元素	思政教学素材
14	项目五：水景施工图设计	5.1 驳岸施工图设计	无论哪种形式，不仅要满足当代所倡导的园林生态理念，还要满足现代人们对园林景观及亲近自然的要求	各式各样的驳岸设计类型带给学生的思考
15		5.2 水池施工图设计	可持续发展的生态创新节能设计观念	国内外优秀水景作品和设施的讲解，强化技术创新、责任担当
16		6.1 种植要求	将人与自然和谐发展等观念融入课堂，体现科技、艺术、创意下植物景观配置	植物生态观，引入绿色中国梦，生态文明建设
17	项目六：植物施工图设计	6.2 种植说明、苗木表	培育并践行社会主义核心价值观；增强责任意识	培养学生的全局观念，强调一棵植物都不能少
18		6.3 植物种植平面图	树立文化传承意识；厚植爱国情怀；增强文化自信	培养学生对园林植物创造美的认识

三、思政育人目标

结合学校以"生态文明建设示范校"的办学目标及秉承"立艺树人"的校训，整体课程以校园景观改造项目为载体，培养学生精确到每一毫米的"精在得宜、巧于匠心"的职业精神。以改善人居环境为愿景，融入"红色铸魂、蓝色浸润、绿色滋养"红蓝绿三维文化育人体系。挖掘出以"传承红色基因、铸造工匠精神、弘扬生态文明"为主线的校园景观改造素材，将之贯穿到施工图的总图、详图及植物配置图的教学任务中。

四、教学实施策略

（一）思政教学素材选择要点

"红色文化"建设思路：景观节点拟体现的具体文化内涵为艰苦卓绝、百折不挠的油山精神，瑞金、兴国、于都等地传承的赣南苏区经典红色文化，井冈山精神，等等，让红色文化精神放射出新时代光芒。

"绿色文化"建设思路：宣传展示"两山"理论、生态文明等新时代绿色发展理念；运用中国传统园林造景手法，彰显深厚绿色文化底蕴；实践海绵城市设计理念，构建可持续的动态互动景观。

"蓝色文化"建设思路建议：弘扬工匠精神，即将严谨认真、精益求精、追求完美的精神情怀植入校园景观；倡导劳动精神，即通过校园景观向师生宣扬劳动观，牢固树立劳动最光荣、劳动最崇高、劳动最伟大、劳动最美丽的观念。景观元素包括工匠主题雕塑、木构架小品、互动景观、蓝色飘带特色铺装等。

（二）教学展开

课程采取"知识要点＋工程案例＋思政元素"的教学设计模式，将关键知识点与园林工程案例结合，培养学生园林工程思维和专业知识应用能力，潜移默化进行理想信念教育、爱国主义教育、环境及传统园林文化教育等。课程思政建设贯彻"全过程育人"理念，按照课程项目教学的实施过程，遵循教育教学和学生成长的规律，不同的阶段侧重点有所不同，并将育人贯穿课堂教学"课前、课中、课后"全过程。

案例教学：以具体的案例为教学内容，以学生为主导对案例所提供的材料和问题进行分析研究，让学生提出见解，做出判断和决策，从而提高学生分析问题和解决问题的能力。

项目教学：以实际或竞赛项目设置教学内容，提高教学的针对性。

任务驱动式教学：设置案例分析小组任务，锻炼学生知识整理、信息化工具运用以及 PPT 制作和汇报表达能力。择优展示学生任务成果。

自主学习法：利用线上教学平台发布相关学习拓展资源和电子书籍，让学生充分利用在线课程资源，完成学习心得或学习笔记，培养学生自主学习的能力和习惯。

五、教学成效与反思

考核评价方法：课程思政全面实施后，课堂教学活动发生了新的变化，专业课教师在对学生进行课程评价时，不但要考查学生对专业知识和专业技能的掌握程度，还要对学生思想道德和职业素养进行过程性考核。

应用价值：可供其他工程类课程借鉴并推广应用，使专业课与思政教育同向同行，形成协同效应。学生思想素质持续提高，竞赛成效显著；技术型人才培养质量稳步提升；专业认同感及社会实践服务意识增强。

六、特色与创新

以学生为中心，丰富授课方式，明确课程定位，将关键知识点、园林工程基础知识与工程案例相结合，通过园林工程案例让学生掌握如何将施工技术应用于实际工程，提升学生解决复杂工程问题的能力，将社会主义核心价值观融入教育教学全过程。

教学资源的创新：利用在线课程视频、结构虚拟仿真动画等信息化教学手段，真实、准确还原各类园林工程细部构造、材料层次、做法工艺等多种要素，帮助学生解决结构抽象难懂等痛点问题，将教学的科学性、时代性、趣味性相融合。

　　课程教学内容的创新：立足园林施工图设计课程特点，以项目为导向，将传承文化、工匠精神、绿色生态三大主题作为思政贯穿线，用"讲故事"和"做设计"两种方法激发学生情感共鸣，实现专业课的育人作用。

　　课程评价体系创新：从理论知识、技能水平、思想道德三个维度进行定性、定量综合评价，让专业课程评价有态度、有温度。

德技并修篇

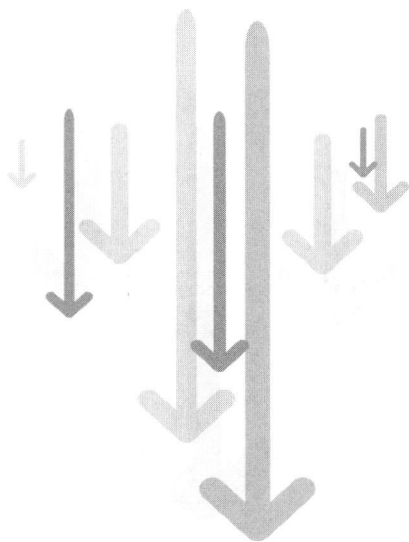

学院立足赣南红土地，积极营造"求知求真　立德立行"的校风、"名匠树心　启源躬行"的教风、"乐学崇技　明德笃行"的学风。在"立艺树人"的校训、"坚毅敏行"的办学精神和"三色文化育人、四赛体系育才"这一核心文化理念指引下，学院打造了一支全员育人的"大思政"教师队伍，培育了一批又一批的优秀环院毕业生，呈现出德育为先、师生教学相长的良好局面。

一棵树，根扎得深才会枝繁叶茂，充满活力。本篇以饱含深情的笔触、清新鲜活的语言，推出一大批"接地气""有人气"的师生典型代表人物，以期全院师生学习先进，向榜样看齐。

第一章 教书育人：坚守师道，以德育德

一、用奋斗定义人生价值，用匠心铸就青年榜样
——记第45届世界技能大赛水处理技术项目冠军曾璐锋

明亮的眼神，腼腆的笑容，剪得干干净净的指甲。乍看曾璐锋，很难把这个1997年出生的小伙与世界冠军的身份联系在一起。2019年8月，在俄罗斯喀山，曾璐锋击败德国、俄罗斯、新加坡等国家青年好手，为中国队勇夺第45届世界技能大赛水处理技术项目冠军，实现江西在世界技能大赛中金牌零的突破。

第45届世界技能大赛水处理技术项目冠军、"一带一路"国际技能大赛水处理技术项目冠军、"全国技术能手"、"第20届全国青年岗位能手"、江西省"双千计划"高技能领军人才、江西省"五一劳动奖章"、江西省"青年五四奖章"、江西省赣鄱工匠——载誉归来的曾璐锋，面对企业抛出的高薪邀请，他毅然选择留在母校环院，成为一名实训教师，把自己学到的技能传授给学生，让更多的年轻人能够通过技能成才。

结缘职业教育　心怀环保梦想

"小时候，家乡环境特别好，小河水质优良、鱼虾成群，我与小伙伴们经常在河水中嬉戏。"曾璐锋说，不知何时，湛蓝的天空和洁净的河水变成了"奢侈品"，富含儿时美好记忆的小河不再清澈，"我想通过自己的努力，使环境变得好起来。"2015年曾璐锋参加高考，分数没有达到本科线的他略感失望。在填报志愿时，家人建议他选择与医学相关的学校和专业，因为

更容易找工作而且待遇不错。心怀环保梦想的曾璐锋努力说服家人，最终选择了环院环境工程技术专业。"我希望通过专业学习，为保护生态环境、建设美丽家乡贡献自己的力量。"曾璐锋说。

刚入校的曾璐锋和许多选择职业教育的同学们一样，感到有些迷茫，每天过着教室—食堂—寝室"三点一线"的生活，填报志愿时立下的雄心壮志似乎变得黯淡了。一次偶然的机会，一堂思政课重新点亮了曾璐锋心中的梦想。

"同学们，你们知道吗，章江和贡江在赣州交汇，形成了江西的母亲河赣江，一滴水只有汇入大海，才会永不干涸；一个人只有把自己和集体的事业相融合，才能实现最强大的力量……"那堂思政课，思政教师骆莎带领同学们来到赣江边调研赣江源头的水质情况，要求曾璐锋和班上同学结合专业背景，撰写如何创造自己的人生价值的实践报告。

从那堂课开始，曾璐锋按照学校"以赛促学、以赛促教"的教学理念和相关要求，积极参加学校的各种技能培训和技能竞赛。"我不是在实训室，就是在去实训室的路上。"曾璐锋说，自己的课余时间大部分耗在了实训室，这也为后来能够晋级水处理技术项目的全国选拔赛打下了基础。

污水混凝试验、EduKit PA 和 EDS 废水处理单元组装、泵管阀系统故障判定和处理……每天，曾璐锋都会准时来到实训室。"当选手的时候，我每天泡在实验室十几个小时。当了老师后，自己肩上的担子更重了，总觉得时间不够用，必须不断学习进步，才对得起身上的工服。"经过努力，他不但锻炼出思维敏捷的特质，还训练出吃苦耐劳、意志坚定的品质，综合素质和实践能力都有了质的飞跃。功夫不负有心人，曾璐锋在校级、省级、国家级选拔赛中脱颖而出，代表国家参加第 45 届世界技能大赛水处理技术项目。

世赛勇夺金牌　书写出彩人生

水处理技术项目作为第 45 届世界技能大赛的新项目，它不仅新，而且杂，涉及多个工种，要求选手掌握机械、化学、生物、电气、自动化和环境保护方面的知识和专业技能。在有限的训练时间内，曾璐锋不仅要学习很多新的知识，而且要把所学知识跟平时的操作训练结合起来，要做得更规范精准。

曾璐锋努力克服各种困难，在备赛期间，白天走到企业水处理一线学习，晚上回到学校之后自己就在网上收集跟学习比赛相关的知识和内容，通常都是凌晨一两点才躺下，第二天七点起床开始新的一天训练。经过刻苦的训练，2018 年 6 月，曾璐锋入选了世界技能大赛水处理技术项目国家集训队。而这个时候，曾璐锋大学毕业，找到了一份待遇很好的工作。是继续备战世界技能大赛还是工作，成了曾璐锋的"两难选择"：备战世赛，意味着要继续辛苦，且不一定能拿到好成绩；去企业工作，意味着要放弃冲击世界顶级工匠的机会。曾璐锋主动找到骆莎老师，向她讲述自己的困惑。"想想自己的梦想和初心，希望你站上世界舞台让人生更加出彩，为环院、为江西、为中国增光添彩。"骆莎老师说的一番话，最终让曾璐锋果断做出了取舍，下定决心：奋力拼搏备战世赛，突破自我为国争光。

2019 年 3 月，曾璐锋成为国家队正选选手，他感觉到肩头上的责任更沉甸甸了，因为这一次是代表国家跟其他国家的选手同台竞技。他心里有紧张、有焦虑，因为这是一个全新的项目，没有经验可以借鉴，心里没有一点底；同时也有期待、有渴望，期待着能够跟别的国家的选手同台竞技、切磋交流，渴望着能够通过自己的努力为祖国争得荣誉。他一次次调整心态，一次次告诉自己，坚持，不放弃！

世赛水处理项目比赛为期 4 天，要完成 VR 仿真、机械操作、自动化控制、化学实验室工作、文档五大模块。虽然赛前有了一定的心理准备，但是当曾璐锋拿到试题的时候，这些完全陌生的试题，还是让他跟专家教练团队大吃一惊。更加不巧的是，比赛第一天，他的比赛设备就出现问题，因此没能顺利地完成该模块的操作，成绩一度落后。在专家教练团队的帮助下，他及时调整心态，沉着冷静应对，相信自己和团队能行！他告诉自己不能放弃！因为他深深地知道，他肩负着使命，代表着国家！最终，他的完美发挥赢得了第 45 届世界技能大赛水处理技术项目金牌，为国家争得了荣誉。

曾璐锋获得第 45 届世界技能大赛水处理技术项目冠军

感恩回馈母校　潜心培育英才

比赛结束后，有很多学校和企业提出重金聘用，但曾璐锋还是义无反顾地选择留在母校任教。之所以这么选择，是因为他在比赛过程中切实感受到了作为一名大国工匠的使命感，他要做的不仅仅是提升自己，更应该把专业技术技能传授给更多的人，为我国的技能人才培养贡献一份力量。

这几年，曾璐锋总共用了 2000 多双手套，带过上千名学生。学生邹传凯说："曾老师技术好又有耐心，跟着他学习这三个月来，我在技能上有了新的提升，对工匠精神有了新的认识，性格比以前更坚韧、更沉得住气了。"现如今，作为一名专业教师，曾璐锋尽心尽力，倾尽所能把自己的学识技能都教给他的学生。

这几年，曾璐锋教导的学生屡获佳绩，多次在国家一类比赛中获得奖项；经过不断努力，他作为领办人的水处理技能大师工作室也被评为省级技能大师工作室；2021 年，他获得江西省优秀高技能人才"赣鄱工匠"荣誉称号。他走入更多的中学、职业院校，与青年学子分享他的成长经历，

曾璐锋指导学生训练

希望能够通过他的成长经历给同学们带来启发，引导越来越多的人走上技能成才、技能报国之路。

二、埋头扎根一线，潜心技能培养，培养大国工匠
——记第 45 届世界技能大赛冠军金牌教练柯瑞华

柯瑞华，男，1988 年 11 月出生，2010 年 12 月加入中国共产党。研究生毕业后，他在上市环保企业江西金达莱环保股份有限公司从事水处理技术研发工作，在企业一线积累了丰富的工作经验；他还在澳大利亚、美国等国外项目中承担试验技术研究工作，学习了国际先进的水处理技术技能。

2018 年 3 月，柯瑞华进入环院后，就一直承担指导世界技能大赛水处理项目的工作任务。他长期陪伴选手备战世赛，并于 2019 年 8 月指导选手曾璐锋获得 45 届世界技能大赛水处理技术项目金牌。2019 年 6 月，他指导选手参加"一带一路"国际技能大赛获水处理技术项目金牌；2020 年担任江西省第 46 届世赛水处理技术项目专家组组长，同年 10 月指导选手获第

一届全国技能大赛优胜奖，并入围国家集训队；现为第46届世赛水处理技术项目国家集训队专家组成员，作为中国专家指导选手参加2021年7月世赛水处理技术项目国际交流挑战赛，带领中国两名选手获得1金1银的优异成绩，不断在技能培养一线和国际水处理技术项目平台上贡献着自己的力量。他主持省级课题1项，参与省级课题3项，发表SCI论文1篇。2020年5月，柯瑞华被赣州市委组织部推荐为"新时代赣鄱先锋之突出贡献好榜样"；2020年7月，被共青团中央、人力资源和社会保障部评为"第20届全国青年岗位能手"；2021年4月，作为团队主要成员，所在水处理技术团队获得"全国工人先锋号"荣誉称号；2021年7月，获中共江西省委评为全省"优秀共产党员"荣誉称号。作为一名共产党员，他始终坚定理想信念，献身教育事业，扎根世界技能大赛，一心一意指导学生技能成才，较好地发挥着共产党员的先锋模范作用。

柯瑞华学生时代是一个沉默寡言的男孩，高考频繁失利让他信心全失，刚进入大学时，他几乎认定自己的命运就是庸庸碌碌一辈子。但在大学时期开放多样的学习生活中，他受到热情活泼的同学的影响，慢慢地开朗起来，积极地融入同学中，当然也有过一阵子迷失的情况。同学玩篮球，他跟着学；同学玩游戏，他也玩游戏。渐渐地他的成绩出现了下滑，甚至挂了科。有一次他玩游戏正入迷的时候，遇到分院团委书记何锦龙老师查宿舍，何老师对柯瑞华进行了严厉的批评，并要求他写一篇名为"10年后的自己"的2000字文章。通过这篇文章，他深入思考自己的目标是什么，怎么去实现自己的目标。自那之后，柯瑞华就再也没浮躁过，先后一次性通过了英语四级、六级考试，多次获得奖学金，并积极向党组织靠拢，在2010年12月12日成为一名中共党员。2012年9月，柯瑞华考取研究生，积极踏入环保工程一线，帮助导师完成多项横纵向课题，导师经常带他参观环保展和环保会议，对接最前沿的环保技术，使其进一步坚定自己"环保事业既要扎根一线，又要对接前沿"的理念。

2015 年 1 月，柯瑞华研究生毕业后，在上市环保企业江西金达莱环保股份有限公司工作。他在环保公司一线从事水处理技术工程的管理和研发工作，为了让废水处理工艺正常运行，经常要"洗泥水澡"，下到池子里去维修和更换相关设施设备。而后，他长期在全国各地开展水处理工程建设、调试、运维、验收、研究等工作，先后在哈尔滨、大理、北京、上海等地开展水环境治理工作。那时他就想，如何让更多水得到有效处理，让更多的人懂得如何有效处理废水。因为工作出色，柯瑞华被提拔为所在公司研发中心副经理，经常代表公司参加环保科技展览工作，如环保协会展、科技巡回展、"一带一路"科技展等，并在澳大利亚和美国等国外项目中承担水处理技术联合研究工作，积极学习国外的技术技能，提升自己的水处理技术技能。

2018 年 3 月，柯瑞华到环院担任环境工程专业专职教师，学校那时刚接触世赛水处理技术项目，学校安排他担任选手贴身教练。自那之后，柯瑞华便一直负责指导世界技能大赛水处理项目的工作。他长期陪伴选手备战世赛，在指导选手曾璐锋备战国内外选拔赛中，分别经历了江西省省赛、世赛国家选拔赛、世赛集训队"8 进 4"考核选拔赛、世赛集训队"4 进 1"考核选拔赛、"一带一路"国际技能大赛、第 45 届世界技能大赛等比赛。在学校世赛水处理技术项目基础薄弱、竞赛设备欠缺的状况下，他带领选手四处联系企业进行岗位实训，先后到赣州中联污水处理厂、赣州白塔污水处理厂、赣州国检、安康检测公司等环保相关企业顶岗训练。2019 年 5 月，国家专家组公布了一份具体的考核模块样题，其中包括自动化控制、泵管阀机械维护、化学分析检测、絮凝以及报告文档 5 个模块。学校当时只有化学分析模块的类似设备，其他模块没有训练条件和设备。为解决这一难题，他立即采购类似设备，带领曾璐锋组装设备，尤其是泵管阀系统设备，他自己购买零配件，设计系统图，指导选手动手组装用于训练；同时，四处打听企业是否有类似的设备用于训练，安排选手进入企业训练。

备战世赛水处理项目期间，柯瑞华长期在外出差，没有办法照顾在异地工作且怀有身孕的妻子，而是全身心投入世赛备赛指导工作中，坚持完成指导备赛的始末。他妻子在南昌工作，他周末一般会乘坐火车去探望照顾怀孕的妻子。有一次他刚到火车站，听学生说比赛中的混凝模块总是做不出效果来，于是他毅然决定取消行程，返回实验室立刻测试试验效果。2018 年 6 月 15 日—17 日这几天是在上海进行非常关键的第 45 届世赛选拔赛的日子，届时 15 省市参赛队将选 8 名选手进入国家集训队集训，而自己妻子的预产期也是在这几天。一边是自己临盆的妻子，一边是重要的世赛选拔赛，最终在妻子的支持下，柯瑞华毅然奔赴上海比赛现场，指导学生比赛。赛场上，选手经历困难重重的多个模块考核，他怀有身孕的爱人此刻也正巧进了医院随时准备生产，但他一心扑在竞赛场边判定赛场上风云变幻的细节，指导选手调整状态，一个模块一个模块地完成，逐步发挥出选手平时训练的水平。直到选手把最后一个模块完成，柯瑞华才搭乘上海通往南昌的高铁连夜返回。当柯瑞华马不停蹄赶到医院时，正巧在电梯口碰见即将被送入产房的妻子，两人含泪相拥。2018 年 6 月 18 日这一天，他收获了两个喜讯，一个是他可爱的女儿诞生了，一个就是指导的选手曾璐锋在世赛选拔赛中获得第二名，顺利入围国家集训队。那一天，他喜极而泣，他明白这也意味着更多责任和付出。

选手曾璐锋进入国家集训队后，柯瑞华一直在北京、河南、江苏等地集训基地陪伴和指导选手训练。为了让选手在集训队能够脱颖而出，他全程陪同选手训练世赛水处理技术项目的各项技能，并积极同专家和各个院校的教练一起研究世赛水处理技术的相关技术难点和重点，指导选手训练和备赛，让选手开展更加有针对性的训练。在大家的共同努力下，曾璐锋先后获国家集训队"8 进 4"考核选拔赛第三名、"4 进 1"考核选拔赛第一名，最终代表国家参加在俄罗斯喀山举行的第 45 届世界技能大赛水处理项目。

备战俄罗斯喀山第 45 届世界技能大赛水处理技术项目期间，因这是中国第一次参加该项目，很多技术考核点和难点都不清楚。柯瑞华两次赴德国进行世赛的学习交流，回国后不断研究和指导选手进行针对性的训练，并研究出多套世赛的模拟题。他指导了曾璐锋与国际选手的技术交流赛，并使曾璐锋在"一带一路"国际技能大赛水处理技术项目中获得金牌。在他的精心指导下，经过长时间的备赛训练，最终于2019年8月曾璐锋获第45届世赛水处理项目金牌，实现我国在该项目上金牌零的突破，为国家赢得了荣誉。

柯瑞华带领学校水处理技术团队从世赛零基础到国际领先水平，获得了较大的影响力。他是江西省第46届世赛水处理技术项目的专家组组长，经常带领第46届江西省世赛选手与上海、河南等国内多个省份选手进行沟通交流，提高技能影响力。防疫期间，他每天组织选手进行技能、英语、体能训练等，积极引导备赛学习。在2020年10月的第一届全国技能大赛中，他指导选手获得优胜奖，使其成功入围第46届世赛国家集训队。

近几年，柯瑞华多次到访湖北省进行交流技能帮扶，并担任湖北省世赛水处理项目裁判长，辅助湖北省世赛的技能发展。他还先后担任广西壮族自治区化工行业等省赛专家组组长和裁判长、2019—2020年度广东省职业技能大赛水处理技术项目专家组组长、广东省第二届职业技能大赛水处理技术项目裁判长，在上海等多地开展过多种形式的讲座和专家帮助工作等，积极为世赛贡献自己的一份力量。近些年，他带领团队无私地培训了8个外省集训队、师生30余名，其中有7名成为第46届水处理技术项目国家集训队国手，分别是上海1名、广东1名、广西1名、河南2名、山东1名、江西1名，得到了国内多个省份院校的一致认可。

国际交流方面，柯瑞华作为中国专家于2021年7月受邀参加国际交流挑战赛，指导中国两名选手获得1金1银的成绩，后分别受泰国皇家坦亚武里大学、马来西亚雪兰莪大学邀请，开展了有关水资源环境现状和发展趋势的讲座，探讨水处理的新问题，传授水处理新技术，展望水处理领域的新形势，在国际上形成一定的影响力。

柯瑞华执着于世界技能大赛工作，着力提高技能影响力，只为传承技能，报效祖国。他曾作为赣鄱先锋向全校教职工作了"燃烧青春，扎根一线，共筑中国梦"的党课宣讲，积极传播青春正能量，发挥了党员的先锋模范作用。科技强国，需要更多的懂技术的大国工匠和技术能手。他不计较个人得失，只为弘扬工匠精神，为学生传道授业解惑，共同守护绿水青山。

柯瑞华（左一）带领选手曾璐锋在45届世赛比赛现场合照

柯瑞华（右一）手把手指导选手曾璐锋开展训练

三、不忘初心、牢记使命，七年风雨终见彩虹
——记中国共产主义青年团第十八届全国代表徐志威

徐志威，手工木工高级技师，中国共产主义青年团第十八届全国代表，先后获得"全国技术能手""全国青年岗位能手""江西省能工巧匠"等荣誉称号，并以第44届世界技能大赛家具制作项目国家队选手、第46届世界技能大赛家具制作项目国家队教练等身份投入到世界级专业比赛中，曾获江西省乡村振兴职业技能大赛手工木工项目金牌、全国工业设计职业技能大赛家具设计师赛项（职工组）一等奖等奖项。

2017年，徐志威于环院家具设计与制造专业毕业。站在人生道路选择的路口，是外出就业还是继续朝着自己未完成的梦想出发，这是个艰难的抉择。在第44届世界技能大赛家具制作项目中只获得了全国第二，没能冲到最后，对此，他有遗憾、有不甘，更多的是对那些百般信任自己的人有一份愧疚。经过一番挣扎，最后，他选择了留校任教，继续朝着那个梦想出发。

徐志威备战第44届世界技能大赛

留校后，他始终没有忘记自己的初心和使命，那就是再一次站上国赛的舞台。他想，既然自己已经没有机会了，那就培养出一个选手来接替这个梦想的接力棒。理想总是很丰满的，现实却给了他沉重一击。应对第45届世赛时，由于经验不足、外出交流不够等原因，选手无缘家具制作项目国家集训队。此次失败使他的信念动摇了，他有点怀疑自身能否胜任这一重任，毕竟这是学校的重点工作，学校领导也非常重视。这时候，作为曾经的指导老师，现在的同事搭档——张付花老师给出了答案。她说："一次失败并不代表什么，我们要通这一次的经历总结教训，查漏补缺，一次不行就两次，两次不行就三次，迟早有一天，我们要在世界的舞台上，升国旗、奏国歌。"这一番话重新让他找回了自信，也坚定了目标，从选手的选拔到过程的训练，他与张付花老师始终陪着选手，早上7点到晚上9点，周末休息一天，全年310天都在训练。他们坚信，付出终会有收获。皇天不负有心人，他与张付花指导的选手在中华人民共和国第一届职业技能大赛家具制作项目暨第46届世界技能大赛家具制作项目包揽金、银牌，入选该项目的国家集训队，在国家集训队"10进5"选拔赛中也是包揽第一、第二。

作为高校教师，他深知自己的基础较为薄弱，在履行自己的工作职责的同时，他一边提升自己的学历，一边夯实自己的专业基础，不断寻找适合自己的方向，主动承担了多项工作。同时，他也没忘记自己留校的初心，在各位领导同事的关心和帮助下，慢慢找到了自己的方向，不断地深耕竞赛，研究家具相关的知识及竞赛规则，慢慢地走出了属于自己的道路。

结合专业及地方产业优势，通过自身参与竞赛、进入国家集训队学习后，反哺教学，开设实木家具设计与制造课程，对接国际标准优化教学育人模式，开展全天候兴趣班，拓展现代学徒制新模式。他先后参与江西省教育科学"十三五"规划课题"世赛选手培养与专业教育融合的路径研究"、中国轻工业联合会"十四五"规划课题"世界技能大赛专业融合路径与成果转化研究——以家具制作项目为例"；参与出版图书《AutoCAD 家具制图技巧与实例》（第二版）。

此外，他作为世界技能大赛家具制作项目中国集训基地管理人员，共同参与了培养国家队选手工作。在培养选手方面，他制定了世赛基地实训及训练的培养方案、模式，通过世赛反哺教学，实现以赛促学，形成竞赛与教学相融合的模式。2020 年 12 月，他指导学生李德鑫、彭洪君夺得中华人民共和国第一届职业技能大赛暨第 46 届世界技能大赛家具制作项目的金牌和银牌，使二人入选中国集训队。同时他注重自身专业能力的提升，2021 年 10 月获得手工木工高级技师证；积极参与行业相关的各项比赛，2020 年 7 月获得江西省乡村振兴职业技能大赛手工木工项目金牌，2021 年 12 月获得全国工业设计职业技能大赛（国家一类）家具设计师赛项（职工组）一等奖。

徐志威结合所学专业及世界技能大赛的各项国际标准，针对竞赛研究、发明、申请专利共计 8 项，并带领学生对接当地企业，服务于行业，通过行业的检验，再返回来服务专业，实现专业、企业的闭环式共同提升。2018

共青团十八大代表徐志威（右一）

年，由赣州市经开区区教研和招生工作办公室牵头，同事张付花依托赣州众泰鑫业家具有限公司成立技能大师工作坊。作为团队成员，他积极参与，为该企业提供产业及产品转型升级思路。自工作坊成立以来，短短两个多月时间，企业的生产工艺就实现很大的提升。他还对企业的生产流程进行升级再造，也使得生产技能得到全面提高。

七年风雨，终见彩虹。"中华民族伟大复兴的中国梦终将在一代代青年的接力奋斗中变为现实。""心中有阳光，脚下有力量，为了理想能坚持、不懈怠，才能创造无愧于时代的人生。"对于广大青年，习近平总书记寄予厚望，殷殷嘱托。历史的接力棒已经传到我们的手中，趁年轻，努力奋斗，让自己成为更好的人，去看想看的风景，去做想做的事，一点一点实现自己的目标，不忘初心、牢记使命！

四、择一事、终一生，不为繁华易匠心
——记中华人民共和国第一届职业技能大赛金牌教练张付花

张付花，2006年6月加入中国共产党，2008年7月本科毕业于东北林业大学艺术设计（室内与家具设计）专业，2011年7月研究生毕业于东北林业大学设计艺术学专业，同年8月进入环院。现为艺术设计学副教授，室内装饰设计师高级技师、精细木工技师、手工木工技师，第44届世界技能大赛（以下简称"世赛"）家具制作项目中国技术指导专家、第45届世赛家具制作项目中国教练、第46届世赛家具制作项目中国技术指导专家、2021年全国工业设计职业技能大赛家具设计师赛项专家组成员、中国家具协会职业技能培训中心综合评审委员会委员；先后获得江西省第五届优秀高技能人才"能工巧匠"、江西省技术能手、江西省青年岗位能手、江西省巾帼建功标兵等荣誉称号，入选2021年度"新时代赣鄱先锋"之"群众身边好党员"。

"弘扬工匠精神·培育大国工匠"，在学校世界技能大赛家具制作项目

中国集训基地，墙上刻着这样一行醒目的大字。张付花就是在这里怀揣一颗匠心，成为学生圆工匠梦想的引路人。曾经，她是一名普普通通的人民教师，通过世界技能大赛，她坚定理想信念，扎根技能人才培养。如今，张付花连续三届担任世界技能大赛家具制作项目中国技术指导专家组成员。2016年至今，她先后培养徐志威、李德鑫、彭洪君入选世赛家具制作项目中国集训队，其中，李德鑫代表中国赴瑞士参加第46届世界技能大赛特别赛家具制作项目的比赛。她培养了全国技术能手3名、全国青年岗位能手2名、省级青年岗位能手6名、江西省优秀高技能人才"能工巧匠"2名、江西省技术能手6名、江西省巾帼建功标兵1名、高级技师6名，培养了一批又一批大国工匠、能工巧匠。

深耕一线，勤思善行，著书立说扎实推进教学成果转化

2011年，怀着最初的梦想，85后的山东姑娘张付花南下赣州成为一名教师，开启了自己的工匠人生。因为性格豪爽、平易近人，学生们既把她当老师，又把她当朋友，都亲切地称她为"花姐"。

张付花是个孜孜不倦、善于学习总结的人。对待职业和专业，她常常怀着一颗敬畏之心，坚持不懈、精益求精。她深耕教学一线、扎实推进专业实践技能提升及教学成果转化。2015年秋季，学校在室内设计专业大三年级新开设"谈单与语言表达"课程，张付花为任课老师。然而，让她感到困惑的是，当时国内并没有适合这门课程的教材，一时造成"老师无法教、学生无法学"的尴尬局面。望着一双双对知识充满渴求的眼睛，张付花萌发了一个大胆的想法：主编一本适合在校生学习的室内设计谈单相关教材。

工作之余，她利用所学专业，理论结合实际，潜心搜集、整理、归纳总结相关知识，积极投身教材建设。最终，她主编的《室内设计谈单技巧与表达》一书于2017年6月正式出版发行，受到国内很多高校和业界人士的欢迎，截止到2021年12月累计销售14000册。在此基础上，结合讲授

课程的深入总结，她还主编了《室内设计签单术》、《室内设计谈单技巧与表达》(第二版)、《AutoCAD 家具制图技巧与实例》、《AutoCAD 室内装饰施工图教程》、《玩转微木工零基础木制小件》、《AutoCAD 家具制图技巧与实例》(第二版)等教材。近年来，她主编的教材累计销售超过 60000 余册。其中，立项中国轻工业"十三五"规划教材 1 项、中国轻工业"十四五"规划教材 2 项。同时，张付花首次实现了学校教师著作在台湾地区出版，她的《我的木工初体验》于 2019 年在台湾地区出版发行，《零基础木作小件》英文版用于学校国际交流经世学堂项目教学中。张付花借助国家"一带一路"政策，推进学校与中国航空技术国际控股公司在加蓬的木材加工专业师资培训项目，制定家具专业人才培养方案，编写中法双语教材，积极拓展了我国家具及木材加工技能在国际上的影响力。

近年来，张付花还发表高质量论文 16 篇；申请发明专利 1 项、新型实用专利 12 项、外观专利 1 项；主持或参与省部级课题 8 项。

扎根世赛、无私奉献，全力以赴推进技能人才培养

2016 年 3 月，接到江西省人社厅和赣州市人社局关于参与世界技能大赛家具制作项目的通知后，学校立即组织专业教练团队，以全天候教学的形式开始备战第 44 届世赛家具制作项目比赛，张付花成为教练团队的一员。同年 6 月，学校遴选了 8 名选手进入省队参与集训。为了备赛，世赛的教练团队放弃了暑假的休息时间，在基地兢兢业业指导学生训练，并在 7 月份最终确定了参与全国选拔赛的选手。也就是从那个时候开始，她就再也没有给自己放过暑假。同年 9 月，徐志威入围国家集训队。11 月，学校成为第 44 届世界技能大赛家具制作项目中国集训基地。然而，真正的挑战才刚刚开始。

参与世赛，除了指导学生训练、参与各轮选拔赛以外，作为 44 届世赛的中国技术指导专家，还要配合专家组长做好技术文件的制定、撰写集训文件、集训专家日志等工作，组织国家集训队完成基地集训、国外专家聘

请、协调各基地、做好校内上传下达等工作。多少个日日夜夜，当多数人已经酣然入睡的时候，世赛基地依然灯火通明，大家都在埋头苦干。有人说，她们真幸运，第一次参与世赛就取得了这么好的成绩。其实，运气只是偶然，只有你默默坚守努力奋斗，当运气来临的时候你才能抓住机遇，把偶然变成必然。

2016 到 2017 年的阴历小年、五一劳动节、六一儿童节，张付花和选手都是在火车上度过的。从赣州到邢台，要转三次火车，早上 6 点 30 分从家里出发，晚上 11 点才能到达目的地。她不辞辛苦，先后奔赴上海、邢台、镇江、广州参与世赛的集训与选拔工作。6 月份"2 进 1"比赛一结束，在领导的指导下，张付花和她的团队紧接着开始了第 45 届世赛的选手培训工作，整个暑假都在集训基地与学生一起训练。

万事如意只是大家的美好愿望，成功的道路上必然会经历重重困难和挫折。第 45 届世赛全国选拔赛开始了，有了第 44 届的经验，加上教练员队伍的扩充，张付花和她的世赛教练团队对未来信心满满。2018 年 6 月，出征上海，结果惨败而归。直到那晚的 11 点，张付花走进评分结束的赛场内，站到选手的作品前，她才愿意相信那是事实。那段日子是灰暗的，回来之后，她开始无休止地自我反省与检讨，刻骨铭心的痛苦促使她觉醒。她一个人坐在空无一人的世赛基地，心里暗下决心绝不服输，要从头再来，早晚有一天，她要培养出世界顶级的选手，让国旗在世赛赛场上飘扬。

来不及舔舐伤口，2018 年 10 月，第 45 届世赛国家队在学校世赛中国集训基地开训。作为第 45 届世赛的中国教练，这次的国家队里没有她自己的选手。从开始的锥心刻骨的心痛到归于现实的平静，张付花开始思考如何才能再下一届的世赛中取得成绩。

在学校党政领导的大力支持和基地充分保障的前提下，在家具制作项目专家组组长刘晓红教授的关心和支持下，张付花以艰苦奋斗的老黄牛精神，坚持说实话、谋实事、出实招、求实效，以钉钉子精神做实做细做好国家集训基地的组织管理工作，为该项目人才培养、技术支持和物资保障等方面做出了应有的贡献。她组织参与了国家集训队多阶段、多轮次的集训、选拔赛工作；承担了国家集训队在江西、广东、江苏、湖北等地的集训任务；承担了国家队训练赛题、技术文件、评分标准的制定；承担了国家队贴皮模块、制图模块的训练任务；先后参与世赛全国选拔赛"10进5""5进1"的执裁工作及江西省、安徽省、山东省、江苏省、河南省的世赛选拔执裁工作。张付花参与了整个第45届国家队的集训，见证了国手吴晋卿夺取银牌的整个过程，积累了大量宝贵的经验。

2018下半年到2020年，可以说是张付花卧薪尝胆的两年。她一方面按照专家组组长指示，全力做好国家队训练工作，同时开始重整学校世赛"三木"教练团队，培养选拔第46届世赛的选手，重视思想政治教育对于技能人才培养的重要性，积极将勇于开拓、敢于担当的红色革命教育融入人才培养。在这个过程中，张付花经历了很多难以言说的酸甜苦辣，但在前行的路上她一直是结伴而行。当有人彷徨的时候，团队的力量给了她支撑下去的勇

张付花（左二）2020年全国职业技能大赛赛场合影

张付花（第二排右五）与世赛团队参加江西省乡村振兴职业技能大赛

气。借用一句话，一个人可以走得很快，但一群人才能走得更远。

扎根世赛，以默默坚守、务实苦干、为民服务的孺子牛精神，以抓铁有痕和踏石留印的工作干劲，用心谋事、用心成事，把为国家输送世赛选手的目标落实到技能人才培养中。2020 年 12 月，张付花指导的选手李德鑫、彭洪君包揽中华人民共和国第一届职业技能大赛家具制作项目金牌、银牌。2021 年 7 月，她带领的世赛团队包揽江西省乡村振兴职业技能大赛手工木工项目职工组金、银牌。2021 年 11 月，李德鑫、彭洪君包揽第 46 届世界技能大赛家具制作项目国家集训队"10 进 5"选拔赛第一、二名。2021 年 12 月，选手徐志威荣获全国工业设计大赛家具设计师赛项一等奖。

多年的辛勤劳动得到检验，但这仅仅是世赛之路的新起点，要想实现心中的梦想，她还有很长的路要走。世赛是一场充满挑战的旅程，从参与世界技能大赛一路走来，可以说是哭过、笑过、累过、痛过、成功过、失败过，唯独没有气馁过。

回顾多年来的历程，基本上可以用马不停蹄来形容。通过世赛平台，她真正从学校里走出去，看到了外面的世界，开阔了眼界，增长了见识，结识了朋友，找准了自己的研究方向，在技能人才培养道路上深入学习、及时总结、回馈教学，为国家的荣誉贡献自己的一份力量。通过世赛平台，她看到了有志青年们对技能的钻研探究，越来越多的青年人投身技能、报效祖国。得天下英才而教之，其为一乐也。她享受这个过程，享受攻克难题的成就感和获得感。在付出了时间以及汗水之后，努力证明幸福是奋斗出来的！

十年桃李育芬芳。作为新时代大国工匠的培育者和耕耘者，从一开始的懵懵懂懂、摸着石头过河到后面的坚定目标、排除万难、挺身而上，张付花和她的团队的目标是清晰的：坚持立德树人为根本，时刻牢记为党育人、为国育才的初心使命，为技能人才培养、为国家的荣誉贡献自己的一份力量。为了实现技能强国、制造强国，她不懈奋斗。可以说是择一事、终一生，不为繁华易匠心。

在学校世界技能大赛家具制作项目中国集训基地每天清晨的早会上，基地选手和教练们都会在国旗下喊出他们心中的梦想：我们的目标是升国旗、奏国歌。正是这种为祖国荣誉而战的精神，激励着张付花和她的团队吹响冲锋的号角，鼓足干劲，充满激情、充满信心，集中一切精力，为江西争光、为中国争光！她相信，有朝一日，她指导的选手可以站在世赛领奖台上，升国旗、奏国歌。

五、守好思政渠，种好责任田
——记思想政治理论课的"守渠耕田者"邱哲彦

邱哲彦，马克思主义学院教研室主任，为职教本科生和高职大专生讲授"思想道德修养与法律基础"（现为"思想道德与法治"）、"红色文化十讲"等课程。11年的思想政治理论课的从教路上，她"乐为""敢为"，始终把思政课教师的"六个要"放在心中，严格要求自身；她扎根教学思政课一线，尽管教学任务繁重，却始终用心上好每一堂课；她理论功底扎实，教学取得了显著效果，课堂反响十分热烈。她入选全国高职高专联合行动"百名思政名师"，荣获江西省林业局"优秀共产党"及校级"优秀共产党员""优质课堂"等荣誉。

让每一堂思政课活起来、红起来

习近平总书记在学校思想政治理论课教师座谈会上强调，思想政治理论课是落实立德树人根本任务的关键课程。推动思想政治理论课改革创新，要不断增强思政课的思想性、理论性和亲和力、针对性。

立足专业守好"思政渠"，扎根讲台种好"责任田"，立志争做"四有"好老师，只有"乐为""敢为"，才能"有为"。从教 11 年来，邱哲彦扎根教学思政课课堂教学一线，尽管每年有将近 500 节课时的教学任务，却始终用心上好每一堂课。为上好每一堂课，她认真研究每一版教材，仔细分析学情。在授课中，邱哲彦老师发现新时代的大学生已经不满足于传统的授课方式，传统的思政课堂教学方式难以激发学生的听课兴趣，教学效果也不理想。他们期待新的课堂模式，希望在轻松愉悦、平等互动的环境中获取知识。

"18 根电杆为 1 户供电，100 年无法收回成本，这样做值得吗？""乘坐公交车时，一青年被要求让座，但青年因身体不适拒绝让座后，被斥责没有公德。我们应如何看待这一现象？"……思政课课堂上，邱哲彦将一个个具有争议性、思辨性的问题抛出，吸引学生热切地参与讨论。

"'填鸭式''满堂灌'已不符合学生的学习特点与需求，问题链、任务单的方式可以强化学生的思辨能力和协作能力，加深对学生课本知识的理解认知，让思政课堂'活'起来。"她说。现在的学生知识面很广，思维也非常活跃，有着强烈表达自我意愿的愿望，每次课堂讨论和任务开展，既有益于学生们对知识点的深化理解，同时也有益于教师教学思路维度的拓宽，达到教学相长的效果。

同时，邱哲彦从 2014 年开始对"思想道德修养与法律基础"（现为"思想道德与法治"）课程进行了新的教学改革：以故事为载体，开展专题化问题式与实践教学相结合的思政课教学。用一个个生动感人的故事把课堂变得更加有声有色，用专题化教学整合教材内容使教学更具针对性，用问题式教学让同学们在课堂当中畅所欲言，使学生能够更多地关心社会，关心自身，关心他人。在她的课上，学生可以是演员、演说家，也可以是辩手、新闻主播。

邱哲彦（右四）在思政课教学展示活动中与学生进行课堂互动

思政课不仅具有较强的理论性，也具有很强的实践性。要真正使思政课由知识传授、理论教育的过程深化为能力提升、价值认同和信仰坚定的过程，必须要强化实践教学。只有这样，才能达到知、情、意、行的统一，才能使学生真心喜爱、终身受益、毕生难忘。

为实现这一目标，她主动将江西丰富的红色资源纳入教学中，在课堂上坚持开展讲红色故事、读红色家书、唱红色歌曲、看红色电影、背红色诗词的"五红"教学活动。组织学生围绕"改革开放 40 周年""新中国成立 70 周年""建党百年"等重大主题开展演讲赛、知识竞赛、主题征文等系列实践教学活动。与此同时，为了增强理论教学效果，她开展课内课外实践，积极打造"5+2"实践教学特色品牌，将实践活动贯穿于教学全过程，让学生在新颖的活动中增强对理论的认同。2021年，邱哲彦和团队组织开展了"百年恰是风华正茂"思政课实践教学成果汇报演出，师生以"情景表演＋歌舞＋礼赞"的艺术形式，讲述中国共产党的百年历史征程，深情表达对党的无限热爱和美好祝福。该项实践活动自2016年举办以来，师生积极组织参与，成为一项思政课实践教学品牌项目，也成为学生真心喜爱、终身受益、毕生难忘的一堂大课。

坚持多年的课堂革命，使学校思政课实现了课堂"活起来"、学生"动起来"、效果"火起来"，学生的到课率、抬头率和点头率有了显著的提高。

与思政教师团队一起成长

习近平总书记强调，办好思想政治理论课关键在教师，关键在发挥教师的积极性、主动性、创造性。作为马克思主义学院教研室主任，她带领"思想道德修养与法律基础"（现为"思想道德与法治"）教学团队在上好每一堂思政的同时，还积极带领大家参与教学技能大赛，提升自身能力水平。

"你最近关心什么热点问题？""你最喜欢的教学形式是什么？""对前段时间的课程感觉如何？对今后的教学有什么建议？""目前最大的苦恼是什么？"……为了备好赛、讲好课，她与团队成员针对选定的课堂内容大量收集资料，分析整理之后用于教学，深入调研授课对象的学情特点，使课上的每个环节都能恰当和精炼。每一次艰苦备战期间，她兼顾家庭和比赛，常常带着女儿在家里与学校之间来回奔波。"妈妈的奖状，也有我的一半功劳。"在她8岁的女儿眼里心里，装的都是满满的骄傲。

邱哲彦深知，思政课教师要传道解惑，能否成为"有信仰的人"至关重要，只有对马克思主义理论尤其是21世纪中国马克思主义理论做到真学、真懂、真信、真用，才能做到言传身教。在她的带领下，课程教学团队迅速成长，成为思政课教学的行家里手。在教学改革中，她带领团队探索形成了教学实践育人、校园文化育人、社会实践育人"三位一体"的思想政治理论课实践教育体系。她带领教学团队将教学改革成果呈现在教学比赛中，并取得累累硕果，其中她个人荣获国家级教学比赛一等奖1项，由她和潘瑾菁、熊晓琪、章乃月组成的教学团队的教学作品《续走长征路 共筑中国魂》荣获2020年全国职业院校技能大赛教学能力比赛高职公共基础课组赛项三等奖，还获得省级教学比赛一等奖2项、二等奖3项。由她主要推动和完成的《高职院校思想政治理论课"三位一体"实践教育创新与实践》也于2019年荣获第十六批江西省高校省级教学成果二等奖。

既做经师，更做人师

要培养出堪当民族复兴大任的时代新人，首先自己就要按照"四有"好老师的标准严格要求自己；争当"六要"思政课教师，首先自己就要爱党、爱国、爱人民、爱教育事业。作为一名中共党员，邱哲彦积极发挥党员先锋模范作用。她积极加入学校党委理论宣讲团，担任党员政治辅导员，在师生中开展党的创新理论宣讲，推动习近平新时代中国特色社会主义思想"三进"。作为马克思主义学院党支部的支部委员，她不断创新党建工作方式方法，尽心尽力做好党组织的每一件事，组织支部党员奔赴于都中央红军长征出发纪念碑开展"不忘初心，重走长征路"红色走读活动，前往赣州市南外街道办事处开展党员服务社区志愿活动，积极投身新冠疫情防控工作等，推动形成了以"红色铸魂五位一体"的党建实践模式，努力开创基层党建工作新局面。

"思政课教师就是要用思政课点亮学生'眼里的光'，照亮学生'前行的路'。"《礼记》有言，"经师易得，人师难求"。大学教师不能只做传授书本知识的教书匠，更要成为塑造学生品格、品行、品味的"大先生"。邱哲彦深深感到要想成为一名有情怀、有魅力、有信仰的思政课教师，就要带头落实好新时代对师德师风的要求，常怀敬畏之心，不断增强教书育人的本领。

习近平总书记说，青少年阶段是人生的"拔节孕穗期"，最需要精心引导和栽培。思政课教师要给学生心灵埋下真善美的种子，引导学生扣好"人生第一粒扣子"。邱哲彦在潜心教学和科研的同时，也时时刻刻关心关爱学生，助力学生成长成才。她关爱学生却又不失严格，在学生的学习和纪律方面，她丝毫不打折扣，要求甚严。然而在生活中，她热情帮助每一个需要帮助的学生，耐心地解决学生求助的每一个难题，她守着一颗爱心，风雨无阻地做学生成长成才路上的引路人。在学生的眼中，她不仅是政治辅导员、思政课老师，更是姐姐，是亲人。"一心想要走出创业，差点就要荒废学业，好在邱姐及时关注到了我，一次又一次地主动与我交流，帮助我分析问题，让我摆正了心态，悬崖勒马。""家中发生了一些事，让我的情绪非常低落。邱老师课堂的关注和课后的关爱，让我感受到了温暖和力量。"坚守道德情操，抱有一颗仁爱之心，做学生故事的倾听者，成为学生成长的引路人。她总是这样善于关心学生，结合学生的人生问题，积极交流，耐心地解惑。

在思想政治理论课领域，邱哲彦表示，她将继续守好思政渠，种好责任田，成为一名优秀的"守渠耕田者"，为党育人、为国育才。

六、传统的课堂千篇一律，有趣的"明哥"万里挑一
——记思政课名师谢昌明

"上课！"

"起立，老师好！"

"同学们好，请坐！"……

这是谢昌明老师每次上课前与同学们之间最普通的问候，然而不普通的却是，他每一次课都要求同学们在这个最普通的问候时加上最标准的鞠躬礼，而他自己也会挺直腰杆恭敬利落地还以标准的鞠躬礼问候。尽管这样谢老师的肚腩显得更大了，肉显得更多了，但是课堂上每一名同学都不会笑话场面的滑稽，更丝毫不会有对此项例行公事般的流程不敬的意思，

反而是报之以近乎庄重严肃的表情。

这是谢昌明老师将中华传统礼仪文化融入思政课堂教学实际的一个典型范例，正如他经常跟同学们推荐《觉醒年代》电视剧中有关礼仪文化的细节处理一样，他一直试图通过潜移默化的形式将中华优秀传统文化根植于同学们正在成长的心灵。这本该是一堂传说中欢声笑语的思政课，谢昌明老师却往往喜欢用近乎严苛的方式开启他的课堂。可正当大家又沉浸于这样刻意营造的肃穆氛围之时，他那独具魅力的播音员嗓音话匣子一旦打开，一串串妙语连珠之后，便是一声声欢笑满堂、一阵阵掌声如潮。

一堂被同学们公认为思政课程中理论性最强、最深奥的"马克思主义基本原理"课堂，却俨然变成了同学们思想碰撞和思维交锋的角力场。他经常强调，学好马克思主义的前提是"用情学"，是投入思想、投入感情地走近马克思、恩格斯、列宁、毛泽东等一系列马克思主义经典作家的生平。有一次谢老师以马克思的恋爱婚姻故事展开讲述，强调知人论世，马克思的婚姻观用中华文化视角解读，就是典型的"用知导行、以行促知"，而马克思主义实践观又与王阳明先生的"知行合一"有着众多相似相通之处，谢老师常说，这就是"大道至简"。要了解马克思主义就必须要回到马克思本身，了解当时的革命实际和时代背景，这才是学好这门课程的前提基础。他总是习惯于将原本晦涩难懂的理论通过译文、版本、术语发展变化的比较，激发起同学们对马克思主义学习、理解、接受、运用的兴趣，阐发马克思主义与中国具体实际和中华优秀传统文化相结合的历史逻辑，让同学们更加具体和真切地感受到真理的力量，感受到马克思主义中国化的逻辑力量。

这就是同学们传说中有着"传统的课堂千篇一律，有趣的'明哥'万里挑一"美誉的"明哥"了。而他壮硕的身板、狡黠的微笑，时而沉稳又时而激昂的讲授过程，也给同学们留下了极其深刻的第一印象。

做师德高尚、情怀至深的思政教育践行者

谢昌明老师是一位深受同学们拥护和爱戴的思政老师，在长达 18 年的思政课教学过程中，他始终扎根教学一线，其扎实的理论功底、显著的教学效果、热烈的课堂反响深受同学们的认可和喜爱。教书育人是他毕生的事业，"培养出超越自己、值得自己崇拜的学生"是他的教育理念。他坚持"严在当严处，爱在细微中"的育人观，在学业上对学生严格要求，在生活中对学生关心无微不至。他既是师德教育的研究者，也是高尚师德的践行者。

2019 年，他强忍着母亲去世的悲痛，接受学校指派前往新疆农业职业技术学院援疆支教。由于担心年迈的老父亲独自在家无人陪伴，他毅然决定带上父亲一同支教。新疆农业职业技术学院的领导老师在得知此事后深受感动，称赞谢昌明老师是"情怀至深、孝感天山，身体力行的践行思政教育"。他还是赣州市志愿者联合会的副会长，积极投身各类社会公益志愿服务活动。在 2020 年新冠疫情防控形势最为严峻的时期，他主动加入疫情防控社区卡点志愿服务工作中，深受街道、居委会以及社区居民的好评。

做教学相长、学践结合的思政课堂创新者

2015 年，在遵循教育部、江西省教育厅指导意见的原则下，谢昌明老师对形势与政策课程进行了教学改革创新，以时政访谈式翻转课堂为主要教学模式，探索开展脱口秀节目《明眼看天下——时政访谈录》，竭力实现"教师授课"与"学生听课"成效相统一。他注重教学模式的创新，加强形势与政策课程课堂教学的实效性。这档思政课节目开办 7 年多以来，已经开课 300 多期，覆盖全校 1 万多名学生，引起了社会的广泛关注。中国新闻网、《江西日报》《江西教育》《赣州晚报》、中国江西网、江西教育网、江西教育电视台等 10 余家媒体争相报道，取得了较好的社会反响。2019 年《明眼看天下》荣获全国林业职业院校思政课程和课程思政"十佳教学案例"。

在实践育人方面，他推出了"模拟长征路""思政文艺会演""大学生红色跑"等特色活动，推动建立了红色文化实践研修基地，竭力实现"理论教学"与"实践教学"成效相统一。为了增加思想政治理论课的趣味性，积极探索思政课的实践活动，他带领团队开展了"模拟长征路"实践教学，自 2016 年每年举办一期"模拟长征路 智勇大冲关"师生定向越野活动。该活动注重参与者的内在体验，摆脱了枯燥的说教，获得较好的政治学习和体育锻炼效果，对实现红色教育常态化运作、加强大学生思想政治教育实效性、弘扬优秀传统文化是一次有力的探索，活动意义重大。活动举办 6 年来，不仅得到中国新闻网、凤凰网、《江西日报》、江西教育网、大江网、《赣南日报》等媒体的关注和报道，还吸引了众多省内外高校前来学习借鉴，社会反响热烈。在此项活动基础上，他作为第一主持完成了江西省教育厅人文社科课题思政专项"中国梦视域下长征精神在大学生双创教育中的价值及实现路径研究"。

2022 年，他在学校本部与红旗校区分别策划、开展了两场"大学生红色跑"活动。学生通过答题学习赣州市章贡区的红色文化历史，了解曾在这片土地上为伟大共产主义事业奉献青春和生命的先烈们的光辉事迹。活动将理论与实践相结合，沿袭时代"大思政课"的基本要求和推进方向，促进"思政小课堂"和"社会大课堂"相结合，实现课程理论性与实践性的统一。为加强红色文化资源的整合，搭建红色文化研究平台，他推动学校进行了校企、校地两个层面的合作。校企合作层面，与超星公司和本地文化公司进行校企合作，成立了职业教育红色文化实践研究中心、课程研究中心以及线上资源联合开发中心；校地合作层面，成立了赣州市红色文化研究会首家高校分会，并与南方三年游击战的中心地油山所属镇政府共建了"油山红色文化培训学院"，依托全国高职高专党委书记论坛授予的"江西红色文化实践研修基地"，立足地方、辐射全国，致力于为全国职业院校的师生提供红色文化资源及实践研修场所和服务。

做大爱无私、助人为乐的社会服务奉献者

谢昌明不仅在课堂上诲人不倦，他还经常走出校园进行宣讲，致力于

谢昌明（右一）开展"明眼看天下"思政课

谢昌明在思政课教学中采访世界冠军曾璐锋

"引领学生"与"服务社会"相统一。率先垂范、身体力行地引导学生成长成才，是思政理论课教师的分内之事；而服务社会发展，更是思政理论课教师的应尽之责。秉承这一理念，他积极投身社会服务工作，走出校园宣讲党的理论、方针、政策，在社会大舞台上开展思想政治教育。近年来，他开展了大大小小数十场专题党课。如：他在萍乡海关、赣州银行萍乡分行为全体党员开展了党史学习教育专题讲座，讲座主题为《庆祝建党100周年党史学习专题——做一名信仰坚定、内心强大的合格党员》，讲座史料丰富、案例感人、代入感强，得到现场观众一致好评；为江西省水利水电开发有限公司信丰县黄坑口水源工程设计、采购、施工总承包（EPC）施工项目部全体人员开展了党史学习教育专题讲座，主题为《从党史故事中学忠诚干净担当》，分五个部分讲解了中国共产党人的特有品质；在上犹县阳明湖"知行讲堂"为阳明湖景区管委会全体党员开展了"打造让党放心、人民满意的模范机关"专题党课，引导学员在鲜活生动的党史故事中，学习和感悟共产党人的精神要义，进一步激发坚守初心使命，坚定忠诚、干净、担当的思想和行动自觉。

谢昌明还常年受邀到赣州监狱开展道德讲堂讲座。据悉，他常年授课的第十二监区，是所有经过法院审判后犯人进行入监教育改造的第一站。自道德讲堂活动开展以来，谢昌明应邀为赣州监狱服刑人员先后开展了30多场专题讲座，受教服刑人员已超过3000人，服刑人员思想教育达到预期目标，分流至各监区教育改造后都能积极表现。可以说，谢昌明老师的感恩励志教育和孝德文化宣讲已经成为入监教育的一道必上的"名菜"。谢昌明以中华传统道德文化为引，深入浅出地阐述了修身、做人等方面的思想，不仅有原典今释，更紧扣现实案例，将国学智慧通俗化，使文化程度不一的服刑人员易理解和吸收。谢昌明从独特的个性视角出发，对孝道进行了精辟的讲解，在他声情并茂且极富感染力的宣讲中，不仅服刑人员悔恨难当，在场的管教民警也泪眼婆娑。在最后的分享环节，一位服刑人员上来就给谢老师深鞠一躬。他说，他曾经是一名优秀的医生，是贪婪的邪念毁掉幸福的一切。谢老师的讲座令他深刻意识到自己的错误，也让他把一辈子的眼泪都哭完了。以后他再也不哭，更不会让所有爱他、关心他的人伤心流泪。今后，他要好好接受改造，争取早日与家人团圆。

谢昌明老师还受聘为赣州市家风家教公益讲坛特邀讲师，到中小学校开展"家风、家校、家教"公益巡讲活动，截至目前已累计开展家庭道德系列公益讲座60多期。

谢昌明表示，自己还将持续深入社会基层，积极开展党史学习教育宣讲活动，将实践成果融入党史课堂，充分发挥思政课教师育人作用；道德讲堂系列活动还将不断拓展新的活动形式，做到以文化人、以情感人、以理服人。除了走出校园进行道德讲堂宣讲外，他还计划请知名专家在校内进行宣讲，同时举办各种辅导活动，充分调动师生参与的积极性，发挥大家参与推动作用，展示中华文化基因中的美德。他积极动员师生从身边小事做起、从一点一滴做起，形成我为人人、人人为我的社会风气，为早日实现中华民族的伟大复兴添砖加瓦。

习近平总书记说，思政课是落实立德树人根本任务的关键课程，思政课作用不可替代，思政课教师队伍责任重大。高校思想政治理论课程是每一位青年大学生都要上的一门必修课，而作为高职院校，是对大学生进行思想政治教育的主要阵地之一，最关键的课堂就是高校思想政治理论课程教学。所以，最终教学效果好不好，其中一个最主要的考量标准就取决于思政课老师的综合素质以及大学生对思政课老师的认可和喜爱程度。

通过对近年来的教学分析，不难发现，只有当教师用自己的个人魅力、精湛的教学水平"征服"学生时，学生才会"一心一意"地接受来自老师的教育。这意味着学生心目中喜欢的是比较优秀的思政课老师，这就对思政课老师自身的发展是机遇也是挑战。所谓有压力才有动力，从长远来看，只有提高思想政治教育老师的综合素质，才能提高高校思想政治教育工作的实效，才能让学生对思政课老师更加喜爱。

老师是教书育人的代表，老师在学生心目中是一个什么样的"人物"，有着什么样的"地位"，这值得大家去好好研究。是不是所有的老师都受学生喜欢？思政课老师在学生中受欢迎程度如何？在新时代的教育背景下，思政课老师应该怎样"打扮"自己，才能让学生"宠爱有加"，这也是需要去思考的一个大的课题。

谢昌明形容思政课老师的情怀时曾比喻道："只有你爱上一个人，你才会全身心地投入其中，为其考虑、为其担忧。作为一名大学生思政老师也应该要'爱'自己的学生，为学生考虑、为学生担忧。"用"爱"来促进思政课教学，热爱自己的学生，首先做到"亲其师、信其道"。作为一名思政课老师，谢昌明习惯了站在学生的角度去思考问题，感受他们的喜怒哀乐，像对待自己的孩子一样去和学生交心，走进他们的世界。他相信，只有这样，才能为同学们上好每一堂思政课。

七、以爱相伴，逐光同行

——记江西省高校最美辅导员曾慧

曾慧，2014年9月起担任学校旅游与外语学院专职辅导员，2021年3月起担任学校旅游与外语学院团总支书记。自踏上辅导员工作岗位开始，她用心感召学生，用爱温暖学生，用行动引导学生，积极搭建大学生思想政治教育载体。她始终牢记立德树人根本任务，沉下心、俯下身，在忙忙

曾慧带队参加第十二届"挑战杯"江西省大学生创业大赛

碌碌中兢兢业业，在平平凡凡中勤勤恳恳，学思悟行，做好学生成长路上的"领航员"。她先后荣获 2021 年度江西省高校"最美辅导员"、2021 年度江西省"三八红旗手"荣誉称号；获得江西省第六届高校辅导员素质能力大赛（高职高专组）一等奖；作为第一指导老师指导学生获第十七届"挑战杯"大学生课外学术科技作品竞赛红色专项全国二等奖、省级一等奖及主赛道省级特等奖，指导学生获第十二届挑战杯江西省大学生创业大赛国家级银奖。

志于"道"，一场赤子逐梦之旅

自小的学生干部经历，让她立志成为一名能够引领、影响、塑造一批人的"育人者"。2014 年的夏天，她成为一名光荣的专职辅导员。如何做实做好辅导员工作，让大学生信任和接纳自己，对于每个辅导员都是终身命题，面对这个问题，她给出了自己的答案——信仰与爱。她认为，一个有信仰的辅导员会得到学生的尊敬，但仅有尊敬是不够的，抛去所有的工作方法不谈，爱是辅导员工作中最有用的法宝。

善于倾听，做学生的知心朋友。刚担任辅导员那会儿，有些孩子刚入校忍不住想家偷偷掉眼泪，她深知陪伴、关心学生的重要性，她默默给自己定了一个小目标，每天通过线上或线下至少找 5 位学生聊聊天，倾听学生的心声。刚开始，学生会有些拘谨。到后面，学生便渐渐把她当作忠实听众。2019 年她正在休产假，带的所有班级转接给了其他同事。某天接到班上实习学生的电话："班导，我正在上海实习，没什么事，就是想找您说说话，听听您的声音。"曾慧感到这种被需要、被信任的感觉真好。

苔花如米小，亦学牡丹开。她秉承"常解学生忧、常暖学生心"的理念，不忽略每一位学生的感受。在她眼里，每个学生都是一个独特的个体，都能闪闪发光。班上有一个很有个性的学生，很不喜欢受束缚，总是迟到、旷课。有次查寝，她看到这个同学画画很不错。她没有直接批评她迟到、旷课，而是表扬她很有绘画天赋，向她要了一幅她的绘画作品贴在办公室，并鼓励她多向美术课老师学习。渐渐地，曾慧惊喜地发现，这个同学改掉了自己身上的坏习惯，脸上常常挂着获得肯定后的"小骄傲"。曾慧觉得，表扬有时比批评更让人觉醒，挖掘学生身上的闪光点有时能成为育人工作的"突破口"。每个孩子都是这个世界独一无二的星星，辅导员的存在就是陪伴每一个孩子茁壮成长，成为学生成长过程中最暖心的存在。

辅导员之路，是一场赤子逐梦之旅。她想成为一盏灯，照亮更多青年人。面对有些同学的"躺平"与"摆烂"，她花了近一个月的时间精心准备一堂班会课，以互动的形式让学生从内心深处认同和体会人生规划的重要性，使自我规划和自我行动成为自发、自主、稳定的行为。比如通过互动小游戏"人生的900个格子"，感悟时光匆匆、父母之恩。不少同学在绘制格子时潸然泪下或默默深思，感慨父母的"人生格子"可能已经超过了三分之二，感恩父母为自己付出了三分之一的"人生格子"，反思自己不该浪费韶华；通过幽默诙谐的小视频《人生的最后一分钟》，启发学生人生规划和确立目标的重要性；通过"夸夸你自己"和"帮忙来找碴"活动，明确自己的优势和不足；通过"趣说职业属相"和"定制三年后的名片"活动，了解未来职业对人才素质的要求，并将未来职业幻想具象化，进而确立一个长远的目标；通过"时间纸"和"目标分解"活动，体验大学时间的紧迫性，从而从内心深处觉醒，主动树立阶段性目标；通过"绘制行动计划"活动，将理想化为实际行动。

从事辅导员工作8年来，曾慧以饱满的热情为所带15个班、577名同学累计开展了256次主题班会、249个第二课堂活动，引导、激励学生坚守本真，做一个有梦想的人，同时帮助学生将梦想照进现实。"爱在左，责任在右，要用爱心、耐心、责任心、精心培养每个学生，以身作则，率先垂范，以高尚的人格魅力赢得学生敬仰，以模范的言行举止为学生树立榜样，把真善美的种子不断播撒到学生心中。"曾慧说。

修于"德"，一段固本修身之途

高校思想政治工作，做的不仅是学生的思想政治教育，其课程内容也将影响一代青年的思想观念、价值取向、精神面貌。作为一名辅导员，要成为学生成长和发展的引路人，就要始终以最高标准严格要求自己。她的辅导员之路，是一段固本修身之途，因为想要教育出最杰出的学生，首先要成为最好的自己，日常工作中做到学原理、讲道理，不断强化理论学习，自觉武装头脑，把理论融入故事，以故事讲清道理，坚持工作有价值，争做思政工作的生力军。

作为赣南儿女，在学院领导的大力支持下，她积极探索"三台"育人模式，即红色讲台、红色舞台、红色展台，用同学们喜闻乐见的形式传承红色基因。近年来，她带领学生团队利用寒暑假社会实践、志愿服务等机会，通过问卷、访谈、实地走访等方式对江西省10所高职院校党史学习教育现状及存在问题进行调研，探索高职学生党史学习教育的有效载体，并基于调研结果，结合所带学生专业特色，以美育载体为视角，通过优选"食材"、精选"配方"、完善"菜单"，让党史学习教育更加"鲜活有趣"。她带领蒲公英社会实践队前往了8所幼儿园和2所小学，通过绘画、歌唱、讲故事等方式给2000余名学生带去了深刻的党史印记。基于该实践撰写的调研报告获得2021年"挑战杯"全国大学生课外学术科技作品竞赛国家级二等奖及省级特等奖，具有较大实践推广价值。

2022年，为引导青年学生永远跟党走、奋进新征程，曾慧深入挖掘"红色剧本杀"沉浸式教育场景，创新红色教育新形式，解锁主题团日新模式。在她的组织带领下，学校旅游与外语学院先后组织8个团支部开展《兵临城下》《孤城》《旗袍》等以"穿越百年学党史，沉浸峥嵘聚团心"为主题的"红色剧本杀"主题团日活动。曾慧说，希望借助"红色剧本杀"这一年轻人喜闻乐见的形式，让党史学习教育"走新"更"走心"，让学生从历史的"旁观者"变成"主人公"，真切感受到信仰的力量。

"何其有幸，生于华夏！虽然只是剧本角色扮演，但我真切感受到了革命先辈抛头颅、洒热血的激情壮志，在中国共产党走过的百年历程中，多少先辈舍弃爱情、亲情乃至生命，才换来如今中国的繁荣昌盛。"学生程载睿表示，两个多小时的沉浸式演绎过程中，仿佛穿越了历史之门，让自己成为时代洪流中的一员，见证中国波澜壮阔的历史。

守于"勤"，一份精业唯实之耕

她的辅导员之路，是一份依于"仁爱"之心的精业唯实之耕。"喊破嗓子，不如做出样子。"在工作的方方面面，她都不轻言放弃。学生们常说"班导真的太拼了，向你学习！"

2018 年 5 月参加第六届高校辅导员素质能力大赛时，她刚怀孕两个多月，备赛中她忍着孕吐整理研究上百个思政文件，研判分析案例，模拟谈心谈话，精进政策宣讲。其实当时有想过放弃，但她想到一直跟学生们强调要勇于担当，奋勇拼搏，她不禁反思，自己怎么能做逃兵呢？学生是辅导员的影子，辅导员的一言一行直接影响学生的一举一动。作为与大学生最亲密的辅导员，肩负着言教与身教的重大使命。为了给学生树立一个奋勇拼搏的榜样，她坚持下来了。当得知比赛获得一等奖时，学生们激动极了，因为他们见证了班导奋斗的样子、不服输的样子。

实干笃行，用奉献之心服务社会。"你们还会来吗？什么时候？明天吗？"每当去支教离开时，看着孩子们依依不舍的表情，再多的辛苦都值得。她常态化组织入党积极分子、团员青年通过暑期"三下乡"到赣州各县、"童心港湾"留守儿童站进行义教活动，参与同学累计超过 300 人，共计进行义务支教与社会服务 70 余次，帮扶对象达 500 余人，义教活动受到《赣南日报》、赣州电视台等多家媒体报道，得到学生、家长、学校和社会的广泛好评。"看着孩子们脸上灿烂的笑容，心都融化了。能为这些孩子做点事，我觉得很荣幸。"曾慧如是说。

辅导员辛苦但心不苦，能把真善美的种子播撒到学生心中是一件幸福

曾慧（后排中）带队参加暑期"三下乡"社会实践

的事。沉下心，俯下身，在忙忙碌碌中兢兢业业，在平平凡凡中勤勤恳恳，以爱相伴，逐光同行。

八、接力唤醒·合力推动·竭力服务
——记守护学生成长的辅导员何依伊

何依伊，2015年8月入校工作并担任汽车学院专职辅导员，2016年任汽车机电学院专职辅导员，2020年6月转任汽车机电学院专职组织员，2021年8月至今调入红旗校区管委会办公室。她曾先后获得江西省第五届辅导员职业能力大赛一等奖（第一名）、江西省首届党务技能大赛"党员发展"项目二等奖、江西省2020年"微团课"大赛三等奖、江西省2021年教学能力大赛三等奖、第二届"丝路华语"国际汉语教学职业能力大赛优秀奖等奖项，以及校级"优秀共产党""优秀党务工作者""先进个人"等荣誉称号。

何依伊

做辅导员，接力唤醒

其身正，不令而行。身教重于言教，学生不仅在听老师怎么说，还要看老师怎么做。作为辅导员，和学生朝夕相处，就更要加强自身修养，处处为学生树立典范。和环院所有专职辅导员老师一样，何依伊常常学习老辅导员的工作方法，经常出现在学生宿舍里。学生经常打趣，不是说进入大学基本上看不见班主任的吗？怎么我们班导的存在感这么强。

正是因为深入学生、了解学生，才能在第一时间为学生答疑解惑。2015级汽车运用与维修技术专业的谢玉萍同学，被选拔参加新能源汽车专业的行业竞赛时，总会找她谈心。通过谈心谈话，她了解到，那时因为学校还未开设新能源汽车的专业，虽然在筹备中，但是没有开设过相关的课程，谢玉萍同学想着要在备赛时从头学新知识，之前树立起的自信心不知不觉间就开始动摇，开始怀疑自己、否定自己，对于比赛仿佛看不到希望，想要放弃了。刚刚经历过省级辅导员职业能力大赛的何依伊马上找到了开导学生的关键，分享自己备赛的经验，如知识点识记的有效方法、环节心理压力的小窍门等，以自身的实践经验鼓励学生重塑自信、扫去阴霾。那段时间，经过何依伊耐心开导及带队老师的共同努力、协同育人，最终谢玉萍同学在全国机械行业指导委员会"行云杯"新能源汽车比赛中获得二等奖。

2017 年，一名男同学入校时就打了退堂鼓，十分不自信，觉得自己跟不上课堂进度，对专业学习没有热情，想要退学外出打工。何依伊了解到情况后，发现该生在理论课的学习上遇到障碍，但是在实训课上的表现可圈可点，动手能力也得到了实训老师的肯定。于是何依伊帮助学生制订学习计划，组织学习小组，邀请理论课授课老师一起帮助他提高理论成绩，从而让学生打消了退学的念头，坚持完成学业，最终顺利毕业。

何依伊非常关注学生的心理健康。有一位同学在 2016 年被诊断为双向情感障碍，休学一年之后他复学到何依伊所带的班上。了解到该生在休学治病期间父亲突然离世这一情况，何依伊便经常邀请他到办公室谈心，关心他在生活和学习上是否遇到困难，同时单独找到寝室里的其他同学，让同学们多关注、关怀这位"特殊"的同学，并与班上的心理委员一同为该同学量身打造了一台心理情景剧，帮助他走出心理困境。此外，她还保持与学生家长的密切沟通，最终这位同学顺利完成学业。

做组织员，合力推动

她不仅在辅导员岗位上注重学生的日常学习和生活方面的行为养成，而且在专职组织员岗位上，以党建促育人为有力抓手。讲政治是合格党员的根本标准。在党员发展过程中，把讲政治、有信念贯彻始终，是汽车机电学院党总支党建工作的目标。在党总支书记钟萍的带动下，何依伊与党总支的党员教师们合力推动了各项红色活动，如诵读红色经典强信念，演绎红色家书浓情怀，追寻红色足迹酬壮志，以"千淘万漉虽辛苦，吹尽狂沙始到金"的精神磨砺学生，考验学生。

在与一位入党申请人谈到入党动机时，这位同学曾表示，因为自己的爷爷是党员，入学前，家人也千叮咛万嘱咐，要他写入党申请书，他也确实听话，但其实他自己对中国共产党并没有清晰的认识，只是盲从。其实这样的同学不在少数，有人因为家长的压力，有人因为跟风的心态，有人为了将来找个好工作，入党动机并不端正。

作为专职组织员，针对入党动机不端正的同学，何依伊以党史学习教育为切入点，组织同学以读书会、观影活动等形式，撰写心得体会，开展交流讨论，学习党的发展历程，以此端正入党动机。

在做好党员发展工作中，何依伊说，因为对于"讲政治，有信念"这一目标的贯彻坚守，在教育引导学生的同时，对于自我成长的影响也是巨大的，可谓"正人正己"；同时，也让"学为人师，行为世范"的教育理念深深烙印在自己的心里，使自己时刻牢记党员身份，坚定理想信念，树立高尚道德情操。

做管理员，竭力服务

管理服务育人工作是学校育人工作的重要组成部分。在红旗校区管委会办公室行政工作中，更是以管理服务育人工作作为重要职责，融入日常工作，牢固树立"一切为了学生、一切服务学生、一切为了学生成长成才"的教育理念。凡是学生有疑问的，必有回应；凡是学生有要求的，尽力完善。寓教育于管理服务工作之中，强师德、正师风、树师表，注重用高尚师德和热心周到的服务感染学生，用自己的一言一行影响学生。

在一次核酸检测的过程中，一位同学与辅导员老师发生了摩擦，言语行为表现冲动，引起了在场同学的骚动和围观。因辅导员老师是初次带班，处理突发事件经验不足。何依伊发现后，马上安抚学生情绪，与其他老师一同维持现场秩序，并及时将学生带回办公室了解情况，待学生情绪缓和后再适时加以引导。通过沟通交流，何依伊发现该生性格敏感，存在人际交往障碍、学业困难等诸多问题。对此，她及时与其辅导员交流，向二级学院反馈，根据该生的情况制定了一系列方案和措施。何依伊的参与，既及时有效化解了矛盾，又助力了学生的身心健康成长。

何依伊（中）带领学生参加志愿服务

落实"首接负责制"，宁肯自己多走路，不让学生多跑腿，对接手的每一项服务工作都尽力协调办理。何依伊协助建立了红旗校区学习委员微信群多渠道、全天候的信息传递与沟通机制，经常深入学生之中，及时听取学生的意见和建议，做好学生服务工作。

教育的过程，是沙滩上的两行脚印，一行是学生，一行是我们。我们的教育，就是渡人渡己的过程。何依伊说，无论在学校的哪个岗位，我们都始终要围绕"为党育人，为国育才"的教育使命，争做"四有"好老师，即做有理想信念、有道德情操、有扎实学识、有仁爱之心的好老师；做学生的"四个引路人"，即做学生锤炼品格的引路人，做学生学习知识的引路人，做学生创新思维的引路人，做学生奉献祖国的引路人。

九、深耕高职沃土，培育绿色发展专业人才
——记红土地林业教育守望者彭丽

彭丽，学校林学专业副教授。2007 年，南京林业大学研究生毕业的她，

怀揣着对林业教育事业的一腔热爱，来到以林业类专业、园林类专业为特色的环院，投身职业教育热土。从教 16 年，她牢记教书育人的光荣使命，始终在教育这片热土上默默地耕耘着，她践行"思政育人"，始终严格要求自己，注重以身作则，兢兢业业，在林业教育教学中倾注着全部心血。她先后被评为江西省林业局"优秀教师"、"优秀共产党员"及学校"十佳教师"等，入选为赣州市第二届种质资源调查技术支撑专家、江西省花卉品种审定专家等。

以身作则，干一行爱一行

教育本身就意味着一棵树摇动另外一棵树，一朵云推动另一朵云，一个灵魂唤醒另一个灵魂。彭丽也深知教育的这一特质，在平时的教学中，她总是坚持以身作则，潜移默化地影响学生。在师生们的眼里，彭丽低调、热爱林业，没有豪言壮语，没有惊人之举，但在平凡的岗位上，倾注着全部心血，努力做好平凡的工作。

作为长期深耕在高职育人一线的教师，彭丽勤勉认真，时时不忘拓展自身的知识广度和深度，不忘时时磨砺自己育人的初心使命。她认为，为师者，要给学生一杯水，自己必须先有一桶水，而且更要成为一汪活水，成为长流水。因此，在教学之外，她不断丰富理论知识，常常到户外甚至野外观察、了解每一棵树、每一片叶子，积累大量教学素材。在她的手机里，除了偶尔出现孩子的照片，就只有平时收集的大量植物照片。她还在微信或 QQ 长期发布各种各样的植物介绍，学生经常说："彭老师，我想了解植物，第一时间就会去您的微信或 QQ 空间。"

在彭丽的影响下，学生们也纷纷效仿她的做法，平时也主动收集各类植物，拍好照片。有时候，学生喜欢"捉弄"她：给她发半片叶子、一端接枝条，有时把"嫁接"技术应用得炉火纯青，这个树种的叶子嫁接到其他枝条上，另外一个树种的果实接到其他茎上，然后问："老师，这个是什么？"而她总是能准确地报出答案，让学生惊叹不已。"丽姐，你怎么能记得那么多树呢!"这时候,她就会告诉学生,认树就如认人一样,要多去实践、多去看,看多了自然就记住。她教授的森林植物课程,一学期下来,学生就会对她说:"老师,我也该换手机了,手机上也只剩植物照片了。"林业"三定向"学生因为在校时受到彭丽老师的启发和兴趣培养,一些学生在植物学领域继续求学深造,如朱宗威考取了福建农林大学,他常常联系彭丽,说:"老师,我毕业后,还回我们县保护区工作,还从事植物研究!"

吃得苦中苦,方为人上人

林业是艰苦的行业,工作环境远离城市。她常常告诫学生,作为一名林业人,要能吃苦,耐得寂寞。在森林植物课程综合实训中,在传授学生专业技能的同时,她也常常将林业人吃苦耐劳、甘于清贫的精神品质传递给学生。

在 2016 级学生到金盆山进行植物识别教学实践中,从场部到凹脑瀑布往返 32 公里,她带着学生,一边认识植物,一边采集植物标本。刚开始,学生的兴致非常高,边采编标本边记录,并没觉得苦累。一路上学生边学边欣赏自然风光,饿了分享从场部带来得干粮和零食,水没了喝山泉,偶尔品尝野果。到了中午,太阳大,天气热,学生专注力开始下降。在这种情况下,她时刻关注着每位学生的状态,遇到累的学生,陪着休息一下,继续往前走,下午两点终于到达目的地凹脑瀑布。当看到瀑布的那一刹那,大家的疲惫瞬间消失,都冲向瀑布。返程时,她又不停地鼓励学生坚持下去,说:"只要大家能坚持走到场部,课程实习就合格了。"这句话激励着所有的学生挑战自己的毅力,最终他们坚持安全返回住地。这次经历让学生锻炼了自己的意志,体验到吃苦耐劳的精神品质。有的学生说:"老师,这是我长这么大以来,走得最远的一次,从来也没想过我能走这么远,这将成为我记忆里最深刻的体验。"

彭丽自身在科研上求突破、求提升,近年来取得累累硕果,同时,她也积极引导学生在大赛中提升林业专业技能。2017 年开始,"互联网 +"创新创业比赛在环院越来越受到重视,她鼓励学生组队参加中国国际"互联网 +"

彭丽（右一）在植物识别课程的现场教学中

彭丽（左一）带领学生参加二类资源调查培训

大学生创新创业大赛。年复一年的指导中，她更注重发挥学生主观能动性，指导学生收集资源的方法和写作的技巧，从创业策划书、项目讲解视频的拍摄、汇报PPT的制作等方面，一点一滴指导学生项目负责人带领团队完成。

吃得苦中苦，方为人上人。彭丽和同学们一起，围绕竞赛主题，认真刻苦学习，利用假期、周末、晚上等的点滴时间，"白加黑""5+2"地奋斗着，别人在休息，他们在研讨项目，从"益松科技"到"益林科技"、从"矿区修复"到"复绿之星——矿区土地修复行业的颠覆者"，从"益林科技"到"天然天成森林药材"再到"金草科技——金线莲生态产业引领者"，不断打磨项目，一点点付出。2020年，在第六届中国国际"互联网+"大学生创新创业大赛总决赛中，"金草科技——金线莲野生栽培引领者"项目以小组第一的成绩获得职教赛道金奖。这是学校首次获得该项赛事金奖，也实现了江西在该项比赛职教赛道金奖零的突破。

严师出高徒，以匠心育匠人

对于林业"三定向"学生而言，毕业时最大的考验不是就业，因为根据江西省林业厅、江西省教育厅、江西省人社厅联合发布的文件，这批"定向招生、定向培养、定向就业"的学生，在入学初就签订了三方协议，毕业后将以事业单位人员的身份回到生源地林业基层单位工作。他们毕业时所面对的最大问题，在于理论和实践能不能结合，在校所学知识和技能能否解决工作中遇到的实际问题。

为了解决这些问题，2016年5月，学校启动了面向林业"三定向"学生的技能"一对一"过关考核。彭丽作为林业技术专业的负责人，全面落实"三定向"学生的技能"一对一"考核。为了更好地落实技能考核，保障学生野外安全，她参与了所有的野外项目考核。

那时毕业生有将近250人，"一对一"的过关考核工作量较大、耗时较长，教师投入人数多，许多考核还需一整天自带干粮在野外山场。为了完成此项工作，彭丽带领林学院许多党员教师主动担当，积极投入到技能考核工作中。为了达到最佳考核效果，在考核山场的选取中，彭丽和一批教师利用休息时间跑遍校园周边乡镇山场，选择多处地点，同时联系相关林业局调取地形图等资料。

过关考核要求非常严格，经常需要团队合作。很多小组因为团队成员的凝聚力不够，会出现考核不合格的情况，开始出现互相埋怨和指责的现象，甚至要求换组。每当遇到这样的情况，彭丽就会对学生语重心长地说："以后工作了，很多时候我们是无法去选择跟谁一起完成一项工作，只能在既定的条件下，思考如何才能高效地完成工作任务。而且，我们必须认识到，只有团队协作才能更大程度地体现自己的价值。"她每次会指出学生考核中存在的问题，鼓励学生加强练习、学会总结，引导学生慢慢明白，他们四个人作为一个整体，必须都要掌握技能，相互之间要配合才能完成考核。明白这个道理，队员之间就会多一分理解和帮助，会一起去练习，每轮练习下来总结还存在的问题。最终通过团队的共同努力，大家一同通过技能考核。

彭丽对自身要求严格，同样地，她也以高标准、严要求对待学生。因严格要求，她成了学生眼中的"女魔头"。她印象最深刻的一次是在考核地形图识别的过程中，一位女同学因为地形图的点定位偏差大，3个提问也没回答准确，导致了她的综合评分不合格。在返回的车上，这位女同学一路哭着回来。半个小时的车程，彭丽和另外一位监考老师虽然一直在关注那个学生的状态，但她一直保持沉默，没有修改考核结果。她想让学生自己明白，眼泪是解决不了问题，最终要靠去自己掌握技能去解决。那个学生最终通过几次补考通过了考核。这也使学生明白，眼泪没有任何作用，唯有努力才能解决问题。

有时，在技能考核中对学生要求严格，学生会有抱怨和不理解，也觉得以后工作也许用不上，为什么一定要求考核。但工作后，他们渐渐地发现，当初老师的严格要求对于他们今后的学习、工作乃至生活都是有非常重要的帮助。

亦师亦友，益师益友。在课程实习中要求严格的彭老师，在课余之时却十分愿意做学生的朋友，学生也喜欢到办公室和她聊天谈心。她经常和学生说："学林业的人应该践行绿水青山就是金山银山，要知林爱林，为林业的发展奉献自己的力量。"

如今的她，仍旧在那一方讲台上，踏踏实实地为学生解答着学习生活中的困惑，讲述着平凡又崇高的做人道理，守望着林业职业教育事业。

十、科研育人，将论文写在赣南红土地上

——记职业院校科研工作耕耘者杨巍巍

杨巍巍，家具学院教师，青年井冈学者，国家技术标准创新基地（江西绿色生态家具中心）主任、赣南家具工程技术研究中心主任、赣州现代家具产业链技术创新中心主任。从教 10 年，他始终在职业教育这片热土上默默地耕耘着，全身心投入到家具学科的教学、科研中。他先后获聘为江西省科技厅科技评审专家库专家、江西省林业局林业科技推广智库专家、江西省生态环保厅清洁生产审核专家库专家、江西省市场监督管理局标准化专家库专家、赣州市第一批哲学社会科学专家。

以科研推动产学研合作协同育人

热衷于学术科研，醉心于赣南家具产业研究，是环院师生对杨巍巍的最大印象。2018 年以来，杨巍巍牵头组建了省级科研平台——国家技术标准创新基地（江西绿色生态家具中心），实现了学校省级科研平台零的突破，开启了高职院校科研平台建设的模式；牵头组建了赣南家具工程技术研究中心、赣州现代家具产业链技术创新中心。自此，学校实现省市科研平台联合体的产学研组合。

杨巍巍说，积极牵头打造系列科研平台，目的是想通过科研提升产学研协同育人成效。目前家具学院学生共有 300 余名。受益于多层次多种类平台，学生们在日常学习的同时，参与科研的机会多了，实习实训的基地

也多了，学生有机会在课余时间更深入地走进行业、走进企业、走进产业，更多地了解专业。玩耍和闲逛的学生少了，上网和游戏的学生少了，学生们学习的热情多了，学习的劲头更足了。杨巍巍分别从家具学院0271511、0271611、0271711、0271811、0271911、0912011等五年制班级招收学员，提升五年制学生的培养目标，并为将来专升本打下基础，其中0271711汤嘉宇毕业后在南康家具研究院从事科研助理工作。

以科研推动教学成果转化

科研并不是一日而成，需要默默耕耘数十载。科研育人，需要有正确的政治方向、价值取向、学术导向，需要养成并指导培养学生形成敢为人先的科学精神、开拓创新的进取意识和严谨求实的科研作风。

着眼于家具产业，杨巍巍弘扬工匠精神，在职业院校教师申请课题、项目比较难的情况下，发扬勤勉刻苦精神，敢于突破、敢于创新，在量的积累下，一步一步开拓，慢慢取得系列成果。注重科学研究的杨巍巍老师，执笔撰写的《江西省家具产业优化升级行动计划工作方案》获得省级领导批示，并转送江西省工业与信息化委员会阅研；主持的课题"赣南家具企业工作人员现状的调查与分析"获赣州市社会科学界联合会"社会科学研究百题优秀成果奖"，"赣南家具产业升级研究"获江西省决策咨询课题立项。他还积极参加教育部课题"木材加工技术专业企业生产实际教学案例库建设"网络教学视频录制，面向校内外师生传播家具行业，促进成果应用转化。

在他严谨的科研精神指导下，他带的学生也踏实认真，做事一丝不苟，坐得住板凳，静得下心。如：家具学院0271501班曾冠华、李斌，从中心出站后，一直在广东省龙头家具企业做设计、研发，并把在校期间的研究成果——客家家具运用到新中式家具设计中；0271701班夏如，从中心出站后，一直在广东省龙头家具企业做设计、研发，并把在校期间的研究成果——少数民族家具运用到了民宿家具设计中。上述学生的研究成果引起市场共鸣，均得到良好的效果反馈。

　　为进一步促进成果转化应用，提升教育教学质量和育人效果，杨巍巍注重调研国内外先进发达的家具企业和行业协会，参照国际标准，深入研讨，明确专业定位和培养目标，以及未来岗位需要的职业能力。同时，他深入研究国内外有影响的设计院校设计人才培养模式，对赣南地区的家具企业、行业协会和历届毕业生进行广泛调查，联合江西省家具协会、南康家具产业促进局、赣州市南康区家具协会完成《家具设计与制造专业现代学徒制人才培养模式研究报告》，经过校企共同研讨和行业协会、专业指导委员会的充分论证，制定一套高于现行标准、具有国内推广价值、能够提升从业人员素质的《家具行业职业岗位标准》，并与本专业人才培养目标对接。

　　他关心关注学生就业这件大事。为了解毕业生就业情况，他跟踪调查了一大批毕业生，了解掌握毕业生的专业对口率，查找非对口就业问题，调查毕业生培养目标与就业岗位等级的一致率，调查毕业生的岗位薪酬待遇，查找低薪酬待遇毕业生的产生原因，并对上述情况进行综合分析，提出解决方案，撰写《毕业生就业质量跟踪调查报告》，有效实现赣南家具产业升级的人才准备要求。

　　以科研服务赣南区域行业发展

　　2017年开始，杨巍巍先后兼职江西省家具协会、赣州市南康区家具协会、樟树市金属家具行业协会、南城县校具商会，开始融入行业协会，做企业社会服务。如：承接江西省工业与信息化厅项目《江西省家具产业优化升级行动计划（2018—2020年）》，并有效实施方案。

　　他注重倡导加强家具产业标准化培训和建设，编写了《南康绿色产品（家具制造）评价标准》；承办了江西省家具协会官方网站、《江西家具》杂志，推广区域品牌，适时开发网络、微信、微博、手机App模式，实现立体式、互动式综合宣传；进一步延伸与实木家具企业推广环保改造典型经验、内部流程管理、技术改造、创意设计、开发衍生产品、提高废料的延伸价值等方面的科研支撑。

在自己做科研的同时，杨巍巍还带着学生一起围绕专业开展社会服务。如家具学院 0271511 欧志慧、0912001 袁佳繁、0932001 李立嵩跟随杨巍巍深入"中国校用家具产业基地"南城，从事校用家具的研发，其中袁佳繁、李立嵩还先后受聘产业园区任科研助理，助力产业的发展。

为扎实开展社会服务，服务赣南区域发展，他积极配合赣州市南康区政府开展各项技能培训，弥补贫困户技术盲区，并依托南康区民营经济优势，鼓励贫困户以一技之能在家具产业充分就业，实现增收脱贫。参与开展"巾帼不让须眉"行动，在南康区所有乡镇开展以"扶贫与扶志、扶德、扶智、扶勤"为主题的农村妇女培训活动，就乡风文明建设、好家风好家训、传统文化、妇女创业脱贫政策等相关内容进行授课，引导贫困户"丢"好吃懒做思想，"育"劳动致富意识，树立靠劳动增收脱贫的意识。

十年如一日，杨巍巍用心、用情、用汗水、用心血、潜心科研育人，在将来，他也将继续践行初心使命，继续将论文写在赣南红土地上。

杨巍巍（左二）带领的学生团队

第二章　励志勤学：不负韶华，技能报国

一、不负韶华勇担当，砥砺前行谱青春
——记 2021 届全国林科优秀毕业生陈思源

陈思源，女，汉族，1999 年 8 月生，江西赣州人，中共党员，2021 届全国林科优秀毕业生、学校 2021 届优秀毕业生、赣州市学生联合会第二届第三任驻会主席、学校第四十一届学生委员会主席团成员。现为赣南师范大学与环院联合培养的旅游管理专业（专升本）学生、学校第四十三届学生会副秘书长。她先后取得全国导游资格证、教师资格证、中级茶艺师证、研学导师证、赣州市讲解员证。专科在校期间，她个人专业综合素质测评成绩始终保持在专业第一名，曾荣获国家奖学金、国家励志奖学金，以及江西省导游职业技能大赛三等奖，江西省职业院校共青团工作协会"优秀共青团员"、赣州市"优秀共青团员"等荣誉称号，连续多年获评校"优秀共青团干部"、"优秀学生工作者"、社会实践"先进个人"等荣誉。在成长的道路上，她一直对自己说的一句话，就是"你继续差的话，没人会等你"。这句话也伴随她走过了燃烧的青春岁月。

脚踏实地，锐意进取

2018 年夏天，带着对大学生活的无限憧憬，她第一次迈入环院的校门。从高三到大学，生活开启了新一页篇章。然而，真实的大学生活并不像影视作品里展现得那样轻松自由，也不如她高中时憧憬的那样径情直遂、有条不紊。那时候的困惑是来自多方面的，不仅是高考失利后的挫败、父母

的不理解，还有因为经济条件相对不宽裕带来的生活上的苦恼。刚进入校园，她就意识到自己必须做出改变，不能和之前一样做教室后排不起眼的学生，于是她参加校学生会的招新，并面试成功，成为学生会社会实践部的一员。在学生会的一年时光里，她的性格得到了很大的改变，认识了一群志同道合的朋友，由自卑胆小变得自信阳光。在大一下半年，她报名参加学校第五期大学生骨干培训班，到井冈山教育培训基地参观学习，聆听"三湾改编"情景教学，在井冈山革命烈士陵园祭奠井冈革命英烈，重温入团誓词，身穿红军服、头戴红军帽、身背红军枪、重走朱德挑粮小道，亲身体验"井冈练兵"，学习草鞋文化。那一次经历对于她而言，是弥足珍贵的。她在大一刚入学就递交了入党申请书，在去到井冈山之前，她还不能完全了解共产党员这个身份背后的责任感和使命感。一次井冈行，一生井冈情。短短三天的井冈山红色行，是她第一次近距离感受红色革命，感受党员身份的光荣和自豪，也坚定了她加入党组织的信念与决心。她说，井冈山精神需要她一直去学习实践和传承。

力学笃行，不负韶华

习近平总书记说，青年一代有理想、有本领、有担当，国家就有前途，民族就有希望。作为大学生，首先就要有理想，要有即便处于困境挫折之中，仍能不忘初心、砥砺前行的信念。

大二下学期，是极为特殊的一个时期。突如其来的疫情打破了人们平静安宁的生活，在疫情形势严峻复杂的情况下，大学生都无法返校上课，只能在家接受线上教学。在此期间，江西省旅游产业发展大会在赣州召开，她作为学校学生代表参与江西省旅游产业发展大会的讲解工作。虽然还在疫情阶段，但她依旧按照大会筹备组的安排认真参加培训。在她看来，新时代的中国青年，要站得出来，顶得上去。她认为，可以为江西省旅游产业发展大会的召开贡献自己的一份青春力量，就是自身青年价值的体现。在疫情期间，她参与了大会前期网络培训及中段的集中培训。青年兴则国兴，青年强则国强。作为新时代青年，应该做到不负韶华、不负时代、不负人民，把青春荣光与梦想镌刻在赣鄱大地上。得益于那段时间的培训，她更加坚定理想信念。

在大会正式开展阶段，每位讲解员上岗都是一件很严肃的事情，因为讲解员所展现的是整个赣州市的旅游文化形象。在经过一轮又一轮的培训、考核、彩排，带教老师对她有了全面的了解之后，最终确定她在大会当晚进行讲解。功夫不负有心人，星光不问赶路人。她也成为当年江西省旅游产业发展大会宋城夜游线路中，学校唯一一个在江南宋城考察点遴选后上岗的讲解员，向来自各地的与会嘉宾介绍赣州旅游文化，讲好赣州故事。所以说，在青春路上，努力奔跑才能和幸运不期而遇。

天道酬勤，厚德载物

努力没有白费，辛苦终得回报。大学三年的时光，一步一步，她实现了当初入学时对自己的许诺，交付了一份还算不错的答卷。从各类演讲、朗诵比赛的"小白"，到各类校园文化活动、学生代表大会的主持人；从默

陈思源在 2021 年全国林科"十佳"优秀毕业生颁奖典礼现场

默无闻的社会实践部成员，到传播青年声音、聆听广大同学心声的学生会主席团成员；从讲导游词结结巴巴，到省级比赛获奖者、成为省旅游产业发展大会讲解员；从共青团员到共产党员……她很感谢时间对她的不断打磨，以及求索之路为她铺就的奋斗底色。她很庆幸当初的自己没有半途而废，因为她坚信，所有向上生长的盛景，都离不开日复一日地向下扎根。

在一系列的获奖荣誉铺垫之下，经过学校推荐，她成功获得了国家奖学金，并获评 2021 届全国林科优秀毕业生。大三时，由学校团委推荐，她以赣州市学生联合会第二届第三任驻会主席的身份前往赣州团市委实习。在实习工作之余，她严格自律，积极进取，考取教师资格证，为自己未来的人生道路增添一张闪亮的底牌。

青春铺路，梦想延伸

在大三阶段，她认识到自己的不足，为了弥补高考的遗憾，也为了前往更高的平台，她选择了专升本，继续提升学历。工作之余的备考是痛苦的，不仅是知识基础的比拼，也是意志、心态和身体状况的比拼。因为家庭情况的原因，她无法报名参加系统的培训班进行学习，跌跌撞撞，走了不少弯路，幸而最终以较高名次考取赣南师范大学与环院联合培养的旅游管理专业。在公布成绩的那一天，她特意回到高中母校，在大门前拍了一张照片，在朋友圈更新了一条动态："2018 年盛夏的遗憾，终于能在 2021 年的盛夏被弥补。"在同年 8 月份临近开学时，因为家庭原因，她历尽千辛万苦获得的提升学历的机会可能要被迫放弃。但是学校团委的欧阳剑老师给了她很大的鼓励，帮助她进行协调，才使她有了踏入校园学习的机会。

本科学习期间，她对待学习积极努力，坚持做到自我监督、自我约束、自我管理、自我规划，第一学期学习成绩和综合素质测评成绩在班级名列前茅。同时，她担任校学生会副秘书长，在新的岗位上充分发挥桥梁纽带作用，不断创新，以实际行动为校园建设贡献青春力量。

在学校举办的专升本分享会上，她对学弟学妹们说："山高路远，这四

陈思源2019年主持学校第四十一次学生代表大会

年只是人生小小的一个阶段，但我想我是幸运的，很幸运遇见许多良师，他们悉心传授知识，耐心教解研究，讲述人生哲理；很幸运遇到人生益友，相互鼓励、相互包容。感谢路途上每一位曾经给予我帮助的人，也感谢仍旧热血、仍旧拼搏、仍旧不愿放弃的自己。希望学弟学妹们能够把握当下，激发奋进潜力，择高处立、就平处坐、向宽处行。在最青春的时候，绽放最绚丽的光彩。"

二、不忘初心，做新时代扎根基层的务林人
——记在环院实现蜕变的基层林业工作者周旋辉

周旋辉，男，1988年7月出生于江西省丰城市，2011年加入中国共产党；2012年毕业于华东交通大学理工学院通信工程专业，2014年就读于环院；现任丰城市林业局林长办公室主任、森林资源保护站站长兼资源股副股长。他曾获得国家奖学金及共青团中央"践行社会主义核心价值观优秀

周旋辉2015年作为学校优秀学生骨干在井冈山学习留念

个人"、"中国大学生自强之星"、学校"优秀共产党员"荣誉称号等荣誉称号;在职期间,荣获江西省森林资源二类调查"优秀个人"和丰城市"疫情防控优秀志愿者"等荣誉称号。

鼓足勇气并不是没有恐惧,而是有更重要的抉择

2012年7月,24岁的周旋辉本科毕业后在广东宜通世纪科技股份有限公司任网络工程师,虽说待遇还不错,但他内心深处还有一颗不满足于现状的种子在萌芽。

2014年1月,周旋辉接到大哥打来的电话,"江西省林业厅和其他部门共同推出林业基层'三定向'政策(即定向招生、定向培养、定向就业),'派遣到县以下基层林业事业单位工作,由环院负责培养,学制三年'。你考虑一下是不是报考。"经过反复斟酌,周旋辉说:"生在农村、长在农村的我,对山、对水、对树木、对自然有着天生的亲近,这是我下定决心报考的重要原因。"于是,他在本该结婚生子、拼搏事业的年纪,鼓足勇气、

做出抉择，再次拿起了高中课本，购买复习资料，熬夜备考，并如愿以偿。

让时间检验努力的成色

再次踏入象牙塔，周旋辉遇到了他的政治辅导员彭阳。彭阳在政治辅导员见面会上，以习近平总书记的"勤学、修德、明辨、笃实"八字箴言，勉励定向青年要善思、善学、善为，努力学好专业知识，建设生态祖国。

了解周旋辉的情况后，彭阳主动找他谈心，"你要放下心理包袱，找准人生目标，立足未来岗位，学好专业本领，强化核心竞争力，在蜿蜒的人生道路上去领会不一样的风景"。既来之，则安之。周旋辉迅速调整好心态，与同学和老师们打成一片，充满热情地开始了他的环院之旅。

立艺树人。周旋辉先后经历了本科和专科的培养模式，各种模式各有特色。在环院，他认为最大的教学优势是理论结合实际、知识结合实操，课堂知识与户外实践相辅相成。国家 AAA 级景区的环院最适合林业专业学生实践，他们在彭丽老师的讲解中认识到各类植物及其特性；在吴欢老师的指导下，学会了全站仪、RTK 等测量仪器的使用；在吴建福老师生动的讲解中，认识了各种昆虫及其特性……这些都是他们未来工作当中的宝贵财富。

第二课堂精彩与成长同在。如果说课堂知识提升了周旋辉的专业技能，为他以后的工作保障了硬实力，那周旋辉在第二课堂得到的锻炼便提升了他的软实力。在班干部的选举中，周旋辉成为一名团支部书记；在班级辅导员林芳老师的推荐下，他成功通过校团委的考核，先后担任校学生会副主席和主席一职。学校的各类活动都曾有他的身影，博雅文化广场文娱活动、大学生骨干培训班、"学雷锋"活动、五四表彰大会、学生代表大会……从方案策划到组织实施，从前期彩排到后期总结，从主持到演讲，从宣传报道到创建环院青年微信公众号，他都全程参与过。

学生干部不仅是荣誉，更是沉甸甸的责任。时任校团委负责人李佰林经常对周旋辉说："学生干部并不是穿着西服的另类，你们应当是服务学生的优秀团体。"周旋辉牢牢地记下这句话,并在以后的学习和生活中以此鞭策勉励自己。

2015 年的"一二·九"大合唱活动,天降大雨,周旋辉一边和学生干部在礼堂外搭建遮雨帐篷,一边指挥各合唱团候场,还需要时常关注礼堂内各类突发状况并予以及时解决。最困难的时候,他始终和学生干部奋斗在一起。那一晚,在活动圆满落幕后,他和许多学生干部一样,穿着湿透的西服和皮鞋,看起来衣衫不整,却展现了学生干部最顽强的战斗力。当晚回到宿舍已进入深夜,在完成洗漱后,周旋辉才发现自己还没吃晚饭。他顾不得饥饿,拿出课本,在走廊里就着手机、手电筒的灯光,自学当天因组织活动而落下的专业课程。

事实是最有力的证明人。副院长叶超飞在 2014 年大学生骨干培训班结业典礼上说:"功崇惟志,业广惟勤。希望同学们以德为先,勤奋提升各项能力和成绩。"周旋辉时常以此自勉,把别人用在休闲的时间用来提升自己,就是凭着这样的执着与努力,在大学期间,他各学期成绩均在班级前三,也因此获得多项表彰和荣誉。

周旋辉 2016 年在环院求知石留念

知行合一

2017 年毕业典礼上，校党委书记肖忠优现场提问了优秀毕业生代表周旋辉："你怎么理解学校立艺树人的校训？"周旋辉回答道："立艺树人，以德为先；德艺双馨，回馈社会。"肖书记对周旋辉的回答表示认可，并勉励毕业生要有理想，敢于有梦；能坚持，勇于追梦；敢创新，善于圆梦。

周旋辉始终将肖书记的话牢记在心，贯彻于行，他把青春融入青山，将个人奋斗与兴林草兴生态事业结合起来。到丰城市林业局参加工作后，周旋辉被分配到了林政股，从一名普通职员做起，在岗位上一步一个脚印，发挥专业优势，先后负责完成全市 60 余万亩公益林上图、历年"森林资源一张图"更新等工作。此外，他还摸索出手机户外软件与 ArcGIS 操作软件相结合的工作方式，极大提高了野外调查的效率与可靠性，深受基层林业人的青睐。

周旋辉善于沉下身去，静下心来。他专心于本职工作，如今已成为所在单位最年轻的科室负责人。周旋辉常说："因为热爱，所以愿意。"

用行动践行青春与青山的约定

2019 年，江西省开展全国第七次森林资源二类调查，刚转正一年的周旋辉也是第一次参加正式的资源调查。当时的调查手段与 10 年前相比发生了较大变化，并无经验和规律可循。对此，周旋辉仔细研读技术方案，主动担当调查小组长，负责全市 4 个乡镇的 17 万亩林地资源调查、106 个森林督查图斑核查、56 个林业样地调查的工作任务，这也是全市任务量最大的工作小组。周旋辉安顿好新婚妻子，便一头扎进工作当中。为了高质高效地完成任务，减少来回的时间，他们小组吃住均在乡镇，早出晚归，顶骄阳、战酷暑，摔跤和蚊虫叮咬似乎都只是每天的提神良剂。

7 月 15 日，他们小组驾驶摩托车在淘沙镇穿越田埂前往样地调查的途中，连人带车不慎摔入湍急的溪流当中。周旋辉顾不得连呛了几口河水以及被车压住的大腿，第一反应是高举平板电脑，因为里面保存了大量前期调查的数据。这些成果数据是整个小组的劳动成果，绝不能因为电脑进水造成不良影响。在他们齐心协力将摩托车推举上岸之后，周旋辉决定，留下一人等待摩托车救援修理，其他人换好衣服后继续前往下一个样地开展调查。就是在这样的坚持和努力下，他们小组圆满完成了工作任务，并代表丰城市接受了宜春市和江西省等上级林业部门的质量检查。淘沙镇党委书记潘志伟评价他们说："在基层，最大的压力就是怕让群众失望，你们展示了林业干部勇于担当和顽强抗争的作风，摸清了淘沙镇的林业资源现状，淘沙人民为你们点赞！"

勤恳实干讲奉献，抗击疫情守一线

在日常工作里，在脱贫攻坚的战斗中，在各种急难险重的工作里，总能找到周旋辉的身影。2020年，突如其来的新冠疫情打乱了人们的生活节奏，而丰城市是全省新冠疫情较为严重的地区。周旋辉还没休完年假就加入抗击新冠疫情志愿工作当中，并积极主动报名前往有确诊患者的小区进行志愿服务，为确诊患者家属买菜、量体温，宣讲防疫知识。他所服务的街道对他不怕危险、勇于担当、甘于奉献的精神予以高度评价，后他被授予抗击新冠疫情"优秀志愿者"荣誉称号。

人不负青山，青山定不负人。一路走来，周旋辉扎根于基层立业，甘做"绿色"愚公，向绿向美，朝夕逐梦。愿他奉绿水青山之命，圆山清水秀之梦，青春永不褪色，奋斗永不止步！

三、奋楫扬帆，笃行致远
——记2020年度"中国大学生自强之星"翁高倩

翁高倩，女，汉族，1999年12月生，于2021年12月8日成为中共预备党员，林业"三定向"学生，先后担任学校创新创业项目"森林卫士——'松树癌症'的绿色特效方案"负责人、"沃土先锋——土壤治理修复先行者"负责人。在校期间，她获得2020年度"中国大学生自强之星"

称号、国家励志奖学金，以及第三届全国林业草原行业创新创业大赛全国总决赛银奖、第十二届"挑战杯"江西省大学生创业大赛银奖、第七届江西省"互联网+"大学生创新创业大赛铜奖、学校"优秀共青团员标兵"，等等。"胜不骄，败不馁"，这是她始终信奉的警句。她认为，只有不断挑战自己、超越自己，才能跟上时代的步伐，成为适应二十一世纪的创新人才。

全面发展，扎实奠基

作为大一新生，翁高倩并没有想过要在学校做出学科以外的成绩，安安稳稳地度过大学三年就是她的最初想法。当她怀着这种想法开始了半个月的大学生活之后，她渐渐开始反思这是不是她憧憬的大学生活。带着这个问题，她找到了她的辅导员刘苡希。刘老师告诉她："来到环院，真的不仅仅只是学习挖土种树，就像我们的校训'立艺树人'，为立德立艺、树木树人，意为培养具备生态道德人格的大学生，'立艺'是培养学生的为人处世的艺术及专业技能的艺术。这些东西不仅仅是课本上的东西，是需要实践、奉献，需要在实践中寻找。这样的大学生活才有趣，这才是来到我们学校的真正意义。这些对以后的人生会有弥足轻重的作用。"

从那以后，实践和奉献就一直刻在翁高倩的脑子里，她开始慢慢突破自己，寻找真正的大学生活，立志要在这个校园里留下自己的故事。渐渐地她开始参加学校组织的活动，在团队中学会合作、沟通。翁高倩对待专业学习认真细致，她深知，大一打好理论基础，才能在以后的学习生活中得心应手。上好每一堂课，记好每一个知识点，理清知识之间的联系，在她看来这些准备都是为了完成自己的憧憬和梦想。这些改变和努力也为她以后参加专业赛事打下了坚实的基础。

念念不忘，必有回响

时间飞逝，转眼到了一个学年的尾声。在大一学年结束的时候，翁高倩看到了学姐们在"互联网+"创新创业大赛中取得了优异成绩，看到宣传报上的学姐斗志昂扬、意气风发，她也在默默地等待机会。适逢其时，就

翁高倩在准备"挑战杯"大学生创业大赛

在那个暑假,第十二届"挑战杯"大学生创业大赛开始了,就业处处长李心姗在创新创业动员大会上说:"生活只有不断变革创新,才会充满青春活力,否则,就可能会变得僵化。我们的人生亦是如此。希望在座的各位学子能努力让你们的青春燃烧起来。"这句话深深地鼓舞了她,她带着这个期盼,找到了病虫害防治专家罗致迪老师。在和罗老师的交谈中,她了解到关于"松材线虫病防治"的创新创业项目。作为学习林业技术专业的她对该项目充满好奇与兴趣,通过更深入的交流与探讨,在罗老师的带领下,她作为项目负责人报名参加了全国林业草原行业创新创业大赛。

但由于没有比赛经验,她感到茫然,实验遇到瓶颈。这时,罗老师便站出来了,组织团队来到校外的实训基地。团队的到来使她的心情瞬间由茫然转变为兴奋,脸上也挂上了笑容。她想,有这样的支持足够摸索出那些未解的谜题。为了更详细地了解松材线虫病的天敌与防治成效,他们研制出了花绒寄甲的专有饲料,并在实验室培养花绒寄甲;在研制专有饲料的过程中，花绒寄甲的进食情况不容乐观，存活率非常低，不到百分之五，致使实验多次遇到瓶颈。为此，她和团队翻阅了各种书籍，还询问了农民、护林员、学校教师。经历了数百次实验之后，她们研制的专有饲料能弥补花绒寄甲在野外繁殖能力弱、存活率低、品质差的不足，并且他们研究发现，通过低温储藏技术，能使花绒寄甲的产量得到保障。同时，她带领团队成员对项目进行更深入的研究与开发，不仅参与各病疫区治理方案的编写，还向外对接需求单位，为防治松材线虫病制定了一套有着完整服务体系的绿色特效方案。

由于材料上报时间紧迫，为了更好地完善比赛材料，她和团队经常需要熬夜对材料进行打磨和调整。在此期间，大家的精神高度紧张，心情也很急切，因此上交的材料总是出现大大小小的问题，为此挨了不少骂。作为项目负责人的她，曾一度冒出想要放弃的想法。就在比赛前两天，她的不安与焦虑被罗老师发现了，师徒俩在当晚电话中长谈将近 1 小时。经过耐心的开导，她重拾信心。她说，罗老师有一句话让她印象最为深刻："翁高倩，我既然选你作为负责人，我从一开始就相信你，比赛的结果不重要，只要你以及你的团队全心全意地为之努力了，罗老师就为你们骄傲。所有人都是第一次参赛，你大胆地去尝试，不要害怕，扛住压力，比赛的时候我也会在旁边鼓励你们。"罗老师虽然是用很平淡的语气说的，但这些话使她感受到了莫大的鼓励和信任。从那以后，她重新燃起斗志，带领着团队继续朝着大赛的顶端前进。从"挑战杯"到"互联网+"再到全国林业草原行业创新创业大赛，虽遇到很多困难，但学校一直都在后面支持着他们，罗老师也一直在后面鼓励和指导着他们。正所谓"十年树木，百年树人"，学校带给学生们的，不仅只有一次次的比赛，还有在一次次的失败中如何克服困难、奋楫扬帆的勇气。

自立自强，把握机遇

功夫不负有心人，因为在校期间所取得的成绩与努力，以及参加各种活动和比赛所取得的优异成绩，她获得了 2020 年度"中国大学生自强之星"称号。这份沉甸甸的礼物带给她的是无比的激励和鼓舞，使她深切地感受到了来自学校和老师的温暖，感受到国家对大学生所寄予的希望及期待。团委老师陆朝杰对她说："百尺竿头，更进一步；海纳百川，地生万物；雄关漫道真如铁，而今迈步从头越。"在学校的支持与老师的鼓励下，她将为了心中的理想而继续努力拼搏。

回望刚进入校园，她站在校园的门口，茫然地看着校内的风景，想象着大学生的生活，仰望着学姐们的风采。现如今，她目光坚定，带着自信、带着荣誉从环院毕业，她亦是学弟学妹口中优秀的学姐。从她身上映射出的，是一代又一代环院人的传承。

不忘初心，扎根林业

在毕业典礼上，林业学院团总支书记闫闯勉励毕业生："中国梦，林业情。美丽中国，林业先行。你们作为未来林业基层的工作者，要把人民放在心上，坚决维护好务林人的美好形象。"本着这份做好务林人的壮志，她回到自己的家乡黎川县林业局，开启了为期半年的实习工作。实习期间，翁高倩被分到了林业局办公室，除了进行办公室日常林业相关工作外，她还参

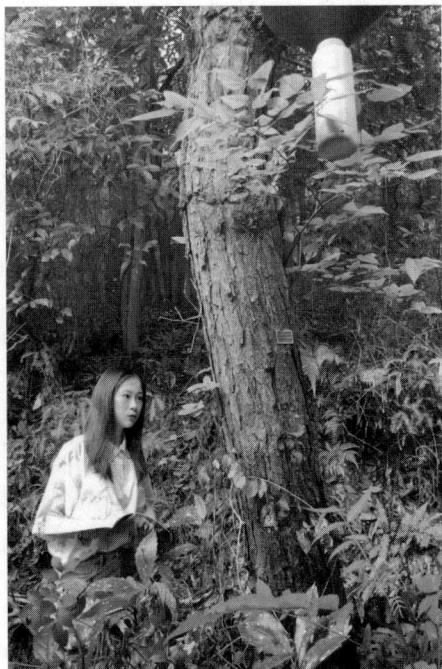

翁高倩在野外观测病害木

与到森防站病虫害防治工作中，利用在校学习到的有关松材线虫病防治的知识，协助开展预防松材线虫病宣传和松材线虫病春秋季普查工作；严格实行月报制度，对镇内发现的大量枯死松树及时进行取样送检，并发动各村组织专业队伍进行集中清理，确保按时全面完成清理任务，做好林业有害生物防控工作，在一定程度上使黎川县松材线虫病病害得到改善，保障黎川县森林资源安全。

在这几年中，她从未忘记自己的初衷，未忘记自己作为环院学子"立德立艺"的宗旨。如今，她面对的不是一个学校的座位，而是一个工作的岗位。作为一名林业工作者，或许不出彩，但每个不出彩的岗位加一起，便足以共建起一个坚不可摧的中国！

四、不同赛道，同样精彩

——记 2021 年国家奖学金获得者彭炜波

彭炜波，男，汉族，2000 年 1 月出生，江西赣州人，2021 年 5 月加入中国共产党，汽车机电学院 2019 级工业机器人技术 1 班的学生。他曾获得赣州市"优秀大中专学生"，学校"优秀毕业生""优秀学生记者"等荣誉称号，荣获 2020—2021 学年国家奖学金和 2019—2020 学年国家励志奖学金，荣获"西门子杯"中国智能制造挑战赛全国总决赛第十五届二等奖和第十四届一等奖、"西门子杯"中国智能制造挑战赛全国初赛第十五届和第十四届"特等奖"，江西省大学生科技创新与职业技能竞赛专科组 2021 年"一等奖"和 2020 年"三等奖"，第七届江西省"互联网＋"大学生创新创业大赛"铜奖"，取得 1+X 工业机器人操作与运维职业技能等级（中级）证书、计算机二级 C 语言程序设计证书。

获得过那么多荣誉的他，其实也并不是一直那么优秀。他初三下学期就早早辍学，跟师傅学技术，在社会上生存很辛苦、很煎熬。在经历过一年社会的"毒打"后，他幡然醒悟，立志要通过学习改变自己的命运。

2019年9月，他来到环院。报到的第一天晚上，班导罗璇老师问了他们一个问题说："咱宿舍谁爱学习？"彭炜波第一个自告奋勇说："我爱学习。"后来他知道，罗璇老师不仅是班导而且还是专业老师，于是在军训休息期间，经常和罗璇老师交流，还经常走到工业机器人实训室和实训室里的官文老师交流，渴望得到老师引导。军训结束后，罗璇老师向他介绍"西门子杯"中国智能制造挑战赛，希望他能加入进来。从此他和竞赛结缘。

大一下学期恰逢2020年1月疫情暴发，他居家在线学习比赛的相关专业知识。刚开始接触竞赛那段时间，他感到那是最难的时候，经常想：一个程序功能应当用什么办法去实现它？需要用到什么知识？要如何去构建？为了解决这些问题，他经常废寝忘食，想不通了就去学习新的知识，从网络上找资源看视频学习，去图书馆找专业书学习。有时睡觉做梦他都会思考通过这个办法能不能行得通。他也经常在实训室和一起竞赛的伙伴交流竞赛项目。沉淀的日子，总是默默无闻。

2021年5月，彭炜波和团队正式进入第十五届"西门子杯"中国智能制造挑战赛的备赛。备赛有苦有泪，磨炼了他的意志。一次次的重复实验，把写好的算法进行反复测试，最终优化成执行速度快、运行稳定的算法。两个月的备赛让他成长很多。因为疫情，国赛改为线上举行，以撰写技术文档的形式开展比赛，要求根据赛题在一个星期内撰写完成相关论文。其间，他和他的小伙伴通过学习各种技术文档，了解分析设备所运用到的技术，实验调试出满足设备运行的参数，整个技术文档写下来类似于论文。经过一个星期的修修改改及知网查重，最终文稿查重率控制在了20%以下，他们获得全国总决赛的二等奖。

2021年7月，他和团队到南昌大学参加比赛。现场的他，激动、紧张、更多的是兴奋。激动的是因为长时间的备赛终于释怀，紧张的是现场争分夺秒的比赛环境，兴奋的是这次比赛他们胸有成竹。值得高兴的是，成绩当天下午就出来了。看到结果，彭炜波很是满意，成绩是最高分，江西省

彭炜波作为技能竞赛代表在学校做经验汇报

排名第一。

他说，获奖后内心是无比兴奋、无比开心的，是充满自信的。通过这些比赛证明了自己的能力，自己学习的专业知识得到了认可，说明自己学习的方向是正确的；也使自己更加坚信只要坚持、努力，一定会有自己想要的结果。不管是如意的，还是不如意的，努力过了就不会留有遗憾。

彭炜波在学校的美好生活不只体现在技能竞赛中，他还加入了学校的青马培训班。他说，通过青马培训班的学习，深深地感到，作为新时代的先进青年、先进大学生，应该在生活里克勤克俭，严格要求；在工作中发挥先锋模范作用，勤勤恳恳，不断增强贯彻党的基本路线的自觉性；作为一名共青团员和入党积极分子，应当对党的创新理论有真正的了解、学习和吸收，只有提升了自身的理论修养，才能在思想上成为一名真正的共产党员，听从党的号召，为实现共产主义贡献自身的所有才能。他说，作为入党积极分子，深入学习红色文化是必不可少的。2021 年 4 月，汽车机电学院钟萍书记组织带领优秀入党积极分子前往上犹清湖红色教育基地，他们穿红军服，升国旗，观看纪录片《清湖星火》，聆听朱仲然火里逃生的党

彭炜波给学弟学妹做经验分享

史故事，参观上犹革命史陈列馆，全面了解壮烈而感人的上犹革命史。这次红色教育实践活动使他感触颇深，收获颇丰。各方面都优秀的他，于2021年5月在党支部大会上确定为中共预备党员。

2021年9月，带队老师罗老师最终确定了再次参加江西省工业机器人技术应用赛项，因为没有设备，大家前期只能在学校进行无设备模拟训练，对设备的程序进行编写熟悉、时间把握。10月，也就是快比赛的前半个月，罗老师申请去苏州的设备厂家进行培训，培训时间为一个星期。在这一个星期的时间里，彭炜波和小伙伴们每天争分夺秒，不浪费使用设备的每一次机会。可结果不尽如人意，他们在比赛中因为失误等其他原因，与奖项失之交臂。对此，他说他并没有因此而气馁，这只会让他更加坚强。

作为一名新时代的青年，时代赋予了庄严的使命。成绩只能代表过去，在今后的日子里，彭炜波说，还将在各方面更加严格地要求自己，用辛勤的汗水默默地耕耘，谱写更加美好的明天！

五、无私奉献为人民服务

——记守护城市平安的民警肖泽银

肖泽银，男，汉族，1989年5月生，江西赣州南康人，2015年加入中国共产党。2010年至2015年期间，他在河南省政府武警部队服役，担任班长一职，曾获得"优秀士兵"的荣誉称号；在服役期间，考入中国人民解放军西安政治学院（函授）并顺利毕业。2015年12月初退伍后，于2016年加入赣州市章贡分局特巡警大队，担任小组组长一职；2020年3月，入学环院商学院会计专业；2021年10月入选赣州公安——城市快警，获得过"快警之星"荣誉称号。

再次踏入校园，肖泽银说："很幸运遇到了辅导员谢玲玲老师。谢老师对自己的工作尽责尽职，她爱岗敬业、以身作则，感染了每一位学生！记忆深刻的是，有一次统考，由于工作和家里的特殊原因，肖泽银不能来校参加考试，在万分焦急的时刻，谢玲玲老师像一场及时雨帮我解决了难题。

肖泽银（后排右一）在工作中

她结合学校给出的方案合理地帮我安排了学习时间和考试时间，尽心尽责帮助我完成了学业，是一位名副其实的好老师！在平日生活中，谢老师也善于征求学生的意见，解决学生的各种问题，关心学生的学习和生活，指引学生正确的人生方向，谢老师的谆谆教诲深入人心。"肖泽银还说："得遇良师，三生有幸！谢老师让人很暖心！为这样一位默默无闻、心系学生的老师点赞！"

作为章贡分局城市快警的一名民警，肖泽银他用自己的实际行动践行着"我能行"的履职承诺。可以说，在警察这行里是个多面手。多年的磨炼尤其是当兵的经历，使他练就了一身硬功夫，有勇、有谋、有原则；身体素质好，实战技能强，执行水平高。从警多年来，他以高度的政治敏锐感、职责感，大公无私地战斗在平凡的基层工作岗位上，用辛勤的汗水谱写对党和人民的赤胆忠诚。

前两年，面对严峻的疫情，肖泽银始终把人民生命安全、健康幸福放在第一位。他忠诚负责，不畏危险和障碍，服从命令，在抗击疫情第一线磨砺初心，践行使命。

肖泽银（右一）在工作中

　　肖泽银在环院学习期间，切实感受到学校对青年的关心。学校教师、辅导员、政治辅导员不仅给予他思想上的指引，还提供了很多生活上、学习上的帮助与关怀。正是因为在校期间积极参与思政活动，他的思想认识得到了不断提高，无论面对多大的困难他都主动冲在最前面，以身作则，发挥模范带头作用。他努力做好上级组织分配的每项工作，并积极配合院里各项工作的开展。

　　作为一名先进的共产党员，肖泽银用实际行动表达了自己为人民服务的勇气与决心。在人民群众生命财产安全受到严重威胁的紧急关头，肖泽银与同事不畏艰险、冲锋在前、奋不顾身，勇救跳江女子。2022年6月21日，飞龙大桥有一名女子正带着自己的孩子，扬言要跳江轻生。接警后，城市快警队员到达现场，在飞龙大桥下的人行道上，发现该女子带着孩子站在护栏处。由于连日来章贡区雨水不断，江水已涌上人行道，母子俩处境十分危急，肖泽银先把孩子引导至路边，再慢慢靠近女子耐心劝阻，但女子情绪激动，突然跳入江中。肖泽银毫不犹豫迅速翻越围栏，跳入江中进行救援。大家齐心协力，最终将女子托举上岸。

　　由于事发突然，来不及掏出口袋里的物品，救人后，肖泽银才发现自己的手机和其他物品已被浸泡……正是他这种无私奉献的精神默默守护着城市的平安。面对危险，他从不畏惧、用敬业守护平安；面对群众，他春风化雨、用真心换取真情！

　　肖泽银的思想认识不断提高，是因为在学校思政教育活动中受到了深深的影响。他说，无论何时何地都要坚持学习，坚持提升自身素养，不断给自己思想补钙、学习加压、潜力加油，牢记实践是检验真理的唯一标准，抓住实践、用好实践，不断提升自己的履职能力和担当意识，将自己的软实力转化为工作中的硬功夫。

　　肖泽银说，新时代的我们，应不忘初心，弘扬"赶考"精神，在日常的工作生活中不断加强修养，无私奉献服务人民，守护城市平安。

六、奉献青春显担当，以梦为马，不负韶华

——记"全国大学生自强之星""江西省抗击疫情先进个人"获得者彭龙灿

彭龙灿，男，汉族，2000年8月9日出生，江西吉安人，2018年毕业于吉安十二中，2020年6月8日加入中国共产党，学校2021届优秀毕业生，曾任学校团委委员、团委学生副书记、学校体委副主席等。2021年，他以第十名成绩专升本考入江西理工大学环境设计专业，现为江西理工大学与环院联合培养的环境设计专业（专升本）02221B2班班长、团支书。

在校期间，他个人专业成绩和综合素质测评始终保持在学校前列，曾荣获第十二届"挑战杯"中国大学生创业计划竞赛金奖、江西省微团课大赛优秀奖、国家励志奖学金及"全国大学生自强之星"、"江西省抗击新冠肺炎疫情先进个人"、"江西省大学生自强之星"、江西省"优秀共青团员"、江西省"返家乡"社会实践优秀个人、吉安市"模范市民"、吉安市"2021年度青年优秀志愿者"、吉安市"庐陵英才·青年计划"优秀大学生等百余项荣誉。

他说，学校以"三色文化育人、四赛体系育才"为核心文化理念进行的探索与实践——以红色文化铸魂、绿色文化培根、蓝色文化强技，构建"校省国世"四级技能竞赛体系，提升了整体育人水平，这才让他有更多的机会得到锻炼。同时，学校的思政育人内容丰富，改革了教学方式，优化了教学手段，如：单独开设"红色文化十讲"课程；依托超星"学习通"、思政微信课堂等形成"线上红色资源库"；坚持开展诵红色家书、观红色影片、讲红色故事、演红色曲目、走红色圣地的"红色教育五个一"实践教学活动；定期举行思政课实践教学成果汇报演出，学生结合思政课学习成果，自编自导自演，进行红色主题的作品创作、情景剧编排或歌舞表演等；打造了"模拟长征路 智勇大冲关"红色实践教学品牌。形式多样的各类活动，使他从方方面面接触到红色文化、思政文化，从而使他更加坚定要加入中国共产党，立志将自己的梦想同中华民族伟大复兴的中国梦相联系

起来。同时，这也让他有更多机会去参加各类培训与校园文化活动，在学校第十六届菁英团干部培训班和第五期大学生骨干培训班中，他以优异成绩获"优秀学员"称号，并代表学校参加江西省青年马克思主义培养工程"井冈之星"大学生骨干培训班，完成结业并获得"优秀学员"。

在学校竞赛体制的影响下，他积极组建团队，并带领团队参加创新创业大赛。整个比赛的过程虽艰辛，但他始终认为，只要不断做好每一件事，坚持到底，一定会迎来曙光，取得成功和收获。经过他和团队的努力，他所负责的项目先后获得第十二届"挑战杯"中国大学生创业计划竞赛金奖、第六届江西省"互联网+"大学生创新创业大赛"青年红色之旅筑梦赛道"银奖及江西省第六届大学生创业公开课亚军、"创业之星"等多项荣誉，其所获得金奖的项目成为江西高等职业院校在此赛事上唯一获得金奖的项目，打破学校在上述比赛中金奖零的突破。

这次的成功让他学会了更多，既提升了演讲能力、组织能力、心理承受能力等，也让他明白作为团队负责人的担当，了解到自己的许多不足。他说，只有不断学习，才能更好地提升自己的能力和水平，才能承担更多的责任。彭龙灿说："这次比赛也离不开赵洁、李心姗、曾权等老师的悉心指导。"

从大一开始，他便进入团委学生组织，不断得到锻炼，这也让他时时刻刻都保持积极向上的状态，使他明白"纸上得来终觉浅，绝知此事要躬行"的道理。每年的假期，他都会投入到"返家乡"大学生实践活动中，走出学校，走进基层，参加志愿服务、政务实践等，贡献青春力量。在农村，他积极协助村干部扶贫工作，组织帮助农民春耕秋收，用专业知识和新媒体平台带货滞销农产品，提高农民收入；在城镇，他踊跃参加"春运暖冬"行动、志愿献血、敬老院孤儿院慰问等志愿服务活动。进入大学以来，他的志愿服务时长达 2850 多小时。在他的组织下，学校"亲青工程"累计募捐 20 多万元亲青基金，服务 26 所乡镇，帮扶 8000 余名儿童；在抗击新冠肺炎疫

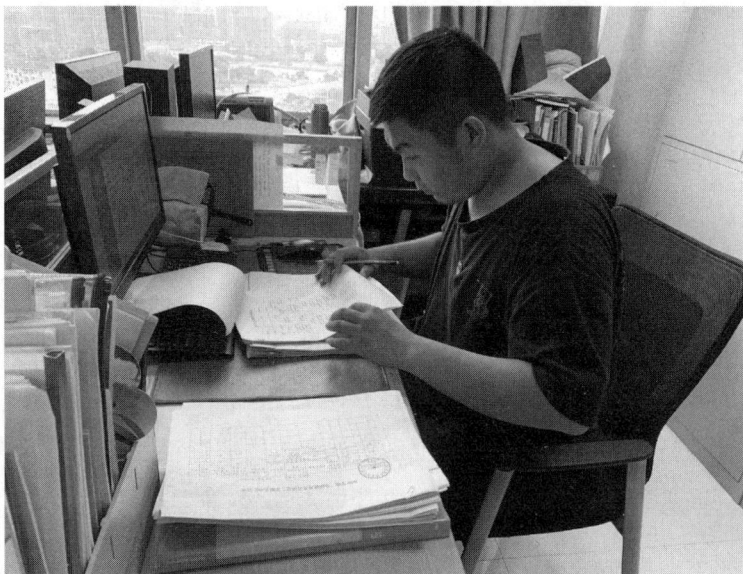

彭龙灿参加大学生"返家乡"政务实践活动

情期间，他 24 小时值守，志愿服务时长累计超过两个月，组织同学捐款捐物万余元，被中央及省、市各级媒体多次报道。

新冠肺炎疫情暴发之后，彭龙灿作为返乡大学生，第一时间向所在社区报到，加入吉州区疫情防控青年志愿服务队。他值守在没有物业管理的老旧社区——北门街道塔水桥社区，张贴疫情防控海报、24 小时在小区值守、搬运防疫物资、入户走访宣传抗疫知识……"5+2""白加黑"成了他的日常，测试体温 1200 余人次，抗疫期间累计工作 60 余天。

当得知武汉疫区缺乏物资，他立即在线上发动同学向疫区捐款捐物，最终共筹得善款 2282.88 元、物资 210 件，均第一时间捐赠给武汉市慈善总会。除此之外，他还组织同学拍摄"武汉加油"视频，传递网络正能量；作为院团委干部，组织各团支部募集抗疫资金 7915.95 元用以捐给江西省青少年发展基金会，腾讯网、江西教育网、江西共青团公众号、《井冈山报》等省、市级媒体相继报道了他的先进事迹。

他说："回想整个环院学习和生活的日子，要感谢太多太多的人。正是因为有这些良师益友的帮助，才让我不断向阳成长，各个科任老师（宋薇、刘莉、陈年、王婧洁、邓雅娟、谭贻群、龚宁、唐石琪、熊凌飞、胡蝶、廖颖、朱艳芳、严慧灵、赖瑾、李健峰、刘洁林、林路珍等老师）和学校其他老师（曾传柯、胡剑初、胡佳莹、黄强、罗德丕、李杨等老师）帮助我解决学习和生活上的各类问题，帮我学习和巩固专业知识，课余时间也很热心地答疑解惑。"他说，赵洁老师是他学习的榜样，使他明确了目标，获得了前进的动力；团委陆朝杰老师和祁廷中老师一直是他工作和生活的鞭策者，工作中的帮助和指点，使他做到从刚进组织的手足无措到现在面对工作时的得心应手和成熟稳健的蜕变；辅导员杨德龙老师和赖水秀老师是他学习和生活中的保障员、心理辅导员，在他有压力时，辅导员成为诉说的对象，并且会耐心地提供建议，疫情期间帮助学生领取快递，下到寝室进行关心，都让同学们感受环院老师的温暖；学校廖忠明副院长是他的知心好朋友，当自己迷茫时，廖院长总能给予拨开迷雾的方法。

彭龙灿参加"亲青工程"关爱留守儿童活动

同时，他还说到，学校思政教育使他受益匪浅，让他明确人生选择的方向，让他知道要去做一个什么样的人，让他明白要到基层去，到党和人民需要的地方去。"回想以往的思政课堂，教师一个人从上课讲到下课，与学生们的互动基本很少，学生们的参与感不强，上课打瞌睡、玩手机的现象也就在所难免。"他说。"死气沉沉"是传统思政课的明显特征，但谢昌明、麦中坚、赖艳艳、徐佳俊、程霞等老师，用不同的方式打开了思政课堂的"新大门"；同时，学校也在不断改革思政教育模式，深入挖掘学生们喜闻乐见的方式，增添各类活动，让学生们广泛参与进来，使学生们通过思政教育培养家国情怀、树立远大目标。

"学党史、强信念、跟党走"，作为新时代青年，他时刻牢记习近平总书记的谆谆教诲，热爱党，热爱祖国，时刻牢记学校"立艺树人"的校训，时刻牢记各位老师的谆谆教诲，立大志、明大德、成大才、担大任，争做爱国奉献的奋进者、堪当大任的实干者、创新创造的开拓者，时刻谨记将志愿服务与服务青年紧密结合起来，时刻把"努力做青年榜样力量"作为自己前行的动力和不断坚守的人生信条，以成就更好的人生。

七、青春的样子
——记优秀退役大学生肖曾官

肖曾官，男，汉族，1999年5月生，江西赣州人，中共预备党员，新能源汽车技术专业学生，校媒联盟第十二届校园电视台台长。他曾荣获国家励志奖学金及江西省"互联网+"创新创业大赛铜奖、江西省"优秀共青团员"等；获评校优秀学生干部、优秀班干部、优秀学生记者、学习标兵、先进个人及志愿服务贡献奖等荣誉10余项；考取了工程造价管理员资格证书、"1+x"汽车职业技能等级证书。

在2018年的夏天，面对人生的分岔路口，左手是人民武装部的入伍通知书，右手是环院寄来的入学通知书，肖曾官徘徊了很久，最终毅然选择参军报国。每个人都有一个军旅梦，他从小的梦想亦是如此。两年的军旅生涯，给他打上了铁血军营的红色烙印；两年的部队熔炉，让他练就了忠诚果敢、执着苦干、坚韧不拔的军人品质。

退役复学，不负韶华绽放青春风采

2018年，他携笔从戎，投身绿色军营；两年淬火，他挥洒青春，勇往直前；退役复学，他在磨砺中成长，在奋斗中闪光。他的每一次进步成长，都有军人底色作注脚。

2020年9月，肖曾官退出现役，回到环院复学，成为一名退伍大学生。从部队到大学，生活开启了新一页篇章。在这一段人生道路上，肖曾官继续发扬革命精神，保持军人作风，将部队教给他的人生道理和性格品质充分运用到学习中，他十分明确自己的学习态度，珍惜机遇，虚心学习，艰苦奋斗，用实际行动来回报国家对他的培养。

返校复学的生活是熟悉而陌生的，容易迷失方向。肖曾官选择了参加社团活动，这样既可以快速融入新的集体，又能拓展能力和增长见识。当然，对专业学习他一刻也没有放松，上课认真听、做好笔记，课下主动与任课教师交流；学习任务不拖拉，确保当天完成。学习之余，他还经常参加学校组织的各类活动，积累经验。

退伍不褪色，方显军人赤胆忠心

作为一名环院学子，他始终牢记学校、老师的培育，积极践行为人民服务，充分展现当代退伍大学生的风采和追求；作为一名退伍战士，始终牢记部队的培养，充分发扬"革命军人退伍不褪色"的优良传统。"若有战，召必回"并不是一句响亮的口号，而是内心的坚守。

正所谓一方有难，八方支援，这就是中国力量！河南遭遇洪灾后，作为退伍军人的肖曾官，早已萌生了到河南抗洪救灾的想法。2021年7月25日晚，经过10多个小时的车程，肖曾官抵达了河南新乡，看着满是洪水的街道，想到还有群众需要转移救援，肖曾官和江西援豫救援队立即投入到救灾工作中，开始参与物资搬运、营救涉水车辆以及交通引导等工作。他把一箱一箱的物资装车、卸货，送往最需要的地方；在及腰深的水里，引导交通，在凹陷处设置标识，在紧急关头奋不顾身营救被困车辆，直至第二天凌晨两点才回到临时安置点。26日，肖曾官和救援队员来到新乡各小区开展救援工作，在及腰深的水里，肖曾官和救援队员涉水推着汽艇把群众向安全的地方转移。肖曾官回忆道："当我们快撤回的时候，当地一位老人和我说了一句话，让我非常感动。他说：'看到你们江西的军人，就像看到了当年的红军。'听完，我就觉得自己在新乡这几天的辛苦是非常值得的。"

肖曾官说："退伍不褪色，就算哪一天战争来临了，我也决不会退缩一步！若有战，召必回！"这就是年轻一代的勇气与担当！这就是中国军人

肖曾官参加河南新乡救援结束合影

肖曾官与大一同学分享新媒体工作经验

的家国情怀与铮铮铁骨！没有什么岁月静好，因为有人在为我们负重前行。正是有他们为我们遮风挡雨，才换来我们风平浪静的幸福生活。

自强不息，在责任中放飞青春梦想

自入学以来，他始终保持着积极向上的心态，妥善处理好学习和工作的关系，努力做到全面发展。作为祖国未来的接班人，他从各方面严格要求自己，努力提高个人素质，积极面对即将走出社会的人生之路，勇往直前。

作为一名退伍军人，他始终不忘初心，把学习当作自己的第一任务，从来不肯放松一丝一毫，认真地学习专业知识。在科技迅猛发展的今天，除了认真学习专业知识外，他紧跟科技发展的步伐，不断汲取新知识，熟练掌握了计算机的基本理论和应用技术。

在汽车机电学院团总支书记赖巧玲以及班级辅导员王雪老师的推荐下，他加入了学院团总支，并担任班级团支书。作为一名学生干部，在工作方面，他尽职尽责，勤勤恳恳，得到诸多同学的认可。他积极组织同学参加学校的各种团体活动，使同学们在活动中学习理论、实践理论，做到学以致用。他说，能够让同学在团体活动中发挥潜能，同时既锻炼了他的组织交际能力，还让他深刻地感受到团队合作的精神及凝聚力，这是他感到最快乐的地方。

过去并不代表未来，勤奋才是真实的内涵。在取得各方面成绩的同时，肖曾官始终谨记"不忘初心，继续前进"。他说："今后，不管遇到风浪还是荆棘，他都将更加严格地要求自己，以求有更好的表现。路漫漫其修远兮，吾将上下而求索。"

抓住机遇，迎接挑战

人这一生总是在不断发展的，每天都与昨天不一样，每进入一个新的发展阶段，我们必定渴望着有改变、有新作为。在大二的时候，他的专业课老师找到他，希望他参加江西省"1+X"汽车职业等级证书考评。当时的他进退两难，作为学校校媒联盟的学生负责人，学生组织的工作繁多且琐碎，而且他当时课程学业也很繁忙。但参加职业等级证书考评是提升自己专业水平的重要途径。因为专业学习和学生工作碰撞在了一起，他不知道做何选择。当时的任课老师刘杨柏告诉他："作为一名学生，要明白自己来到学校是为了学习知识。机遇与挑战并存，抓着这个机遇去迎接这个挑战，我相信三个月的时间能让你提升一个台阶。"在听了任课老师的开导之后，他做出了选择。在紧张的学习、工作之余，他努力做好自己的本职工作。那段时间的他，学习、学生工作与训练全堆在一起，身心都很疲惫，压力巨大，只能用休息时间来训练。现在的他回想自己训练备考时，仍会为当时的自己竖起大拇指。身边的老师和同学一直鼓励她，他也合理安排好自己的时间。努力没有白费，辛苦终得回报。在经历了三个月的辛苦努力后，他在校媒的工作逐步走向正轨，在江西省"1+X"汽车职业等级证书考评也顺利通过。在青春路上，努力奔跑才能和幸运不期而遇。

八、奋斗者正青春，不负韶华勇担当

——记全国两红两优表彰"全国优秀共青团员"赵穆显

赵穆显，男，汉族，1999 年 4 月生，2017 年 4 月加入中国共青团。2019 年 9 月，他就读于园林与建筑学院园林技术专业，在校曾任第三届大学生志愿服务中心主任、第二十届青年志愿者协会会长。他先后获得 2021 年度全国两红两优表彰"全国优秀共青团员"、2020 年度共青团赣州市委员会表彰"全市优秀共青团员"、第十一届赣州市"优秀大中专学生"、江西乡村振兴职业技能大赛"优秀志愿者"、大余马拉松"优秀志愿者"、第十二届挑战杯"优秀志愿者"等称号；第十二届"挑战杯"高职高专组铜奖、第六届"互联网 +"红旅组银奖及学校 2021 届优秀毕业生等 20 余项奖项。他始终坚信宝剑锋从磨砺出，梅花香自苦寒来。

赵穆显在学校暑期社会实践出征仪式宣誓

克服困难　提升自我

2019 年 3 月，通过单招考试，他来到了环院。怀揣梦想与满腔热情，来到了这个能让他实现梦想的地方，他暗下决心：今后在学习上无论遇到多少困难都要努力去克服。然而好景不长，刚开学不久，他的父亲因为高空作业导致脑部受伤，当时的他处于迷茫的状态，是辍学回家照顾父亲还是继续在校学习？一边是学业一边是父母，很难选择，于是他找到老师。经过和老师谈心，他明白父亲有家人可以照顾，等学校放假了也可以回家照顾父亲，想父亲了可以电话视频，但是若辍学了，想再回来读书就难了。知识可以改变命运，于是他更加努力，更加上进，立志将来让父亲过上好的生活，不再去干危险的工作。

于是，他在完成学习任务后，积极参加各项活动。大一的时候他参加校学生会，成为社会实践部一员。在学生会的一年时光里，他的性格得到了很大的改变，认识了一群志同道合的朋友；积极参加各项校园活动及各类校内培训，在学校第十七届菁英团干部培训班和第六期大学生骨干培训班中获"优秀学员"称号。通过各类活动，他不断提高自身的综合素质。

不断实践　服务群众

2019 年到 2022 年，他加入了大学生志愿服务中心，并竞选上大学生志愿服务中心负责人。这对他来说意义非凡。两年多的时间里，他带头组织参加了一系列志愿服务活动。

他代表学校带领 120 名志愿者参与江西省乡村振兴职业技能大赛，赢得了评委的一致好评。2020 年，他带领 128 名志愿者参加大余马拉松比赛等大中小型校内外志愿服务活动。在疫情严峻的 2020 年初，他参加了疫情防控志愿者活动，到村委会报到后便积极参与到疫情防控中去。每年年底返乡高峰期，每次回家他都会向当地村委会申请加入疫情防控志愿者队伍以及防诈骗 App 宣传志愿者队伍。他认为，志愿者虽然平凡，但是这些平凡的面容、平凡的制服却能够体现不平凡的内心、不平凡的精神。

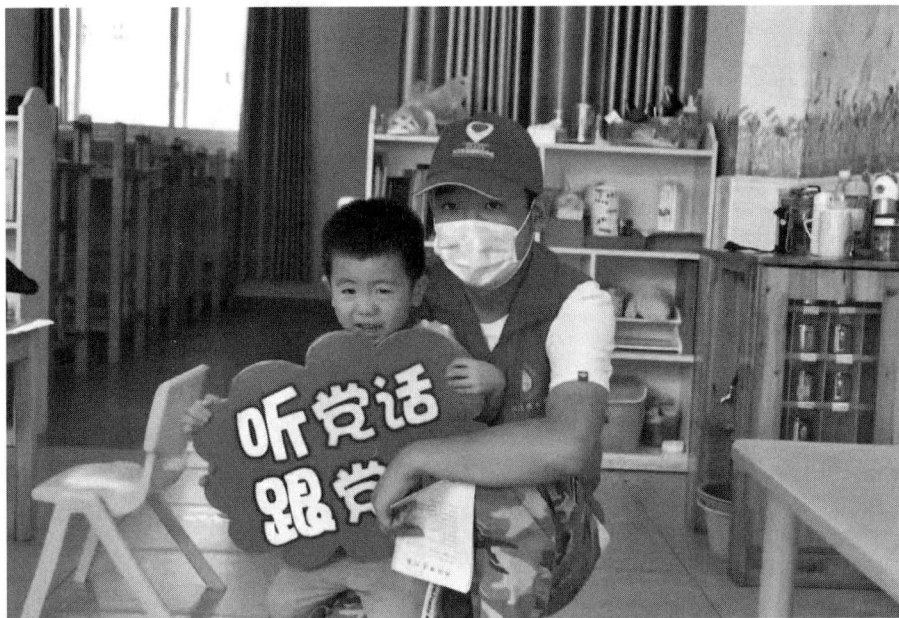

赵穆显参加学校"三下乡"活动

正是一点一滴的努力，让他能够站在江西省乡村振兴技能大赛的舞台上，获得了当一名志愿者这个光荣的机会。这也让他感受颇多，那里有职责、有感动、有收获、有快乐，而更多的还是一种追求和使命。他说，以后，无论走到哪里，他都会和志愿服务紧紧地连在一起，去帮助需要帮助的人，让人间充满关爱。

不忘初心　砥砺前行

青年兴则国兴，青年强则国强。当代青年有理想、有担当、有本领，国家就有前途，民族就有希望。中国梦是历史的、现实的，也是未来的，是青年人的梦。赵穆显说，作为大学生，应当积极响应习近平总书记的伟大号召，更加主动地投身实现中华民族复兴的伟大事业，以昂扬向上的精神风貌、攻坚克难的实际行动，在夺取新时代中国特色社会主义伟大胜利的进程中放飞青春梦想，书写人生华章。

从大一开始，他就不断参加各项学生干部培训和比赛。通过培训，赵穆显更加明确自己的职责，不断提高工作能力，发挥"自我管理、自我教育和自我服务"的精神，端正思想，处理好学习、生活与工作之间的关系，处理好与其他学生干部、同学间的关系，增强团队合作意识，为以后的学生工作打下扎实的基础，从而更好地为同学服务。

人心不变　奋斗不停

三年的大学生活锻造了赵穆显坚毅的品格，让他愈发沉稳。虽然以后的人生道路还会充满荆棘，但相信他仍会一路高歌，披荆斩棘，谱写属于自己的美丽人生。在今后的时光里，相信他会更加努力，扬长避短，化成绩和荣誉为动力，继续拼搏，再创佳绩，用实际行动来回报学校领导、老师的信任和期望。他说，成绩只能代表过去，实力和自信才是他进步的源动力，必须要对自己的未来充满希望。他坚信，只要自己不放弃，就一定能获得更加辉煌的成绩。

九、在实践中寻找生活的意义
——记国家奖学金、中国电信奖学金获得者仲先东

仲先东，男，2001年8月生，中共党员，物联网应用技术专业2022届优秀毕业生，曾任学校团委委员、团委学生副书记。在学校"三色文化育人、四赛体系育才"的熏陶下，他积极参加暑期"三下乡"、疫情防控、新文明实践活动等校内外各类社会实践和志愿服务活动，累计志愿服务时长高达782小时，其志愿服务事迹得到了《中国青年报》及省教育厅、团省委等相关部门官方媒体报道。他先后获得2020年国家奖学金、第十二届"挑战杯"中国大学生创业计划竞赛金奖、江西省优秀共青团员、江西省大学生"自强之星"、赣州市"十佳大中专学生"、江西省大中专学生志愿者暑期文化科技卫生"三下乡"社会实践活动优秀个人等20余项荣誉。

明确人生方向　再次扬帆起航

2019年夏天，带着对大学生活的无限憧憬和高考失利的遗憾，他第一

次迈入环院的校门。从高三到大学，生活开启了新一页篇章。经过一个多月的军训后，对于大学三年或者未来的规划，他还是一片空白，产生了重新回到高中复读的想法。辅导员黄飞翔老师在了解到他的思想状况之后，主动找到他谈心，向其介绍学校对学生培养的基本思路，以及大学三年可以发展的方向。

疫情主动请缨，争做志愿先锋

2020年初，新冠肺炎疫情暴发后，作为返乡大学生的他积极响应学校的号召，第一时间到村委会报到，加入疫情防控志愿服务队，同社区干部、医务人员、公安民警一同奋战在防疫一线。疫情虽然阻隔了人们的交往，但并不隔离爱，怀着对家乡的热爱，他与战疫一线工作者坚守在防疫前线60余天。防疫期间，他坚持在岗位上履职尽责，收到了来自村党支部的表扬信。其参与疫情防控的先进事迹，先后获得省教育厅、团省委、校团委

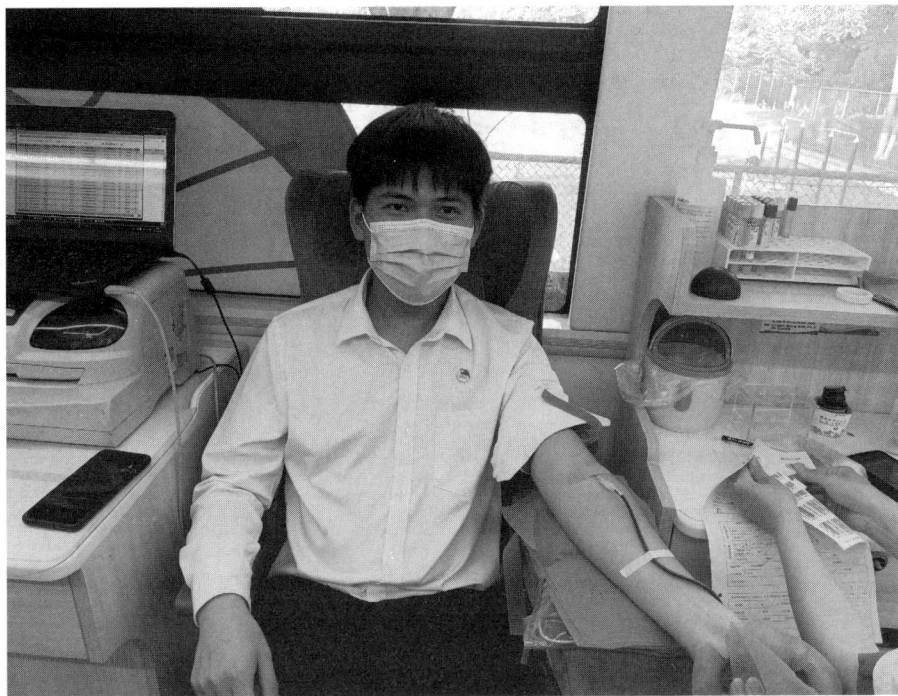

仲先东爱心献血

等部门官方媒体和当地相关媒体报道。他说："作为一名学生团员，虽然我还没有步入工作岗位，但只要人民、社会和国家需要我，我决不退缩；虽然个人的力量微不足道，但只要人人都贡献出一份力，这个力量就会很强大，就会最终打赢这场疫情防控阻击战。"

2020年7月，他到赣州市章贡区赣江街道新时代文明实践站开展大学生暑期文明实践志愿活动。通过发放宣传单、街头宣讲和入户调查等多种方式，《民法典》深入当地居民内心。其事迹得到了中国青年网的相关报道，他也因此获得2020年度江西省大中专学生志愿者暑期文化科技卫生"三下乡"社会实践活动优秀个人荣誉称号。除此之外，他积极前往学校附近的敬老院帮助老人们打扫室内外卫生，与老人促膝交谈拉家常，询问敬老院的老人们最近的身体情况。

仲先东（右一）在挑战杯国赛颁奖典礼上

共创民非组织　帮助留守儿童

在一系列社会实践和志愿服务活动中，他和同学多次走访江西省各地市，通过对留守儿童课余时间及成长环境进行调研后发现，在众多家庭中，因工作和生活压力所迫外出打工的家长占比很大，导致陪伴子女的时间受到了挤压，陪伴孩子的任务多由爷爷奶奶代替完成。随着更深入的调查，他发现，这些问题在学校里和社会上都比较突出，且在农村尤为突出。许多农村留守儿童、城市外来务工人员子女、失去父母的儿童都是缺乏关爱并且需要帮助的群体。为了帮助这些留守儿童，依靠团队的努力和学校的力量，仲先东组建了"亲青工程"关爱留守儿童志愿服务小队，充分利用寒暑假和周末，走进留守儿童的生活区，通过文艺表演、DIY 创作和知识普及等方式，与他们共同成长。

2020 年，学校成立"亲青工程"关爱留守儿童服务中心民非组织，至今已招募志愿者 700 余名，开发出 30 多门帮助儿童成长的美育课程，帮扶留守儿童 1000 余名。在六大特色课程体系及 30 门美育课程的基础上，还提出亲知、亲暖、亲爱三种关怀模式以更好地服务留守儿童。

用心服务同学　争做示范表率

每年的 6 月到 9 月，有许多毕业生和新生在为团组织关系转接而犯难。作为团委学生副书记，他主动开展线上线下培训，用通俗易懂的语言与同学们讲清楚、说明白团组织关系转接的流程和方法，推动学校 100% 完成团组织关系转接工作。除此之外，每当团支书在工作上遇到困难，都会第一时间想到他，每每此时他也耐心为团支书答疑解难，积极帮助指导落后团支部开展组织生活，不断激发了团支部的活力和团支书工作的动力。同时他还推动了学校青年宣讲团的组建，开设"青青时政"团课学习平台，通过多种方式、多个形式引领全校团员青年的思想成长。他觉得："利用课余的休息时间去做这些事情，虽然会比较累，但能帮助同学们解决一些问题，和大家一起成长，这样让自己感觉到很充实。"

　　"在环院，只要自己肯努力地去做一件事，不管最终是否成功，都会得到学校和老师们无条件的大力支持与鼓励。只要我们敢于尝试，总有一天会找到自己的人生方向。"他说道。

学思践悟篇

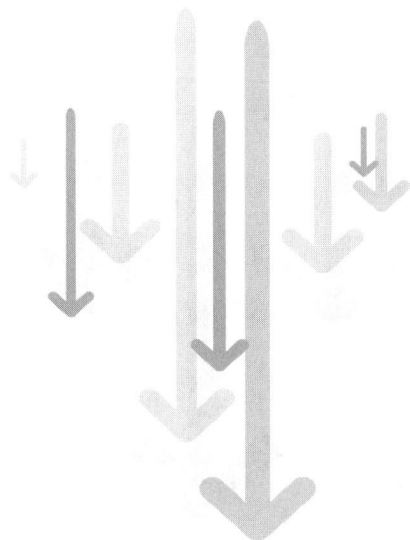

思政教育应该是双向奔赴，充满愉悦且富有生命力的过程。江西环境工程职业学院本着历史与现实相结合、校内与校外相融合、"请进来"与"走出去"相整合的理念，不断提升立德树人这堂"大思政课"的精神厚度、现实广度和旗帜温度。学院教师在环院"大思政课"的背景下，也秉承"教育者先受教育"的理念，将思政教育看作成己达人的一束光，点亮自己，照亮学生，深入一线探索实践，保持研究不断深化。

面对学生越来越多元的需求，学院提倡在思政育人的过程中俯下身子，从脚底的红土地上挖掘思政元素，传承红色精神，把思政课堂搬到一线，让一线的生动实践融入课堂，不断提高思政教育的吸引力和感染力。因此，学院不仅组织集中式的红色社会实践活动，还特别重视鼓励学生利用寒暑假走进自己的家乡进行实践活动。近年，依托学校课程思政实践育人平台，环院学生通过专业实践活动、创新实践活动及"三下乡"等课外实践活动，培育了科技报国的家国情怀，找回了对红土地的自信与依恋，树立了为乡村振兴战略做奉献的志向；通过学校平台将"思政小课堂"与"社会大课堂"有机融合，把人生抱负落实到脚踏实地的实际行动中。

第一章　赓续红色血脉：培根铸魂，育人育德

一、李超燕：传承革命精神，践行育人使命

"我志愿加入中国共产党，拥护党的纲领……"2005年5月27日，对于其他人来说可能是平凡的一天，但对学校教师李超燕而言，却是意义重大的一天。因为这一天，她对着党旗庄严宣誓，成为一名共产党员，实现了自己立下的志愿。

传承初心　坚定信仰

"爷爷所在的部队，有很多是老党员。每当最危险的时候，老党员们都是冲在第一线。受战友的影响，爷爷积极向党组织靠拢，多次请求入党。"李超燕出生在一个红色家庭，她的爷爷16岁就弃笔从戎，参加中国人民解放军粤赣湘边纵队。她的父亲也在24岁就加入了中国共产党，从一名基层普通员工成长为单位的纪检干部。作为这个红色家庭中的第三代，李超燕在良好家风的熏陶下，立志成为一名共产党员，为党和国家做贡献。

"长大后，我渐渐读懂了共产党员的责任和使命。我的爷爷在战场上冲锋在前，我的父亲在岗位上乐于奉献、不计得失。共产党员的忠诚和担当深深感动着我，几十年如一日的坚守和信仰深深激励着我。"2011年3月，李超燕开始从事党务工作。工作中，她认真组织开展支部"三会一课"，积极探索新形势下党务工作的有效途径和方法，掌握党员的思想动态，过好组织生活，着力做好发展党员和党员管理等工作。功夫不负有心人，在李超燕和同事们的努力下，她所在的支部在各项考核中排名靠前，党建资料

更是被当作"样板"展示，支部多年被评为先进基层党组织。李超燕也先后被评为江西省高校后勤工作"先进个人"、学院"优秀共产党员"、"优秀教育工作者"、"先进工作者"、综合考核"先进个人"、"优秀政治辅导员"等，连续 11 年被评为"优秀党务工作者"。在中国共产党成立 100 周年之际，她被评为江西省林业局"2020—2021 年度局直属机关优秀党务工作者"。

坚守初心　立德树人

"坚定中国特色社会主义制度自信，首先要坚定对中国特色社会主义政治制度的自信，增强走中国特色社会主义政治发展道路的信心和决心。"作为"双肩挑"教师的李超燕，除了做好教学工作，还担任了学校"政治辅导员"一职，每次的思政课她都要把党的路线方针政策分享给班上同学。她深知，高校肩负着为巩固和发展中国特色社会主义制度服务的重大使命，从"培养什么人、怎样培养人、为谁培养人"的战略高度，抓紧抓好中国特色社会主义制度自信教育，是新时代高校思想政治教育的重大使命任务。

"我时刻牢记自己的党员身份，坚守立德树人的初心，坚定为党育人、为国育才的信仰，引导学生听党话、跟党走，争做新时代好青年。在思政课上进行专题红色教育；在专业课上，我将工程建设专业与弘扬社会主义核心价值观相结合，积极践行'立德树人'的根本任务。"疫情期间，武汉火神山医院建设从方案设计、建设施工到交付使用仅用了 10 天，向世人展示了中国速度和中国力量。为更生动形象地展示这一建造奇迹，她在课堂上播放了一段火神山医院建设过程的视频，随后从"火神山医院建造反映了什么精神？未来城市需要什么样的建筑？"这两方面给学生授课，结合专业讲述建设者攻坚克难、逆行而上的励志故事，迅速调动起学生的学习热情。学生激动地表示，听了李老师的课，他们感受到了祖国的强大和共产党员的初心使命，作为青年学生，要传承红色基因，坚定理想信念，学好专业本领，为党和国家贡献青春力量。

践行初心　创先争优

2006 年，李超燕被调入基建处，从事学校项目管理特别是工程造价管理。16 年来，她一直坚守在这个平凡又重要的工作岗位上，见证并参与了学校的建设和发展。她刻苦钻研业务理论，积极努力提升自己的专业素养，2010 年考取了全国注册造价工程师执业资格证书。工作中，她秉着崇高的职业操守和认真负责的态度，以项目建设为先，以扎实的理论知识为基础，以学院利益为根本，以事实为依据，在与施工单位沟通洽谈过程中坚持原则、依法依规维护学校权益。

下工地对于李超燕来说，不是一件容易的事情：泥泞的淤泥会牢牢地卡住鞋子，地上的钉子会刺穿脚底，在 38℃的高温中上楼面验钢筋，吹着刺骨的寒风去量桩基的深度，苦口婆心地交代施工单位做好安全文明措施，不厌其烦地教导工人按规操作……经过 10 多年的磨砺，李超燕成了一名不折不扣的"女汉子"，有着众人皆知的"暴脾气"。而这些"标签"正是她坚持传承初心、坚守初心、践行初心，时刻牢记自己是一名共产党员，模范带头、创先争优，坚持把廉洁建设落实到每项工作的最好体现。

李超燕参加社会实践

"我上小学时，爸爸就在家长会上说，希望我成为一名对党、对社会有用的人。"李超燕说，"什么是对党、对社会有用的人，那时候我不懂，现在我懂了，那就是坚守岗位、兢兢业业，尽职尽责地做好本职工作，在平凡的岗位上发光发热。"

党的初心代代传，感恩奋进勇争先。在平凡又重要的岗位上默默耕耘的李超燕表示，将继续传承初心、坚守初心、践行初心，把最美好的青春奉献给教育事业，唱响一曲为党育人、为国育才的动人赞歌。

二、祁廷中：平凡岗位，甘心奉献；扎根学生，青春无悔

祁廷中，学校工业与设计学院团总支书记，他忠诚党的事业，热爱团的岗位，密切联系青年，竭诚服务青年，全面贯彻习近平总书记关于青年工作的重要思想，围绕学院中心工作，切实抓紧抓实学校共青团基层建设工作，推动了团员青年发展和共青团组织建设提升。

理想信念坚定，做好做实做细思想引领工作

作为高校共青团干部，祁廷中以"青年大学习"为主线，强化青年的思想政治教育，遵循青年学生成长和思想教育引导的客观规律，加强共青团工作顶层设计与谋划，构建思想引领工作体系，打造了以"工业与设计学院团总支"官方抖音账号为主体的成长实践平台，原创文化作品获20余万点赞。他以青年马克思主义培养工程为载体，深入开展了喜闻乐见的"我为祖国骄傲""青春告白祖国""与信仰对话""四进四信"等活动，引导广大团员青年坚定理想信念，建功新时代。他以理想信念为阵地，践行社会主义核心价值观。他以政治性为首位，开展了"红色视频"拍摄活动、"红色故事"演讲活动，以及班级初赛、系级复赛、校级决赛共三级赛制的"青春心向党　建功新时代"主题演讲比赛，拍摄的"红色故事"视频荣获教育部"职业文化素养"二等奖。他通过阵地建设，增强思想引领工作的影响力和覆盖面。

祁廷中参加党员代表大会

心系广大青年，服务学生成长发展

在思想上，祁廷中关心青年，走进青年、深入青年、融入青年。认真做好团干部直接联系青年"1+100"工作，坚持与基层团干和团员青年交流谈心，顺畅沟通交流渠道，认真贯彻《高校共青团改革实施方案》的有关要求，深入实施高校基层团支部"活力提升"工程，抓好班团一体化建设，巩固团支部主阵地，持之以恒抓好基层组织建设。在工作上，他关心青年。他贴近青年需求，搭建了以二级学院团总支为主、各团支部为分支的"网格化团建"工作平台，实行了团建工作指导员制度，帮助学生切实解决在思想、学习、生活中遇到的各种困惑和问题，为促进学生健康成长发挥了积极作用。积极推进在社团、宿舍、实训基地、网络等阵地建团，构建多种模式、多重覆盖的创新学习机制，延伸工作手臂，扩大共青团工作的有效覆盖面，把共青团组织真正建设成引领、团结、教育青年的坚强核心。

工作能力过硬，提升学院共青团组织力

祁廷中工作思路清晰，勇于创新，他始终把竭诚服务青年作为工作的出发点和落脚点。坚持以"挑战杯""创青春"等赛事为龙头,积极营造浓厚的校园创新创业氛围,不断提高创新创业活动覆盖面、学生参与度,以"千校万岗"就业精准帮扶为载体,构建共青团服务青年学生创新创业就业的工作体系。牢牢把握社会主义核心价值观导向,以一院一品校园文化艺术活动、"微团课"大赛等为代表的多项文化艺术活动在学校蓬勃开展,为青年学生的成长成才搭建了广阔舞台。帮助学院在江西省学校共青团"微团课"大赛中获得一等奖一次、二等奖一次,指导的学院项目在浩瀚杯"创青春"江西省大学生创业大赛、"挑战杯——彩虹人生"全国职业学校创新创效创业大赛、"挑战杯"江西省大学生创业计划竞赛等三项大赛中均获铜奖一项。

敢于担当作为,社会实践助力成长

祁廷中切实把思想和行动统一到习近平总书记重要指示精神和党中央决策部署上,带头响应党的号召,坚决服从组织分配的工作任务。疫情期间,他加入了家乡所在地甘肃省武威市古浪县疫情防控志愿者队伍,在刺

祁廷中参加志愿活动

骨的寒风中做好卡点疫情防控相关工作。

他自觉加强党性锻炼，提升党性修养，对党忠诚。带头践行"三严三实"要求，认真参加"两学一做"学习教育，认真参加"不忘初心、牢记使命"主题教育，求真务实，克己奉公，廉洁自律，落实中央八项规定和实施细则精神，落实团中央关于提高政治站位改进工作作风的六条规定精神，坚决反对"四风"、祛除"四化"。

"我充分认识到加强团的基层建设的重要性和紧迫性，切实把团建责任扛在肩上、放在心上、抓在手上，积极努力探索高职院校共青团组织建设工作规律，围绕基层团组织有效覆盖不足、团员先进性不强、团干部能力待提升等问题，做了许多积极的探索与实践。"在祁廷中的带领下，他所在二级学院各级团干部团结协作、攻坚克难，凝聚力和创造力得到了充分发挥，工作能力和团队战斗力得到提升。

"我始终把青年的愿望和心声当作出发点和落脚点，竭诚奉献、辛勤工作。"工作中，祁廷中始终以身作则，勇于奉献，不断影响和激励着全校团员青年，展示了共青团干部优秀的综合素质与积极向上的精神风貌。

三、于俊红：用"心"建起学生心灵守护之门

于俊红，学校学工处副处长，心理健康教育中心负责人。这名来自辽宁省朝阳市喀左县的蒙古族女孩，工作 16 年来，一直抱有对心理工作的热爱和激情，在学校工作岗位上默默奉献，辛勤付出，凭借着舍小家为大家的勇气、独当一面的魄力、苦口婆心的耐力及甘于奉献、不求回报的定力，为全校学生建起心灵守护之门。

坚守阵地 15 年，心理工作放心间

"学校里，我是第一位心理学科班出身的专业教师。"10 多年来，于俊红在学校的工作岗位多次调动，唯一不变的是她心理健康教育中心负责人的身份。入校之初，她排除万难，提出创立心理健康教育中心的可行性方

案，进行实地考察、选址、购买中心家具、与施工方沟通、与商家老板沟通等细节工作。那段时间，她早早地到办公室，完成学生咨询及日常工作，晚上加班赶材料、写报告，她把所有精力都投入到学校工作中。

"有时，我也会因为深陷学生的心理事件而无法自拔，于是我坐上校车，中途不下车，随校车往返，以此来缓解焦虑的情绪。心情平静后再踏进办公室，埋头工作。"在于俊红的努力下，学校心理健康教育中心从无到有、从小到大，设备从少到多、从落后到先进。如今，学校已建有标准化心理健康教育中心，有个体咨询室、沙盘室、音乐放松室、宣泄室、心理测评室、朋辈接待室等多个功能室。

16年来，她累计为10万余名学生传播心理健康知识；为6万余名学生建立了心理档案，为3万余名学生提供心理活动平台，挖掘了学生内在潜力，疏导了学生心理，构建了和谐校园。

大胆尝试求创新，心理课程受关注

"我承受住各方的压力，先试点，再推广。我先在个别班级的部分心理课程中运用团体心理辅导的方法，调查评估效果后进行教研室的探讨和完善，再慢慢扩大到试点二级学院的教学班，最后扩展到全校教学班。"2012年，于俊红在接受了清华大学樊

于俊红

富珉教授的团体心理辅导培训后大胆创新，开始尝试改变一直运用传统授课模式的大学生心理健康教育课程。同时，用好信息化技术，很好地将现实与虚拟结合起来，提高了学生的积极性和与学生沟通的时效性。

她将自己所学到的团体心理辅导的方法运用于课堂之上，组建了一支团体心理辅导能力较强的心理教师团队。这支团队团结积极、凝聚力强。目前，该做法已在赣南地区的一些高校推广。

构建校园"心"工程，服务社会受好评

"在刚开始建立学校四级心理危机预防与干预体制时，学校兼职心理老师的缺位，导致院系级别的防御体系偏弱。"于俊红想方设法，积极为二级学院的心理指导教师提供培训和学习相关专业的机会，采用"送出去"、"请进来"、沙龙、研讨等多管齐下的方式，构建起了虽非专业出身但比专业更加敬业的二级学院心理指导教师系统。现在，由学校里的宿舍心理联络员、心理委员、二级心理指导教师、学校心理健康教育中心所构建的四级危机预防与干预机制运行良好。

日常工作中，于俊红注重对学生及教师的专业培训，积极鼓励优秀、合适的学生参加朋辈心理助力员的选拔。这些基本构架在学校的安全工作中发挥了重要的作用，为学生心理危机的预防打下了坚实的基础。

在做好校内心理工作之余，于俊红不忘用自己的专业服务社会，她参加了由"雪佛兰·红粉笔教育计划"发起的乡村支教活动；为赣州周边县区留守儿童及特殊儿童进行心理援助；为江西高速公路的收费员、班长等进行多次培训；为江西省林业干部进行培训；为中小学教师进行多次培训；为赣州市多个县传播心理知识，开展心理活动；为乡村孩子捐书捐物；等等。她带领心理团队积极将服务送到有需要的地方，为构建和谐社会贡献力量。

搭建交流"心"平台，构建校医一体化

"在遇到突发事件及精神疾病发作时，这些专家可以及时做出判断，就

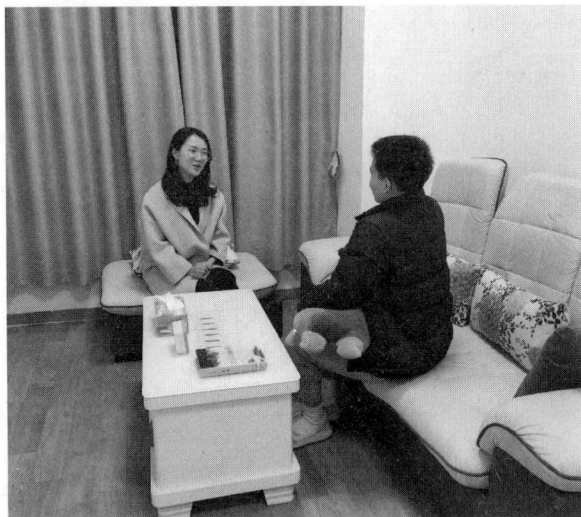

于俊红开展心理咨询活动

医处理，有效地预防了心理危机事件带来的恶劣影响。"在心理工作中，于俊红思路开阔。她不但邀请校外相关专家来校讲座，更将赣州市第三人民医院、赣州市120急救中心、赣南医学院第一附属医院的医生聘请到学校担任学生个体辅导专家。她经常组织并参加同城高校的心理案例交流会，搭建了高校、学校、医院之间的校医一体化交流平台。这个平台有助于校园危机事件的及时解决。

心理活动多元化，心理建设促成长

手语舞大赛、心理嘉年华、心理情景剧、心理知识竞赛、啦啦操比赛、心理吉尼斯大赛、心理漫画、心理微视频——以活动为依托的理念在于俊红的实际工作中体现得淋漓尽致。"每一项活动方案都经过细细打磨、调研再实施，学生在活动中发现自己、探索自己、悦纳自己、完善自己。"于俊红表示，学校精品活动由心理健康教育中心主办、二级学院承办，既分解了中心的压力，又调动了二级学院的积极性。

"我的电话24小时开机。对待学生，我冷静又亲切；对待同事，我温暖又知性；对待家人，我用心又独立。"在繁忙的工作中，于俊红不忘时时学习国家新的文件政策，加强自己的政治修养，以一名共产党员的标准严格要求自己，面对困难不放弃，面对危险不逃避，勇于承担，积极进取。她共主编、参编教材 10 余本，主持、参与省级课题 10 余项。

"每一次发展和变化带来的压力都成了我的动力，积极主动思考，乐观解决问题，我希望这样的动力像流水一样润物无声，为学校学生的思想稳定和身心和谐做出应有的贡献。"于俊红表示，她将一如既往用"心"守护学生，建起学生心灵守护之门。

第二章　传承红色基因：锤炼品德，实学实干

一、郭伟林：把握机会，奋勇直前

郭伟林，2018 年毕业于旅游与外语学院酒店管理专业，曾担任第十三届学生社团联合会主席，在大学期间获得赣州市"十佳大学生""优秀毕业生""优秀学生干部""优秀共青团员"等荣誉称号，并多次获得奖学金。现如今，他是上海行动教育科技股份有限公司的营销总监及高级内训讲师。

青春正好，奉献中成长

在校期间，郭伟林的成绩一直都名列前茅，在同学们的眼中，他是一个执着、敢于挑战、乐于奉献的人，在老师们眼中他是优秀的班干部、老师得力的帮手。他作为班长，认真负责、勤勉做事。不仅如此，他的身影还活跃在学校的各大晚会中，他的名字也出现在学校大大小小的比赛名单上。

2016 年，郭伟林在学校组织开展的主持人风采大赛中夺冠。同年 7 月，他跟随学校"蒲公英"志愿者服务队，深入赣州市于都县银坑镇开展了大学生志愿者暑期"三下乡"社会实践活动，走访慰问了 150 多户农村留守儿童家庭。此外，他还曾多次参加赣州市公交志愿活动，主动维护公交站台秩序。通过参加志愿活动，他真正在社会课堂中受教育、长才干，做到将学习知识付诸实践。

身体力行，步履勇不停

郭伟林在校期间曾参加学校第十二届菁英团干部培训活动，通过培训

班组织的理论学习、实践锻炼、志愿服务、参观考察、专题研讨等活动，提高了自身的思想政治素质、政策理论水平、创新能力、实践能力和组织协调能力；凭借着在第十二届菁英团干部培训中得到的提升和优异的表现，他担任了第十三届学生社团联合会主席和第十四届菁英团干部培训班班长。在任职期间，他创立了"百里公益行"志愿服务活动，组织第十四届菁英团干部培训班全体学员徒步行走四十余公里，沿途开展志愿服务。"百里公益行"志愿服务的初衷是为创建赣州文明城市奉献出环院学子的一份力量。该活动不仅得到了赣州市民们的称赞，也被多个校外媒体平台所报道。

2016 年 11 月，在学校推荐下，他参加了第十期"井冈之星"江西省大学生骨干培养学校理论周的学习活动，并以优秀的成绩结业。此项学习活动突出对大学生骨干的政治训练和思想引领，进一步帮助他学习和掌握党的理论创新成果，了解国情、认识社会，提高思想政治素养和坚定理想信念。

厚积薄发，机遇铸未来

郭伟林在上海的第一份工作是互联网销售，后因公司经营不善他被迫失业了。2019，他在上海行动教育科技股份有限公司入职，带着不服输的拼搏精神，在 300 多人中以 230 万元销售业绩脱颖而出，成为当年入职业绩最高者，并荣获集团"年度黑马"奖；2020 年，他成为公司的一名基层管理者，开始打造自己的团队，培养的新人还获得了"百万新人明星"奖；2021 年，郭伟林凭借着自己的努力晋升为公司销售总监，他带领着自己所培养的专业团队披荆斩棘、不断奋进，成为同期晋升的总监团队中业绩最高者，并荣获集团"黑马战队"。

现如今，他已成为管理教育行业第一家 A 股上市公司——上海行动教育科技股份有限公司的营销总监及高级内训讲师。当问到他对于这些成就有什么感想时，他说："成功不是一蹴而就的，也不是偶然的，所有的成功都离不开前期的积累。对于我来说，能取得今天的成绩，得益于在环院三年里所得到的锻炼以及所受到的引领。在环院读书的日子，学校提供了很多机会，让我能够打磨自己、提升自己，使我能够在工作中做到坚韧和不懈，能够把握机遇、挑战自我。"

二、王隆飘：踔厉奋发行致远，笃行不怠勇争先

王隆飘，男，汉族，2002 年 3 月出生，预备党员，工业与设计学院 2020 级室内艺术设计专业学生，现担任团委学生副书记、校学生会执行主席、0282003 班宣传委员。曾获得国家励志奖学金、2021 年度江西省大学生"自强之星"、2021 年度江西省"优秀共青团员"、第十三届"挑战杯"江西省赛金奖等荣誉。

积极进取，抵达自信彼岸

2020 年 10 月，王隆飘在环院开启了他的大学生活，和许多同学一样，他对大学生活充满了期待。初来乍到，面对与高中截然不同的上课模式、陌生的专业知识和丰富多彩的第二课堂活动，他不禁感到手足无措。大一期间，在辅导员陈韵的鼓励下，他参与了班委的竞选，第一次站上了讲台，给同学们宣讲安全知识。通过在班级活动中一次又一次的实践，他改掉了从前说话紧张小声的毛病，渐渐地能够自如地在班级开展宣讲活动，还时常把班级活动写成宣传稿投送至设计学院公众号。

丰富多彩的第二课活动是环院的特色亮点，面对众多的社团和学生组织，没有任何才艺和技能的他，面试总是失败，这让他愈发失落胆怯。但他始终没有放弃，最终成功加入了大学生记者团和工业与设计学院大学生志愿服务分中心。作为大学生记者团编辑部的一员，他积极参加各项活动，认真编写各种文稿，不断提升自己的写作能力。在志愿服务分中心里，他积极参加校园内外社会实践，如义务打扫公共区域，返家乡社区开展报道工作，关爱红旗村老人，去往天使儿童村开展志愿服务，参加幸福村第二届老人节志愿活动，等等，真正把理论运用到实践中。

自觉有为，行动书写青春

通过半年来老师不断的鼓励教育和第二课堂活动的锻炼，大一下学期，王隆飘参加了学校组织的第十八届菁英团干部培训班。通过培训班里的理论学习、实践锻炼、志愿服务、参观考察和专题研讨等活动，他的思想政治素质、政策理论水平、创新能力、实践能力和组织协调能力都得到了提升，并且以第三名的优异成绩结业。

大一的实践锻炼让王隆飘变得自信起来，大二时他参加了第四十三届校学生会主席团的竞选，并成功当选了校学生会执行主席。成为校学生会执行主席后，他仍时刻牢记为同学服务这一宗旨，在工作中一丝不苟，脚踏实地完成指导老师安排的各项任务，协助完成学院工作；积极组织团建活动，主动开展社会实践活动。为了提升自我，他前往全国青少年井冈山革命传统教育基地，参加了第十五期江西省青年马克思主义者培养工程"井冈之星"大学生骨干培养学校的集中培训；在学院党委领导、学院团委指导下，他带领开展了"请党放心，强国有我""青春告白祖国""学党史、强信念、跟党走"等一系列形式多样的主题活动：如寻访红色人物，组织《金刚川》《长津湖》等红色观影主题活动、"喜迎国庆——我的祖国是我的骄傲"升旗仪式暨国旗下的演讲活动、"为信仰起舞"第三届红色舞蹈作品展演活动、"百年恰风华"首届党史知识竞赛，等等。

前路漫漫，成长不止于此

在实践中锻炼，在学习中提高。"做一名优秀的时代青年"一向以来都是他努力的方向和目标，持之以恒的态度和拼搏奋斗的精神是他的动力源泉。王隆飘认为在他的大学生涯里最大的收获就是克服了怯懦，变得敢于表达。在大学里加入学生会、担任班干部和参加比赛的经历，使他得到了极大的进步，拥有了很强的口才演讲能力、时间管理能力、自我学习能力以及高度的自觉性。

"海阔凭鱼跃，天高任鸟飞。"在当今这个科技发展迅猛、竞争激烈的时代，他深知只有把自己打造成为具有创新思想的新一代大学生，才能在今后竞争日趋激烈的社会中立于不败之地。勤学苦练才可遇真知，之前的荣誉都已成为过去，未来的荣誉需要一步一个脚印，不断求索。他将牢记"立艺树人"的校训，刻苦学习，奋发有为，牢记习近平总书记对广大青年的重托，将自己的青春融入中华民族伟大复兴的中国梦中。立鸿鹄志，做奋斗者，用一颗炽热的心不断奋斗前进，为青春插上奋斗的翅膀，在青春正当时的时代下，留下自己最美好的奋斗脚印。

三、陈远柱：我们生活在一个伟大的新时代，脚下是一片伟大的土地，我们青年应该努力创造伟大的奇迹

陈远柱，2014 年毕业于旅游与外语学院旅游管理专业。2011 年 9 月入学以来，陈远柱任 0621101 班学习委员、副班长、团支部副书记并兼任寝室长；先后担任旅游协会宣传部部长、旅游协会会长。在校期间，陈远柱曾获"优秀社团工作者"和"三好学生"荣誉称号，所在寝室先后被评为"四星级寝室""五星级寝室"。

改革创新，奋发有为

2012 年 3 月 20 日，陈远柱担任旅游协会宣传部部长，2012 年 4 月 20 日他便因优秀的表现任校团委旅游协会会长。当时的旅游与外语学院党总支副书记、旅游协会第一任指导老师吴学群曾勉励陈远柱说："有想法就放开手脚去做。"在上任之初，陈远柱坚定地说："你们给了我绝对的信任，我将还你们绝对的精神，并以绝对的动力放开手脚地提升旅协的价值。"在会长任期内，陈远柱在协会内部进行了大刀阔斧的改革，如撤销不必要设立的部门，合并职能单一的部门，增设特色化部门，既精简了协会的内设机构，又集中和扩大了各部门的职能，稳定了协会秩序，部门设置基本沿袭至今；他主持制定了旅游协会现行章程，高度重视社团内部建设，提出了诸多利于协会发展的主张，尝试了富有建设性、创新性的发展方案，通

过实干为协会的传承发展奠定了重要基础；策划并负责了众多社团活动，带领协会首次以代表团的形式正式访问了赣南师范大学旅游协会，分别与赣州市旅游发展委员会、赣州乐善助学促进会、旅游与外语学院学生会等进行合作，带领协会成为高校旅游类社团公益联盟创始成员单位。陈远柱现任联盟临时秘书处常务副秘书长，主持联盟的筹建工作。

心系协会，砥砺奋进

2013年6月24日卸任旅游协会会长后，陈远柱仍然持续关心、支持协会的发展。他向后届提出了许多建议，如"互联网＋旅游协会"模式、"活动多元化"战略等，成为协会后届的顾问、参谋，推动协会前进。他建立了旅游协会历届会长、历任指导老师沟通渠道，结束了各届没有直接交流的历史。他曾两度组织编写协会史，他主持编修的《江西环境工程职业学院旅游协会大事记（第一届至第十一届）》于2015年5月19日、2017年4月8日先后两次修订完成。他推动历届理事会相继编修《大事记》成为惯例和一项重要使命，协会的发展历程连续记载，内容较为完整，旅游协会因此成为学校第一个编修自身历史的学生组织，这在全国高校学生组织中也是首屈一指的。

陈远柱在接受校园采访时说："编修《大事记》是为了让各届了解协会的历史，为后届开展工作提供一定的参考，根本目的是促进协会又好又快发展。有一件事特别值得一提，那是2015年5月17日，离计划定稿的日子已经非常近了，那天我正在南京图书馆参观一场展览，突然我眼前一亮，并立即向历届会长强烈提议，将习近平总书记的'不忘历史才能开辟未来，善于继承才能善于创新'的这句讲话写入《大事记·撰写说明》中，竟然得到了各届会长的一致赞成。虽然整个过程十分繁杂，耗时、耗精力，但是编修好这部协会历史是我的一桩心愿，不去做的话，我心里总会有块石头搁在那。没有想到前后各届的协会干部对此十分支持，甚至有人告诉我这也是他们的心愿，还说谢谢我替他们完成了，我倍受感动。"

时任团委副书记的李佰林在阅读《江西环境工程职业学院旅游协会大事记》后评价道:"这件事对我校社团建设非常重要,推动历史进步的总是少数人。"2015 年 6 月 8 日,李佰林副书记在校团委组织举行的团课上对全体学生干部做了题为《认真践行"信仰、务实、开拓"的社团好干部》的主旨演讲,他点名称赞陈远柱"创业"很实,将重点放到了立足现实、着眼长远、打好基础上,把社团工作当事业做,不求业绩,只求组织发展,这种精神值得广大社团干部学习。

2016 年 11 月 30 日,团委秘书、学生社团联合会指导老师欧阳剑在出席旅游协会十周年庆典时向旅游与外语学院党总支副书记吴学群等人表示,《旅游协会大事记》已经被团委当作样板向全校推广。而在十周年庆典当晚举行的社团发展座谈会上,旅游协会时任指导老师李雅霖和协会全体成员聆听了陈远柱所做的题为《从社团自己的足迹中挖掘"金矿"》的演讲。2016 年 12 月 18 日,受旅游协会邀请,陈远柱与协会理事、干事在生态科教馆进行了持续四小时的交流座谈,提出了他最新的建议。2017 年 10 月 7 日,由陈远柱发起的首次旅游协会历届交流会在环院成功举行。

旅游与外语学院副院长、0621101 班大一辅导员王协斌曾在班会上说:"你们以后做工作不要想到压力,而要想到做的好处。"老师的话不时鼓舞着陈远柱要秉持高度负责的精神、不畏艰难的勇气、坚忍不拔的意志,尽心竭力做好工作。

立足本职,扎实工作

陈远柱曾在酒店实习与工作,参与过酒店辛苦的筹建工作,被酒店授为"开业先锋"。他工作踏实,待人礼貌,主动学习提升,协助部门经理帮助众多新同事尽快适应工作环境、学习掌握服务技能,积极参与酒店的春晚、趣味运动会等活动,向领导提出不少建议,并在部门月度考核中多次夺魁,受到领导好评。

离开酒店行业后,陈远柱转行进入传媒公司从事媒体编辑工作。而后，他再次转行，从事科技服务工作。陈远柱回忆说："徐田雷老师曾经在一次班会上告诫我们，从事什么行业、工作或者做其他事情，都要跟着国家支持的政策走，像黄赌毒这些事情大家切勿去触碰。班导的这番话我牢记在心。"他补充道："如今我从事的工作就是根据国家和地方的科技政策来服务科技类企业，推动科技事业的发展，正如李克强总理在政府工作报告中所说的'集众智汇众力，一定能跑出中国创新加速度'。我现在的收入较之前的工作都有大幅增长，这份工作既契合我的兴趣特长，又有助于不断提高我的能力。我十分看好这个行业，我计划未来在扎实学习好相关经验、各方面条件成熟之后开设自己的公司，为自己甚至帮助他人成就人生梦想。"

四、聂志芳：学于大环院，钻于大社会；牢记严师训，日后做栋梁！

聂志芳，中国共产党党员，2016 年毕业于园林与建筑学院园林技术专业，曾担任第十一届学生社团联合会理事、第八届书画协会会长和园林与建筑学院学生会通讯部部长，在大学期间获得"北美枫情杯"2016 届全国林科"优秀毕业生""优秀团学干部""优秀共青团员""优秀志愿者"等多个荣誉称号。现如今他是深圳市铁汉生态环境股份有限公司（以下简称"铁汉生态"）苗圃事业部的一名绿化主管。

新起点，新征程

抱着对大学生活的向往，聂志芳于 2013 年 6 月正式进入环院。在校期间，他努力学习专业知识，专业成绩在班级一直都是名列前茅。身为班级里的宣传委员，聂志芳始终起着先锋模范的作用，创新性地开办了多场趣味活动，是老师的好助手、同学们的好榜样。课堂之余，他做的第一件事就是向党组织递交入党申请书，积极向党组织靠拢，通过自己的不懈努力，成为一名真正的中国共产党党员。

做事先做人，人不立，事不成

大学期间，聂志芳始终待人真诚，以一颗真诚的心，换来了老师和同学的信任。他遇到过不少困难，受过不少挫折，尽管如此，他依旧乐观向上，不为眼前的困难所吓倒，一直以一个积极乐观、坚强自立、自强奋进、热心奉献的精神状态生活着，一直以一个严于律己、高度负责、勤俭朴素、艰苦奋斗的标准来要求自己。

在校学习生活期间，聂志芳组织参与过大大小小几十个活动项目，带领书画协会荣获第六届全省大中学生社团文化艺术节"优秀社团"、江西省第五届大学生书法大赛"先进社团"以及校级优秀社团等荣誉称号；同时，他个人获得江西省第五届大学生书法大赛软笔二等奖、优秀会长、优秀个人组织奖、"博雅杯"朗诵优秀奖、手语舞比赛优秀演员等多个荣誉奖项。聂志芳说："这些荣誉并不能代表一切，我一直在奋斗的路上努力地奔跑着。"

2015年底，聂志芳进入实习阶段，暂时离开母校。在校期间他就成功通过铁汉生态面试，12月正式开始实习。实习期间，聂志芳充分认识到学校与社会的区别："做人比做事更重要，在这里犯错没有老师会批评指正，只能自己想办法弥补或等着处罚，这就是现实社会。"2016年7月，聂志芳正式毕业离开了母校，踏上梦想之路，"不管前方多坎坷，勇往直前"是他的人生态度。

所有的付出终将会得到回报

从实习以来，聂志芳一直在铁汉生态苗圃事业部生产第一线默默耕耘。聂志芳说："我每天从日出到日落，像一头牛一样干着，铲草、打药、施肥、浇水等，完全颠覆自己当初的想象。谁能想到一个刚从大学出来的大学生干着这样的活，从生产、养护、出圃一系列工作都要自己亲身经历多遍，还要管理工人、做资料等，工资也不高，但我始终没有抱怨，只有默默付出。因为我坚信，现在的付出就像树木必须先扎稳根、而后才能爆发式生长。付出总会有收获，只不过就是时间长短而已。"然而两年后，聂志芳的思想开始转变，他觉得自己付出与回报不等，就在他想放弃时，他想起了大学期间辅导员曾跟他说过："你前面所走的路都是你未来前进的阶梯，人生不可能一蹴而就，不经历风风雨雨，怎能见到美丽彩虹，不要轻易放弃，说不定机会就在你眼前。"从那时起，聂志芳心里又燃起了斗志。机遇果然降临，公司新承接了一个绿化项目，正好缺少一名绿化主管，经验丰富的他得到了此次机会。面对这突如其来的意外惊喜，聂志芳又惊又喜，庆幸于自己两年来的坚持和努力。

聂志芳说："其实往往许多人都输在坚持上，只要有持之以恒的毅力，坚持住了，你就赢了。"

五、田腾飞：争当有为青年，杜绝躺平

田腾飞，男，汉族，2001年9月生，江西新余人，2020年就读于园林与建筑学院，曾担任风景园林学会副会长一职，在校先后荣获"优秀运动员""优秀志愿者"等荣誉称号。

脚踏实地，眼望前方

2020年夏天，带着对大学生活的无限憧憬，田腾飞第一次迈入环院的校门。然而，真实的大学生活并不是他想象中的样子。那时候的困惑是来自多方面的，不仅是高考失利后的挫败、父母的不理解，还有对自己未来的迷茫。不久后，他渐渐适应了大学生活，并积极地参加各项活动。在大一的时候，他凭借着所擅长的田径技能在运动会上和队友们斩获了"男女混合4×100混合接力"第三名。在训练的过程中，他收获了快乐和友谊，也学习到了许多跑接力赛的方法。如接传交接棒的技巧，如何为队友节省体力等。他站上领奖台的那一刻，也感觉自己成了人群中闪闪发光的存在。

尽我所能，行力所能及之事

习近平总书记说："青年一代有理想、有本领、有担当，国家就有前

途，民族就有希望。"在学校的学习中，他学习了《毛泽东思想概论》、《马克思主义原理》以及《形势与政策》之后，明白了作为大学生，首先就要有理想，要有即便处于困境挫折之中，也能不忘初心、砥砺前行。于是他积极响应学校号召，在2021年春节期间参与志愿者活动，在客运站指导老人如何使用行程码和健康码；在十字路口维护路口秩序，引导他人遵守交通规则；行走于各个小区开展防疫工作。

2021年2月15日下午，他如往常一样，在广场给一些小朋友开展防诈骗宣传教育、防疫小课堂时，突然发现某处浓烟四起，刚开始以为是环卫工人烧塑料之类的，但是他却察觉到了一丝不对劲，广场上怎么可能有人焚烧垃圾呢？他便到现场一看，确实是发生了火灾。当时，周围围了一堆人却都无动于衷，他询问了一下有没有人打急救电话，得到的答案却是没有，他便赶紧拨打119，告诉消防救援人员精确信息后，开始制作简易隔离带，以防这场大火蔓延到旁边的供电箱以及自动售货机引起爆炸，在制作隔离带的时候，其他志愿者也纷纷赶到并且开始疏散周围聚集的人群。消防员赶来时，由于消防车进不来，需要有人引导，他又迅速引领消防员来到起火点。在消防员的努力下，火情被及时控制。

以青春之光，送教进乡村

2021年年末，他在《形式与政策》一课中了解到我国的留守儿童已经达到了902万余人，并且还有增长的趋势，为此，他感到十分难过，并决心要为他们做些什么。恰逢寒假，志愿者协会负责人找到了田腾飞，问他有没有意愿参加"以青春之光，送教进乡村"活动。听到有机会可以为留守儿童做些事，他立刻就同意了。

三天后，他整装待发，前往了凤阳大路边村委。支教期间，他尽心为33名留守儿童在困境中营造学习、生活和身心健康的良好氛围。他所辅导的儿童中，有一对双胞胎，父母在外工作，由奶奶照顾长大。在与两兄弟的接触中，他感觉到这两个孩子很内向。于是他细心辅导两个孩子的功课，课余还与兄弟俩一起娱乐、一起做饭。渐渐地两个孩子打开心扉，变得更加开朗了。这次支教活动让他受益匪浅，使他明白，在学校所学的知识可以转化为实际行动去帮助和爱护留守儿童，

人不负青山，青山定不负人。田腾飞说，大学三年里，他感受到了学校及社会的温暖，所以他也想回馈社会以温暖，成为建设社会主义的一块砖，哪里需要就往哪里搬。社会主义这束光照亮了他，他也因此想要成为新的光，哪怕是微乎其微的光亮，也要努力去照亮世界。

六、龚庆勇：时刻告诫自己：勿忘初心

龚庆勇，中国共产党党员，2014 年毕业于商学院市场营销专业，曾任环院第 34 届学生委员会主席。

不忘初心，全心全意为同学服务

在校期间，龚庆勇凭借自己的不懈努力，成为环院第 34 届学生委员会主席。他积极参加丰富多彩的校园文化活动，在各类活动中把握机会，不断成长；学习成绩优异的他不仅没有骄傲自满，反而更加谦虚好学，热心帮助同学。因此，他深受老师和同学们的喜欢。生性认真的龚庆勇将自己的长处发挥得淋漓尽致，在各项学习和工作中他都能做到细致入微。学习工作之余，他还积极参加各种社会实践活动，他常说："要在学习中实践，在实践中学习。"任职学生委员会主席期间，龚庆勇无时无刻不发挥着先锋模范作用，致力于学生委员会深化改革发展，组织策划各类活动，始终将"全心全意为同学服务"的根本理念贯彻到底。

从基层做起，一分耕耘一分收获

龚庆勇来自一个普通的小乡村。一声声犬吠打破了宁静，也迎来务工归来的游子，这是每个外出务工人员回到乡村的景象。2014 年 7 月，龚庆勇从环院毕业，也加入外出务工的大浪潮。那时的龚庆勇刚来到深圳，他没有因为要投入社会而感到惶恐，倒是感到莫名的兴奋，他暗自决心要在

这片土地之上擘画自己的蓝图，打造自己的王国。

和每一个初到深圳的人一样，他面临租房的困境。龚庆勇说："租到房子的那一刻，才会怀念当时在学校里花着千元不到住一年的集体宿舍，因为这里一个月的房租就要千元了。"租好房子，囊中羞涩的龚庆勇需要刻不容缓去找工作，他立志要在两周内找到一份自己满意的工作。

罗湖人才市场，一张张的简历，承载着每一份希望；一场场的面试，充满着前所未有的挑战。龚庆勇每天需要经历4场不断变换场地的面试，性格各异的面试官需要他不断地调整自己的答辩思路。经过一周的时间，参与了将近20家企业的面试后，最终他选择了在电子元器件企业担任产品销售的工作。

公司在早会、月会中会为出色的销售员颁发"业绩最高奖""成长进步奖"等奖项。龚庆勇说："看着他们领奖的时候，我想起在学校的日子，我也曾站在领奖台上。奖项是一种鼓励，更是对工作能力的肯定。"因此，龚庆勇暗自下决心，一定要站上公司的领奖台。自此之后，龚庆勇每天不是在拜访客户，就是在拜访客户的路上，因此积累了自己独特的拜访客户技巧。他说，每个客户就像是不同的科目，有的需要你像数学老师一样，事无巨细地跟他讲解公式、解析步骤；有的需要你像体育老师一样，用实际案例和亲身示范去说服。经过半年的努力，他成了公司成立以来晋升最快、最年轻的课长。在晋升课长的那一刻，龚庆勇心里清楚这只是他实现理想的第一步。

初心不忘，行稳致远

2016年，龚庆勇在深圳已经待了两年了，此时他还没有在这片沃土打造出自己的王国。同年7月，他离开了原来的公司选择了创业，注册了自己的公司。公司成立之初，曾从基层做起的龚庆勇完全清楚，一切都要从零开始——铺货、找客户、收款等诸多工作都需要靠自己去摸索。

龚庆勇说："虽然目前公司发展得还算理想，但是我并不满足，我依然会记得当初来到这里时的豪情壮志。"在外打拼多年的龚庆勇一直秉持着初心，忆起母校，他的思念溢于言表。他说："春天的花开了，母校我想你，你的恩泽如绵绵细雨滋润着我心底。夏天的蝉叫了，母校我想你，你的教诲似凉爽的风轻拂我耳际。秋天的果熟了，母校我想你，我看到你那慈祥的脸上荡漾着笑意。冬天的雪飘了，母校我想你，一个青松般的身影耸立在大地。穿越人生的悲欢离合，母校我想你。你是我最美好的回忆。"

七、杨放定：你可以短暂迷茫，但请你不要虚度

杨放定，男，1994年出生，2013年就读于学院林业与环境学院环境监测与评价专业。在校期间他努力学习，刻苦奋进，坚守全面发展的要求，积极参加各种学生社团工作，曾任第11届学生社团联合会副主席、映山红艺术团代理团长及绿色环境协会副会长等社团职务，获得"全国林科优秀毕业生""江西省优秀共青团员""江西省大学生社团优秀个人"等荣誉称号。

不断努力才是幸运

人生本就是在不断学习中进步。杨放定严格要求自己，扎实学习专业知识与技能，让自己的大学生活更加充实。在学习方面，他刻苦认真，课上积极配合老师的教学，课后有时间便去图书馆阅读。他喜欢图书馆安静的学习氛围，喜欢阅读各方面的书，以此来拓宽自身的知识面。在学生社团联合会任职副主席期间，他能够敏锐地捕捉到社团面临的难题，协调各方进行解决。他十分熟悉社团联合会相关章程与各类单行条例，能够很好地统筹管理社团工作，一心牢记全心全意为同学服务的宗旨，争取做优秀学生工作者。

环院是充满生机和希望的绿色校园，学校的人才培养如同春天一般生机盎然，充满活力。杨放定在绿色环境协会任职期间倡导绿色生活、传播绿色文化、保护绿色环境，积极开展绿色环保公益活动，为促进学院环保

事业贡献了一份力量。

敢于创新必然出色

2016 年毕业后，杨放定在长春一汽实习；2017 年 2 月开始在北京国诚众鑫文化传媒集团有限公司工作，担任精品百货部化妆组销售品类组长。在工作中他一直都倡导诚信、亲切、周到、专业的服务模式。

在校时的经历培养了他的组织能力和实践能力，因此在工作中他敢于创新，积极参加了公司举办的各项活动，并取得了突出的成绩。他责任心强，做事严谨，在企业文化的熏陶中，形成了自己独到的见解，将"快乐迎挑战、创新求发展"作为自己的工作理念，坚持不懈地走创新发展之路。曾先后获得北京国诚众鑫文化传媒集团有限公司"销售敬业爱岗奖""无私奉献奖"、2017 年度"十佳优秀员工"和"个人全能奖"，他所带领的小组还获得公司 2017 年度"创新组"荣誉称号。

勇于尝试才是人生，善于总结方得"冠军"

2018 年，因出色的工作表现，杨放定被晋升为化妆组品类销售组长，在市场调查工作方面，做到了实质重于形式，对竞争对手的促销活动、商品陈列、货品情况、员工业务及服务技能等方面都进行了深入了解，对销售情况及促销活动效果及时反馈并进行分析，同时树立特色的服务品牌，让优质服务发挥对销售的推广作用；在促销方式的创新上，他以顾客为中心，突出人性关怀的情感营销。

销售是一个竞争非常大的行业，也是最能锻炼人的行业，他从一开始的跌跌撞撞到现在的熟能生巧，他觉得，感动自己的顾客十分重要，除了专业的产品知识以外，最重要的还是保持良好的服务态度，这种态度，不仅要体现在售前服务态度上，更要重视售后服务态度。正因如此，他的销售业绩才会节节攀登，2017 年个人共计完成营业额 226 万，位居全公司第一，被授予"销售冠军"的荣誉称号。他表示，自己现在的成就取决于大学时受到的熏陶与自我的奋斗。在今后的工作中，他还将继续努力带好团队，让销售业绩更上一层楼，不管迎接的任务有多么艰巨，他都通通接招，团结一致，积极应战。

八、王桃：只有千锤百炼，才能成为好钢

王桃，男，1996 年 4 月生，中共党员，江西宜春人，2014 年就读于学院林业学院林业技术"三定向"班，2017 年 9 月入职万载县林业局，现为万载县林业局组织干事。

人之所以能，是相信能

"时间就像海绵里的水，挤一挤还是有的"，他常把这句话挂在嘴边。在校期间，他曾担任学校第 12 届社团联合会主席、班级副班长、寝室长等多职。除了平时要对接校团委工作，组织社团活动及处理班级、寝室事务，他还不忘刻苦学习。在校期间，他获得国家励志奖学金，积极参加就业处开展的创新创业活动，荣获"创客之星"称号。"这个孩子很懂事，在学习上力争上游，工作上雷厉风行，生活上自立自强，是我们环院的好榜样。"汪院长这样说。

每一发奋努力的背后，必有加倍的赏赐

王桃最大的特点是勇于拼搏，敏而好学。"不积跬步，无以至千里；不积小流，无以成江海"，他一直以此为座右铭鞭策自己。他的所学科目从未挂科，综合素质测评都在班级前三，还报考了江西农业大学园林本科专业，现在已成功拿到了江西农业大学的本科毕业证，并先后获得"自考本科优秀考生""环院优秀毕业生"等荣誉。

在工作上，他牢固树立了强烈的事业心、高度的责任感和团队精神，曾获得"优秀主席"称号；他十分重视团务工作，曾获得"江西优秀共青团员"称号。他工作务实求真，不仅认真完成分内的日常工作，更把工作重点放在积极主动为同学服务上，努力做好老师与同学之间的纽带，及时向辅导员反映同学们的思想动态，把老师下达的信息和精神传达给同学们。

出色的工作能力让他获得赣州市"十佳大学生""江西环境工程职业学院十大榜样人物"等称号。

奋发有为，争做新时代好青年

王桃的家庭环境造就了他吃苦耐劳、艰苦朴素的良好作风。他深深地知道，只有不断努力，刻苦学习，才能改变自己，改善生活环境。他平时勤俭节约，每次吃饭都把餐具"亮光光"，争取不留下一粒大米。大学的生活里，他坚持参加志愿活动，也是校青年志愿者协会的一名成员，多次跟随组织参加各种公益类活动。同时，他积极投身于创业，并多次参加学院创业活动。清晨，别人还在睡觉，他已经起来了；深夜，当舍友已经熟睡时，他仍对着小台灯，整理着社团的各项资料。

变化的是如水的岁月，不变的是满腔的热血

2017年9月初，他正式参加工作，就业单位是万载县林业局。在工作当中，他依然保持着积极向上的工作态度。刚参加工作不久，就被单位领导多次派遣前往江西省林业厅学习深造。2018年，单位人事调整，他任职万载县林业局组织干事，对他来说，这是激励自己又一次前进的号角。

他说，他很怀念在母校的日子，很感激学校的老师，很感谢风雨同舟的同学们。大学生活是多么的美好，忙而充实，要是有机会，一定再回学校走走转转，也愿在校的学弟学妹，坚持自己的初心，找准自己的方向，在大学里好好学习专业技巧，为自己以后的工作做好充足的准备，收获一个美好的大学时光。

九、刘晓春：非学无以广才，非志无以成学

刘晓春，女，中国共产党党员，1999年2月生，江西南康人，江西环境工程职业学院旅游与外语学院2019级学前教育专业毕业生，赣州市南康区微爱公益科技志愿者协会理事，赣州市南康区书画研究院会员，现在南康区龙岭镇中心幼儿园就职，在幼儿教师岗位上奉献自己的青春。

理想如晨星，思想指引方向

刘晓春入学时便递交了入党申请书，在党组织的教育培养下和支部党员的帮助下，她成为一名光荣的共产党员。听老师们讲党史、学故事，加深对党的知识的学习，使她在思想行为方面作风优良、待人诚恳，能较好处理人际关系；处事冷静稳健，能合理地统筹安排学习、工作、生活中的事务；注重自己的品行，积极主动，精神饱满，发挥模范带头作用。

行是知之始，知是行之成

三年来，学校为她提供了很多实践的平台，辅导员也经常鼓励大家要大胆创新，勇于挑战。除了及时传达学校提供的实践活动信息，她还会通过各种渠道收集大学生实践活动的信息，并及时转达给同学们。在辅导员的充分鼓励和支持下，她走出了舒适圈，不断去尝试新事物，将所学知识运用于实践竞赛中，并取得了优异成绩。2021年是中国共产党成立100周年，全国上下掀起了党史学习的热潮。在学校的帮助下，辅导员带领她和团队前往井冈山、兴国、瑞金等红色基地学习，前往江西省赣州市赣县、于都县、南康区等5个县区，拜访了6名老党员，收集了富有赣南地域特色的红色故事，并在学校和学院及幼儿园、中小学广泛宣传党史故事，让更多人了解党史。活动得到了师生的一致好评。每次活动前，她都会宏观地分析活动的价值意义，做好前期准备工作；活动结束后她也会总结经验和吸取教训。通过课堂与实践相结合，她在专业技能上有了很大的进步；得益于大学期间的种种经历，进入工作岗位后，她也能做到得心应手。刘晓春说，大学三年，在校训的熏陶下，在良师的带领下，她真正丰富了人生阅历，积攒了人生经验，为进入社会打下了良好基础，这是让她受益终身的财富。

生活无小事，点石成金，滴水成河

刘晓春积极地参与学校组织开展的暑期"三下乡"社会实践活动，增强社会责任感和使命感。在实践活动中，她了解社会、感受社会、服务社会，不仅锻炼了自己，也为社会做出了一份贡献。她在 2019 年加入赣州市南康区微爱公益科技志愿者协会，并担任协会理事，加入协会后，她参加了 56 次志愿者活动，志愿服务时数达 500 余工时，走进了 12 个乡村，服务了近 500 名儿童。在抗击新冠肺炎疫情间，她志愿服务累计 60 余工时。她还组织市民开展公益环保活动，宣传心理健康；走访慰问老党员，听老党员讲红色故事；积极投身于支教，组织宣讲团走进小学开展党史宣讲志愿服务，勇于承担责任和义务，不怕苦、不怕累，全心全意投入到每一个活动和工作中去。志愿服务已经成为她生活的一部分，她踏踏实实干好本职工作，积极鼓舞身边人一起参与有意义的事。

天涯海角有尽处，只有师恩无穷期

刘晓春认为，学会感恩是她在大学完成的最重要的一节必修课。她很幸运地来到环院学习，能有今天的成绩，这些绝非她一己之力能够取得的。她遇见的很多人都曾帮助她塑造了今天完整的思想与灵魂，她的指导老师曾慧给予了她最大的鼓励和帮助，所以这种感恩无时无刻不在给予她力量和前行的勇气。

她表示，今后一定会积极响应习近平总书记号召，不忘初心、牢记使命，不断增强"四个意识"、坚定"四个自信"、做到"两个维护"，融入时代，把握好人生方向，脚踏实地、埋头苦干，成大才、担大任，让她的青春在民族复兴道路上绽放出璀璨光芒。

十、周碧莹：青春辉映党旗红　服务祖国立新功

周碧莹，旅游学院学前教育专业 20 级学生，目前担任 06A200F 班团支书和院团总支智慧团建负责人。在校期间，她思想上积极要求进步，以充沛的精力、刻苦钻研的精神，努力学习和工作，积极参加校内校外活动，获得了多份沉甸甸的荣誉。

加入他们　实现梦想

在高中时期，每一天都是枯燥的文化学习，做不完的模拟试题，大家当时的目标也很一致，就是考大学，也没有心思去思考课余的事情。来到环院以后，周碧莹仿佛打开了新世界的大门，大家可以根据自己的兴趣加入社团、组织，发挥自己的特长，培养自己的爱好。

她一心向党，来到大学便竞选了班级团支书，加入了院团总支，同时也递交了入党申请书。开学军训时表现优异，被评为校级新生军训优秀学员。她认为在学校的这两年里，学校的思政育人工作在学生身上展现得淋漓尽致，举办红色走读活动、微团课比赛、团史党史学习竞赛、学习强国知识竞赛等丰富同学们的课余生活。她积极参与其中，获得校级优秀共青团干部、校级优秀共青团员标兵、院级学习强国一等奖等荣誉。学校的这些活动使她更加爱党爱国。

她一直以来热爱志愿服务工作，想为祖国和人民做些什么，一直到了大学才有了这个机会。环院搭建了很好的平台和途径，她时常牵头成立志愿服务队，去到幼儿园、小学等地开展志愿活动，寒暑假积极号召大家参加"返家乡"社会实践、"三下乡"志愿服务和扬帆计划。

志愿服务让青春闪亮，事实证明，确实如此。2021 年暑假期间，她响应学校和家乡号召，参加了家乡举办的"才子归巢，红色传承"大学生返家乡社会实践活动。大学生在暑假期间为家乡做贡献，干实事，不仅有利于家乡的进一步发展，更有利于自己的成长，在实践中磨炼自己、发展自己，用实际行动践行"请党放心，强国有我"。

心系家乡　回报桑梓

在 2021 年暑期为期 40 天的返家乡暑假社会实践活动中，她选择了在基层锻炼，组织部把她分派到了崇仁县道南社区党群服务中心。她怀着激动的心情向社区报到。书记给她分配了工作，其中最重要的一项就是疫情防控。在社区开展疫情防控工作的这 40 天里，她打了非常多的电话，打疫苗的情况需要挨家挨户地排查、登记，确认是否打了疫苗，并进一步确认接种地、接种时间、接种剂次及不能接种的原因，等等。在做这项工作的过程中，并不总是一帆风顺的。人口多、电话号码不齐全、排查信息重复等原因，使得居民有些不耐烦的情绪，对此，她只能保持耐心，心平气和地继续完成任务。为了及时完成任务，她有时连吃饭都忘了。在基层实践的这段时间里，她深深体会到了基层的不易。基层干部看上去很平凡，但是时刻履行为人民服务的宗旨，坚守共产党人的初心与使命，全心全意为人民服务。

无论是在办公室里整合数据、打印表格，还是跟着工作人员外出进行征兵宣传、疫情防控宣讲，她都乐在其中，此次志愿活动也成为她一段难忘的经历，帮助她在未来更好地走向社会。在返家乡实践表彰大会上，她获得"返乡实践之星"的荣誉称号。未来的工作中，她致力于努力运用自己的所学服务基层，为家乡振兴的伟大事业和祖国的发展做出自己的贡献。

不忘初心　牢记使命

经过在校期间的社会实践后，她更加深刻地认识到了"为人民服务"，更多的是实践而不是理论，志愿服务期间她获奖无数，被评为县级返乡"实践之星"、江西省大学生暑假文明实践活动"优秀志愿服务个人"，荣获校级志愿服务贡献奖，等等。在以后的日子中，她会更多地把"为人民服务"落实到实践中，在实践中丰富理论成果，发挥大学生为家乡、祖国服务的作用。

青春辉映党旗红，服务祖国立新功。在过去的两年大学时光里，她成长了许多，学校里的辅导员老师也教会了她许多，不再像高中时期般的懵懂，而是更加有目标有方向，会去做一些有意义的事情。

现在的她已经是一名预备党员，她会更坚定地跟随中国共产党的步伐，不忘初心、牢记使命，弘扬中国共产党人的传统美德，服务祖国，服务人民，为党旗争辉。

十一、李涵：传红色基因，绘学前风采

李涵，女，汉族，预备党员，2001 年 7 月生，赣州寻乌人，旅游与外语学院学前教育专业 2022 届毕业生。在校期间专业及综测总成绩多次位列班级第一，获 2020—2021 学年国家奖学金、2019—2020 学年国家励志奖学金等 6 个国家级奖项和 20 余个省级、市级、校级奖项，在实践奋斗之路上传承红色基因，赓续红色血脉。

追寻红色记忆，点燃红色初心

初到环院，正逢中华人民共和国成立 70 周年，校园里到处都充满了庆祝的气息。随后在专业课的学习中，她发现老师们经常把红色元素融到课程中，美术老师用一个个扣人心弦的故事，给她们讲述"四星望月"、围屋、浮桥的故事，那时她脑海中便一笔一画勾勒出毛泽东率红四军来到江西兴国县的场景，深刻感受到了革命先烈的智慧；声乐老师带领她们在歌声中领略祖国好风光，在《春天的故事》里看小平爷爷的改革创新，在《我的祖国》中看祖国的壮丽山河，在《我和你》中看世界人民命运的休戚与共。就是在课堂的潜移默化中她在心里种下了一颗红色种子——入党。

为此，她积极地去参加学校的各种比赛，努力提升自我。在老师的帮助下，其作品《以大美之义传红色基因——美育视域下高校红色基因传承的调研与实践研究》在第十七届"挑战杯"全国大学生课外学术科技作品竞赛中荣获红色专项二等奖和江西省一等奖，美术作品《桥魂》获国家三等奖，书法作品《反对本本主义选抄》《求是》获全国优秀奖，舞蹈作品《落水天》、童话剧作品《麦田里的故事》在学校"立雪杯"技能竞赛中也获得不错的成绩。

播撒红色种子，筑梦红色童年

作为一名学前教育的学习者，她深切地知道，儿童是祖国的未来，是民族的希望，3 至 6 岁是人思想文化渗透、身体发育、性格习惯、自理能力

培养的基础奠定关键期，而幼儿园的教育是人的启蒙教育，是一生最重要的教育。老师带领她们通过暑期"三下乡"社会实践的机会，用自己的专业知识，用具有学前教育专业特色的形式传播红色文化，让这些孩子从小就接受红色文化的熏陶，接受党史学习教育。

她们带领着南康区的孩子们从儿歌《我们的祖国真大》中了解祖国的幅员辽阔，教育孩子们热爱自己的祖国；用《袁隆平爷爷》的故事引导孩子们以为国为人民做贡献的人为榜样，追这样的星，做这样的人；展示剪纸作品《长征之路》、皮影戏《望夫石》，激发孩子们的爱国情怀。不仅如此，她还利用暑假闲余时间，参加返家乡活动，将自己学到的知识教给学前班的学生。她想在人生成长初级阶段的白纸上，用这些故事来凸显中华民族的红色文化和爱国文化的色彩，用小朋友易听懂、喜欢听的方式将红色教育渗透到教学之中，大力弘扬伟大建党精神，为下一代播下红色种子，传承红色血脉，培育爱党爱国情怀。

传承红色基因，凝聚青春力量

李涵一直坚持用自己的方式将党史生动地阐述出来，让红色精神深入每一个孩子的心中。那一幅幅独具特色的红色剪纸，那一支支生动感人的红色舞蹈，那一首首慷慨激昂的红色歌曲，承载了革命先辈们的初心使命，讲述了党的百年历史，将四史革命精神和红色初心表现得淋漓尽致、生动形象。她认为，作为环院学子，应该牢记习近平总书记嘱托，学党史、强信念，回顾历史；应该不忘先辈们的付出，让他们的光辉形象一直在青少年心中闪耀。

经过多次红色文化活动的锻炼，她进一步增强了爱国情怀和民族精神，同时，她也通过了党组织的考察，成为一名预备党员，这让她更加深切地感受到党和人民的伟大，更加坚定了要成为一名优秀共产党员的决心。在未来的学习和工作中，她表示自己要更加勇担使命，不畏艰辛、砥砺前行，也希望自己不断提升自己的学历，进入高校，像她的老师那样，去培养更多身上流着滚烫红色血液的学前教育学习者，让更多的孩子有机会接受红色文化的熏陶，为教育事业贡献青春力量。

十二、钟玉梅：自弃者扶不起，自强者击不倒

钟玉梅，女，汉族，中共党员，出生于 1992 年 5 月 4 日，江西赣州人，2015 年毕业于学院市场营销专业。

路要靠自己去走，才能越走越宽

在校期间，她曾在班里担任文艺委员、学习委员，认真组织班里的活动，大力协助老师的管理。她的家庭情况特殊，但她未曾放弃学习，在学校勤奋好学，力争学校奖励的助学金。不仅如此，她还积极参加学校社团活动。大一时，她被选入校社团联合会和校大学生艺术团。大二时，她开始担任社团联合会文艺部部长、大学生艺术团副团长和江西省委中国电信江西公司"天翼飞 YOUNG"就业创业见习基地部长。大二时，在欧阳剑老师的指导下，她组织了第二届"环院好声音"，活动期间，拉赞助、做海报，以及比赛海选、复赛、决赛、颁奖等各个环节，她都安排得井井有条。在"聚木成林·建校六十周年"文艺会演中，她担任晚会总导演助理一职，并作为晚会主要演员之一。她还参加了江西省第八届大学生艺术展演活动，并荣获专科院校甲组舞蹈类一等奖。经过自身努力，在"五四"表彰中，她被授予"优秀共青团干部""优秀社团干部"等称号；2015 年，她又被授予"优秀毕业生"称号。

无风浪不显本色，无曲折人生无趣

没有风浪，就不能显示帆的本色；没有曲折，就无法品味人生的乐趣。母亲的身体状况不好，家里还有一个年幼的弟弟，所有的家庭重担全由父亲一人承担，因此高中毕业后，父母极力反对她上大学，想让她外出务工，分担家庭压力。经过不懈的努力，以及辅导员的认真劝说，她向父母保证，通过自身努力，她能够负责好自己的大学生涯，父母最终同意她继续学习。

学校对困难学生除了设立奖助学金补助外，还提供了大量校内勤工俭学岗位，帮助困难学子顺利完成大学学业。通过在学校食堂勤工俭学，暑假寒假兼职工作，每年开学初期在电信营业厅推广宽带和手机业务等努力和坚持，她不仅赚足了自己的生活费，还锻炼出了杰出的口才和优秀的谈判能力。实习时，她受聘于江西省最大规模的汽车贸易公司，负责销售进口、合资、国产等各类型的汽车。

坚持不懈，方能愈行愈远

因为大三参加过学校为毕业生免费开设的 SYB 创业课程，掌握了基本的创业知识，所以她萌生了毕业后自主创业的念头。2015 年 6 月 1 日，她和志同道合的朋友一起创办了蜜悦花坊线上工作室。起初一个月，线上销量并不尽如人意。这时，她意识到，必须要有实体店支撑才能做大做强，随后便在同城网和朋友圈发布信息，寻找合适的门店。经过一番努力，她寻找到了合适的门店，凭着之前丰富的实践经验和优秀的沟通技巧，她的花店越开越好，一年净利润达到 12 万元。正是在校三年自立自强的生活，以及在学校学习到的创业知识，让她有勇气开始这份事业。

后来，在家人的帮助下，她做起了脐橙生意，从 2014 年起，4 年来，每年平均销售脐橙 5 万斤，最多的时候达到 13 万斤，净利润平均每年达到 6 万元。在 4 年的努力下，她打造了自己的品牌——橙姑娘。2017 年的重阳节，经过政府部门的推荐，她准备了自己生产的新田石磨腐竹、脐橙及一些生活用品，用以慰问当地敬老院的老人们。在事业成功的同时，她还不忘反哺社会。

钟玉梅说，在校期间的经历，让她明白了，古今中外，凡成就事业、有所作为的人，无一不是脚踏实地、艰苦登攀的结果。因此，她明白，只有自强才是永久的进取动力。愿今后继续勉励自己，永远做生活的强者。

后　记

党的十八大以来，思政课在党中央治国理政战略全局中的地位日益凸显，铸魂育人成效显著。赣南苏区是中央革命根据地的主体，为中国革命做出了重大贡献和巨大牺牲。这片红土地浸透着烈士的鲜血，生长着忠诚和信仰，也承载着苦难与辉煌。如何用好红色资源，赓续红色血脉，开展"大思政课"的探索与创新，是高校新时代的课题。江西环境工程职业学院地处赣南，既是国家优质专科高职院校、中国特色高水平专业群建设单位、全国生态文明教育基地、全国职业院校魅力校园、全国"百所职业院校落实立德树人根本任务联合行动"发起院校之一，也是全国高职高专思政课建设联盟理事兼江西省高职高专牵头单位、江西省高校思政课教指委副主任单位、江西省高职高专思政课分教指委主任单位、江西省大中小学思政课一体化建设指导委员会副主任单位。2012年12月，学院出台了《思想政治理论课实践教学实施意见》，开始深化思政课教学改革。2014年9月，学院校级课题"'三色三维三化'思政课实践教学改革研究"立项。2016年该课题结题，所形成的教学模式开始在校全面实施和检验。2018年5月，在江西省高职高专思政课教指委集体备课会上，学院开始对外推广经验。10年来，学院立足江西红色资源丰厚、生态立省战略和强化职业教育的省情，将思政小课堂融入赣南苏区振兴蜕变的社会大课堂，凝练了"红色文化铸魂，绿色文化培根，蓝色文化强技"的"红绿蓝"三色文化育人理念，积极挖掘赣南苏区红色文化教育资源，通过加强党建领航、思政课程建设、狠抓课程思政等多方措施，引领师生坚定理想信念，传承红色基因，在"大思政课"建设上进行了行之有效的探索与创新，形成了一大批育人典型案例和标志性成果。这些成果在 2019—2021 年江西省第十六批和第十七批高校省级教学成果奖评选中分别获得一等奖 3 项和二等奖 2 项，被省内外数十所高校借鉴和应用，并先后被《人民日报》、新华社、《中国教育报》、新华网等重要媒体宣传报道 300 多篇次，具有很强的典型性、示范性和推广性。学院为了继续申报 2022 年国家级教学成果奖，现将相关建设举措与成果经验进一步梳理总结，付梓出版。

2022 年 7 月 1 日，学院党委书记肖忠优教授主持召开了书籍出版筹备会。组织人事处董新春处长和吴近贤老师、马克思主义学院肖文院长和程霞老师、教务处范玲俐副处长参加座谈。江西省教育厅原巡视员、江西省高校思想政治理论课教学指导委员会主任委员、江西教育与经济社会发展智库专家、博士、研究员、教授、博士生导师周金堂，江西高校出版社社科图书出版中心主任、客家文化分社社长邓玉琼等一行与会指导。会上，周金堂教授亲自确定了书名和写作提纲。会后，学院明确了以周金堂教授为编撰专家组组长；成立了以党委书记肖忠优和校长熊起明为主任，马克思主义学院、教务处、宣传部、组织部、党办、学工部、团委和各二级学院负责人为成员的编委会；组建了以党委书记肖忠优为组长，肖文、范玲俐、吉登星为副组长，以及相关部门人员为成员的编撰小组。编撰小组分工协作，利用暑期一个多月的时间，紧锣密鼓地进行了多方案例收集、整理撰写工作，并会同江西高校出版社对初稿进行了反复修改，最终形成了书稿。9 月 19 日，学院组织召开了书稿审稿会。专家组组长周金堂教授，以及江西理工大学马克思主义学院院长邓显超教授、赣南师范大学教研室主任李祖平教授、赣南科技学院思政部主任谢连生教授、江西应用技术职业学院马院院长何希纯副教授、赣南师范高等专科学校思政部主任吴小海副教授等专家成员到会指导。江西高校出版社吴子明总经理、社科图书出版中心邓玉琼主任和曾文英副主任，以及学院撰稿小组成员参与交流。专家组就本书撰写和出版的意义给予了高度肯定，并就书稿的立意主题、篇章结构和具体内容提出了许多宝贵的审核意见。周金堂组长在会上指出，关于红土地上"大思政课"，高校要做好思想政治工作和思政课双向建设同向同行。会后，学院编撰小组会同江西高校出版社就书稿做了进一步修改和完善，并申请出版。

本书以周金堂组长撰写的评审意见作为"序言"，共五大篇章。其中"党建引领篇"由组织人事处、党政办负责，主要从宏观统筹、制度建设方面体现党委如何以党建带思政、党建带团建和抓育人抓创新，选取了政治辅导员制度、党建"四进宿舍"制度、马院建设全国党建样板支部等特色做法进行展开；"思政课程篇"由马克思主义学院负责，从思政课的理论教学、实践教学和生态文明教育特色教学等方面凸显亮点；"课程思政篇"由教务处负责，主要从课程思政顶层设计、系统实施、成果固化、案例打造等方面展开，并选取了课程思政典型工作案例、教学案例等进行案例呈现；"德技并修篇"由党委宣传部、学工部负责，从典型人物方面呈现思政育人效果；"学思践悟篇"由党委宣传部、学工部负责，主要选取了部分教师和学生典型代表，以自我体悟的方式呈现学校的思政教育对其个人的成长和影响。以上素材主要来自学院 2012 年以来尤其是近 5 年的措施、事迹和案例。

本书在诸多部门师生供稿的基础上，由编撰小组完成统稿，其中"党建引领篇"由杨成弋、吴近贤、罗媛组稿，"思政课程篇"由肖文、谢昌明、郭起华组稿，"课程思政篇"由范玲俐、邵新蓓组稿，"德技并修篇"由吉登星、赖艳艳、肖朕组稿，"学思践悟篇"由谢琛、李芳、欧阳剑组稿。

本书的出版，特别感谢专家组组长周金堂教授及其组员的精心指导！感谢江西高校出版社，以及赣南五所院校马克思主义学院院长、思政部主任及有关专家的大力支持！感谢学院领导班子的指导支持！也感谢学院各部门和二级学院的通力协作！

当然，学院对于"大思政课"建设还将继续探索，新的成果和经验将继续总结，本书也将适时修订或出版续集。由于学院的举措及本书的撰写涉及内容多、范围广，还有许多需要进一步完善之处，恳请专家、同人和读者提出宝贵意见。

2022 年 9 月